Über das Buch Erst nach dem Tod Hubert Fichtes 1986 wurde der literarischen Öffentlichkeit bewußt, was sie an diesem Schriftsteller verloren – was sie durch sein Werk gewonnen hatte. Mit der postumen Edition seines opus magnum, *Die Geschichte der Empfindlichkeit*, traten allmählich die Konturen seiner buchstäblich weltumspannenden poetisch-ethnographischen Arbeit sichtbar hervor. Seither nimmt das Interesse einer jüngeren Generation von Lesern und Literaturwissenschaftlern an Fichtes radikal neuer Ästhetik beständig zu. Die Essays des vorliegenden Bandes können zum ersten Mal die Kenntnis der Schriften der *Geschichte der Empfindlichkeit* voraussetzen und skizzieren somit einen völlig neuen Stand der Forschung. Das Buch enthält unter anderem Analysen von Thomas Freeman, Gert Mattenklott, Wolfgang von Wangenheim, Nikolaus Tiling und Hartmut Böhme. Darüber hinaus werden hier erstmals Briefe von Hubert Fichte an Hans Henny Jahnn und den Maler Peter Hinrik Boll veröffentlicht und kommentiert.

Die Herausgeber Hartmut Böhme, geb. 1944, ist Professor für Literaturwissenschaft an der Universität Hamburg.
Nikolaus Tiling, geb. 1958, ist wissenschaftlicher Angestellter an der Hubert-Fichte-Arbeitsstelle der Universität Hamburg.

Leben, um eine Form der Darstellung zu erreichen

Studien zum Werk Hubert Fichtes

Herausgegeben von
Hartmut Böhme und Nikolaus Tiling

Fischer Taschenbuch Verlag

Originalausgabe
Veröffentlicht im Fischer Taschenbuch Verlag GmbH,
Frankfurt am Main, Oktober 1991

Umschlaggestaltung: Buchholz/Hinsch/Hensinger
Umschlagfoto: Leonore Mau
Gesamtherstellung: Clausen & Bosse, Leck
Printed in Germany
ISBN 3-596-10831-4

Inhalt

HARTMUT BÖHME

Leben, um eine Form der Darstellung zu erreichen

Vorwort

> Wie kann sich der Mensch kennen? Er ist eine dunkle und verhüllte Sache; und wenn der Hase sieben Häute hat, so kann der Mensch sich sieben mal siebzig abziehn und wird doch nicht sagen können: »das bist du nun wirklich, das ist nicht mehr Schale.«
>
> Friedrich Nietzsche,
> *Schopenhauer als Erzieher*

> Schichten statt Geschichten, Kiesel, Zeitraffer, Zeitlupe, die Uhrzeit verlieren und auch die wiedergefundene Zeit wieder verlieren.
>
> Hubert Fichte,
> *Versuch über die Pubertät*

Zum 50. Geburtstag von Hubert Fichte, 1985, gab Thomas Beckermann die *Materialien zu Leben und Werk* heraus. Ein Jahr später starb Fichte.

Nachrufe. Postume Verleihung des Alexander-Zinn-Preises. Seit 1987 das sukzessive Erscheinen von Bänden des fragmentarisch gebliebenen ›roman fleuve‹ *Die Geschichte der Empfindlichkeit*: zunächst neugierige, im Schatten des noch kaum zurückliegenden Todes respektvolle Besprechungen; dann ein merkliches Abflauen des Interesses, auch Vorbehalte, Kritiken, Ablehnung, vor allem aber Hilflosigkeiten angesichts eines unübersichtlichen Gesamtplanes und fehlender Möglichkeiten der Einordnung. Ankauf des Nachlasses durch die Stadt Hamburg. 1989 stirbt die langjährige Vertraute des Werks, Gisela Lindemann, die von Fichte zur Herausgeberin der *Geschichte der Empfindlichkeit* eingesetzt war. Im Jahr zuvor mußte der andere Herausgeber, Torsten Teichert, ausscheiden. Die Veröffentlichungsfolge der Bände stockt. Neue Herausgeber werden gefunden: Ronald Kay und Wolfgang von Wangenheim. Neue editorische Entscheidungen.

Die Rezeption des Fichteschen Œuvres wird schwierig bleiben.
Zu seinen Lebzeiten hat Fichte sechzehn Bücher veröffentlicht;[1] wenn die Edition der unvollendeten *Geschichte der Empfindlichkeit* nach den jetzigen Planungen abgeschlossen sein wird, werden es dreiunddreißig Bände sein. Weitere – das ist abzusehen – werden hinzukommen. Das Dilemma, vor dem ein Literaturkritiker beim Tod Fichtes 1985 stand, war praktisch unlösbar: sollte er, entsprechend dem Genre eines Nachrufes, Einordnungen und Urteile finden, die der Lebensleistung dieses Autors gerecht werden, so mußte er beinahe zwangsläufig scheitern, weil nur ein Bruchteil des Werkes zugänglich war.
Trotz des erheblichen Umfangs des zu Lebzeiten veröffentlichten Werkes, war Fichte nämlich bei seinem Tod ein weitgehend unbekannter Autor. Und dies nicht, weil der einzige Publikumserfolg, 1968 mit dem Roman *Die Palette*, lange zurücklag; auch nicht, weil Fichte in den siebziger und achtziger Jahren sich – scheinbar – ausschließlich mit ethnographischen Themen beschäftigte, die, trotz einer zeitweilig modischen Ethnologie-Welle, nur für eine kleine Lesergruppe bedeutsam wurden; und schließlich auch nicht, weil die Literaturkritik ihn etwa übergangen hätte oder seine Stellung im literarischen Feld ungesichert gewesen wäre. Fichte war vielmehr ein außerordentlich erfolgreich arbeitender Autor – einschließlich der absolut professionellen Organisierung des schwierigen sozioökonomischen Standes eines ›freien Schriftstellers‹ –: nur man hat es nicht bemerkt.
Und konnte es auch nicht. Wer von denjenigen, die seine veröffentlichten Schriften gut kannten, hatte eine auch nur halbwegs zutreffende Vorstellung von der *Geschichte der Empfindlichkeit* (und das gilt bis heute, trotz der wesentlich verbesserten Editionslage)? Wer kannte Fichte etwa als ›radiophonen‹ Autor, der 170 Rundfunksendungen (Hörspiele, Features, Reiseberichte, Essays) geschrieben hat? Wer also konnte darüber schreiben, daß die ›Buchsprache‹ Fichtes ohne das Hörmedium Radio überhaupt nicht erfaßbar ist? Wer kannte die Hunderte verstreuten Veröffentlichungen in Zeitschriften, Zeitungen, Sammelbänden? Wer überblickte die intensiven Studien Fichtes über zweieinhalb Jahrtausende Literaturgeschichte –: Essays, die fast sämtlich schon vor den Bänden *Homosexualität und*

Literatur veröffentlich waren, aber eben in emphemeren Medien? Wer also konnte die Perspektiven abschätzen, in denen Fichte sich selbst literaturgeschichtlich situierte – womöglich gar noch jenseits der von ihm behandelten Autoren: also z. B. hinsichtlich Prousts, Borges', Hölderlins –: ebenso grundlegende wie unerschöpfte ›correspondances‹ Fichtes? Es ist kein Zweifel: alle, Leser, Literaturkritiker, selbst vertraute Freunde waren zum Zeitpunkt des Todes von Fichte überfordert, wenn es um Überblick und Beurteilung des Gesamtwerkes ging. Die Forschung hatte noch kaum begonnen. Und es wird Jahre dauern, bis man erkannt haben wird, daß die letzten 15 Jahre Fichtes von einer in der deutschen Nachkriegsliteratur beispiellosen Produktionsintensität erfüllt waren; und es wird noch länger dauern, bis man wird rekonstruieren können, in welcher Weise sämtliche forschenden und schriftstellerischen Arbeiten Fichtes aufeinander bezogen und miteinander verwoben sind – im Versuch, seine Idee des ›absoluten Buches‹ zu erfüllen.

Solche Defizite der Literaturkritik als Versagen anzurechnen, wäre allzu billig. Gewiß kann man sagen, daß ein derart langfristig angelegtes und komplex vernetztes Werk wie dasjenige Fichtes den Rezensionsbetrieb der Feuilletons, die eher punktuell auf Neuerscheinungen reagieren, strukturell überfordert. Gleichwohl ist Fichte regelmäßig besprochen worden, und es hat, neben unsachgemäßen oder ablehnenden Artikeln, auch eine beträchtliche Anzahl hervorragender Essays und Kritiken gegeben, die dem Werk Fichtes Geltungskraft in der literarischen Öffentlichkeit zu verleihen geholfen haben und nach wie vor für die wissenschaftliche Forschung wichtige Anregungen bieten. Daß Kenntnis und Erkenntnis des Werkes unbefriedigend sind, ist auch auf die Produktionsform, die Inhalte und die bisherige Materiallage zurückzuführen.

Es ist in der Literaturgeschichte durchaus normal, daß das Œuvre eines Autors erst nach dessen Tod angemessen rezipiert und erforscht werden kann. Das gilt nicht nur für Fichte, und keinesfalls nur in seinem Fall ist der größere Teil des Werkes erst postum zugänglich. Es ist freilich ein seltsames Faktum, daß des öfteren der

Tod des Autors zur Bedingung des Lebens seines Werkes wird – eine bedenkliche Umkehrung davon, daß – nach Maurice Blanchot – das Schreiben selbst einen Aufschub des Todes darstellt.

So wurde etwa der Roman *Malina* von Ingeborg Bachmann erst vollständig deutbar, nachdem, auf Grundlage des Nachlasses, seine Situierung im Todesarten-Zyklus verstanden wurde. So – ein anderes Beispiel – beginnt man die anagrammatische Kunst Unica Zürns, die zu ihren Lebzeiten nur wenigen (unter ihnen Fichte und Leonore Mau) vertraut war, in ihrer poetischen Struktur und biographischen Funktion erst zu verstehen, seit der Horizont des gesamten, zeichnerischen und poetischen Werkes langsam hervortritt. Robert Walser oder Franz Kafka schrieben ihre Hauptwerke praktisch unter Ausschluß der zeitgenössischen Öffentlichkeit, so daß ihr Tod geradezu notwendig war, um des Werkes ansichtig zu werden – im Falle Kafka auch noch gegen dessen ausdrücklichen Willen. Wie dieser, aber mit mehr Erfolg, hatte auch Fichte einen nicht mehr schätzbaren Teil seines Nachlasses zur Vernichtung bestimmt. Irgendwann im Frühjahr 1986 wurden mehrere Abfallsäcke voll von Texten, Fassungen, Notizen, Tagebüchern, Briefen vernichtet. Fichte hat nicht nur zu Lebzeiten genau kalkuliert, was zur Extension seines Werkes gehören sollte, sondern er hat dies auch über den Tod hinaus sichergestellt: kannte man bei seinem Tod nur den kleineren Teil des Werkes, so wird man auch nach Abschluß der Nachlaß-Editionen bei weitem nicht über das verfügen, was zu den Schriften und Zeugnissen im Hause der Hamburger Dürerstraße einmal gehörte. Auch dies gehört zu den Effekten dessen, was noch längst nicht von der gefräßigen Wissenschaft akzeptiert ist: daß nämlich der Autor, so radikal er sich ausstellt, gleichwohl sich einem völligen Zugriff entzieht. Dies hatte Fichte schon früh anhand seiner ostentativen Selbstthematisierungen gelernt: die Investierung des Lebens ins Schreiben wäre eine tödliche Entäußerung, wenn nicht Larven und Masken, Doubles und Phantome des Ichs den Schreibenden vor Auszehrung schützten. Dies ist die Funktion von Detlev und Jäcki, die immer woanders situiert sind als ihr Autor; sie sind Preisgaben in effigie, vorbehaltene Opferungen, Probanden in den Experimenten des genealogischen Erzählens, persona et figura, niemals vera icon des Ich. Nicht nur in den Erzählformen und in den

Veröffentlichungsstrategien, auch bis in die Nachlaß-Bestimmungen hinein hat Fichte die Rezeption und den Wissensprozeß über sein Werk zu steuern versucht, Spuren gelegt und verwischt und Grenzen zwischen der sozialen Identität des Autors und seinem Werk gezogen – er, der wie vielleicht niemand sonst in der Nachkriegsliteratur den Raum des autobiographischen Sprechens erweitert, zugleich aber dabei die Gattung der Autobiographie an ihre poetische Grenze geführt und aufgelöst hat.

Doch zeigen Beispiele auch der älteren Literatur, daß die Rezeption oft über lange Zeiträume außerordentlich erschwert sein kann. Man muß nur an die von Fichte geschätzten Autoren Lohenstein, Hölderlin oder Kleist denken, um zu ermessen, wie lange (teilweise bis heute) Leser warten müssen, um auf verläßliche Weise das Werk eines Autors übersehen zu können. Anderthalb Jahrhunderte Germanistik haben keineswegs sicherstellen können, daß auch nur der ›Höhenkamm‹ der Literatur zuverlässig und vollständig ediert wäre. Die gegenwärtige Unübersichtlichkeit des Werkes von Fichte, dessen Schriften von einem der größten Literaturverlage engagiert betreut werden, ist mithin alles andere als ungewöhnlich.

Aber diese Lage ist aufschlußreich. Fichte nämlich hat, in einer bisher unauflöslichen Dichte, seine Einzelwerke miteinander in Korrespondenz gesetzt. Und diese Textur (im Wortsinn: Verwebung) der Werke untereinander wie auch mit Werken anderer Autoren wird sich erst über geduldige Analyse langsam erschließen. Zwischen Kenntnis und Erkenntnis seines Werkes hat Fichte – und ich vermute: bewußt – die Mühe der Arbeit gesetzt. Seine Texte sind durchweg doppelgesichtig und mehrschichtig organisiert. Sie erschließen sich der Primärlektüre durch die hinreichende Offenheit sofort einlösbarer Bedeutungen, durch eine Fülle von Informationen und klare Formstrukturen. Doch sind die Texte zugleich opak – und dies nicht nur, weil Fichte sich der Erklärung des Geschilderten verweigert (sein ›phänomenologischer‹ Stil), sondern aufgrund der tiefenstrukturell angelegten Vernetzungen und correspondances, die die Lektürearbeit zu einer Art rituellen Initiation verwandeln.

Es ist darum sinnvoll, von einem exoterischen und einem esoterischen ›Gesicht‹ des Werkes zu sprechen. Diese Unterscheidung ist (wenn dieser Bezug bei Fichte erlaubt ist) eingeführt worden, um die ästhetischen Strategien des Spätwerkes von Goethe zu charakterisieren. Goethe hatte im neuen, dem 19. Jahrhundert bald einzusehen gelernt, daß sein Werk im Verhältnis zu den zeitgenössischen Literaturnormen und dem Publikumsgeschmack in eine Randlage geriet. Er hat darum das ›doppelgesichtige‹ Schreiben entwickelt, um unterhalb des notwendigen und unvermeidlichen Tributs an den Zeitgeschmack und jenseits der Gattungsgesetze seine ästhetischen Absichten dergestalt zu realisieren, daß sie erst auf Dauer und nur durch Arbeit sich in der Rezeption zeigten. Dies hat schon bei Goethe nichts mit der Absicht auf ›Tiefsinn‹ und bei Fichte um so weniger mit der Esoterik des New Age zu tun. Vielmehr handelt es sich um eine ästhetische Strategie, mit der Situierung des Schreibens an Randzonen des herrschenden Literaturbetriebs umzugehen; und um andererseits gerade von hier aus ein sich selbsttragendes Netz weltliterarischer Bezüge zu knüpfen, das die zum Zeitgenössischen queren Intentionen des Autors aufnimmt und wie einen geheimen Code für initiierte Leser auslegt. Natürlich erzeugt das, wie Fichte über Lohenstein formuliert, einen Literaturtyp, bei dem sich Magie, Manie und Manierismus durchdringen (*HuL I*, 485)[2] – und vielleicht hat man sich beim späten Goethe zu wenig gefragt, ob dessen Literatur nicht im prägnanten Sinn zu jenen ästhetischen Traditionen gehört, die als Manierismus bezeichnet werden. Ohne jeden Zweifel hat jedenfalls Fichte seine Literatur auf dieser Linie situiert.

In welcher Weise Fichtes Werk esoterisch, manieristisch und weltliterarisch bzw. enzyklopädistisch ist, kann hier nur angedeutet werden.

Wenn Fichte nach 1974, dem Jahr des *Versuchs über die Pubertät*, bis zu seinem Tod 1986 eine Reihe von Büchern veröffentlicht (*Xango*, *Petersilie*, *Lazarus*, *Der Ledermann spricht mit Hubert Fichte*, *Zwei Autos für den Heiligen Pedro Claver* u. a.), und noch eine große Zahl von Features, Hörspielen, Essays für den Rundfunk schreibt – und neben dieser beeindruckenden Produktion, jenseits der Öffentlichkeit, die Romanfolge *Die Geschichte der Empfindlichkeit* entsteht; wenn Fichte in einem Interview äußert, das veröffentlichte Werk seien »Vorstudien« zu seinem ›roman fleuve‹; wenn folglich niemand die Verwebungen dieses entzogenen Werkes mit den publizierten Schriften entschlüsseln, diese mithin auch nicht dem ›geheimen‹ ästhetischen Konstruktionsniveau entsprechend rezipieren kann; wenn die Achsenstellung des *Versuchs über die Pubertät* in der Werkgeschichte uneinsehbar ist, mithin unerkannt bleiben muß, daß dieser Roman abgeschlossen sein mußte im strikten Sinn als Bedingung der Möglichkeit für die *Geschichte der Empfindlichkeit* –: dann beginnt man zu ahnen, daß die zwischen 1974 und 1986 durchgehaltene Doppelform von exoterischer und esoterischer Produktion manieristisch ist – in zunächst dem Sinn, als ein höchst artifizielles Kunstprojekt bewußt der Wahrnehmung durch ein literaturbetriebsames Publikum entzogen und auf die zukünftige Einsicht einer initiierten Leserschaft hin entworfen wird. Was dies heißt, können kleine Beispiele der ›Manier‹ Fichtes zeigen.

Wer etwa sollte in *Detlevs Imitationen ›Grünspan‹* (1971) jene unter dem Titel *Mein Traum* eingefügten Seiten am Schluß des Romans verstehen können (Grünspan, 238–240), wenn niemand wissen konnte, daß diese Passage den Anfang des Romans *Der Platz der Gehenkten* bilden würde (Platz, 9–11) –: so daß sich erst postum (1987) die weitreichenden Perspektiven jener erratischen Passage erschließen? – Wer – ein anderes Beispiel – hatte auch nur den Hauch einer Chance, die seltsam isolierte erste Seite des Romans *Hotel Garni* aufzulösen, wo Jäcki Fotos von Irma zerschneidet und neu collagiert für Illustrationen zu einem Theaterstück von Jäcki –: wenn er nicht wissen kann, daß es sich hierbei um das 1958 spielende, 1960/1 geschriebene Stück *Ödipus auf Håknäss* handelt? Welche Perspektiven aber, wenn Fichte dieses Stück von der Vernichtung ausgenommen hat (neben *Masken und Tote* die einzige wichtige unbekannte Quelle im Nachlaß) –: heißt dies nicht, daß er mit jener rätselhaften ersten Seite von *Hotel Garni*, die das Riesenwerk der *Geschichte der Empfindlichkeit* eröffnet, zugleich zurückverweist auf den früheren Anfang, mit dem die experimentelle Zerschneidung und Collagierung der Biographie beginnt – ausgerechnet mit einem Ödipus-Stück, in welchem ein weiteres Double Fichtes zwischen Sophokles, Hölderlin und Freud das Rätsel der Homosexualität zu entziffern sucht?

Man darf sicher sein, daß solche blitzartigen correspondances in der

Lektürearbeit zu den elektrisierenden Erfahrungen der Fichte-Leser gehören – ›elektrisierend‹, das heißt: Momente der ›Manie‹ auslösend, Rezeptionsschocks, bei denen gerade das Erkennen augenblickslang das Bewußtsein auslöscht –: und dies wird erfahren wie eine Initiation in den geheimen Kosmos des Fichteschen Werkes. Dieses Geheimnis besteht aber gerade nicht in einem Unbegreiflichen, sondern in dem leisen Schauder, in der unheimlichen Vertrautheit und heimlichen Fremde, die einen angesichts der architekturalen Konstruktion und des kompositionellen Kalküls dieses Werkes befallen kann.

Solche Erfahrungen einer esoterischen Struktur sind Fichte-Lesern vertraut, ohne daß man bislang auch nur ansatzweise über sie verfügt, geschweige denn, eine Theorie für ein solches literarisches Kalkül entwickelt hätte. Unlängst ist z. B. gezeigt worden, welche Analysegeduld nötig ist, um auch nur den contenu mental von Alex im *Versuch über die Pubertät* (*Pubertät*, 160/1) zu entschlüsseln – jene eine Seite beziehungsdichter lyrischer Prosa aus George, Hofmannsthal und Fichte: Glück, Vergeblichkeit und Elend des homosexuellen Begehrens, die imaginäre Physiognomie Alexander Hunzingers.[3] Oder es entdecken sich neue Perspektiven, wenn erkannt wird, daß der Direktor des Institut Français, Baron de Montaignan, der dem sechzehnjährigen Hubert ein Sprachstipendium in Frankreich vermittelte – Beginn des endlosen Reisens – Züge von Gustav René Hocke trägt: dessen Bücher über manieristische Kunst und Literatur[4] erweisen sich als Schlüssel nicht nur für die Barock-Rezeption Fichtes[5], sondern für das manieristische Literaturkonzept Fichtes selbst. Die labyrinthischen Konstruktionen Fichtes sind nicht nur Abbild jener Reise- und Suchbewegung in einer ebenso anomischen wie von geheimen Ritualen geordneten Welt, sondern mit ihnen stellt sich Fichte bewußt in die Tradition der großen manieristischen Kunst.

Die Vermutung, die erst langsam zur Einsicht wird, ist also, daß derartige ›Texturen‹, Netze, Korrespondenzen sowohl intertextueller wie interkultureller Art in einer Größenordnung von mehreren Zehntausend ins Werk Fichtes eingebaut sind – was ein Gedächtnis von der Art des Raimundus Lullus voraussetzt, ars memoriae als Bedingung der poetischen ars combinatoria. Und die Behauptung ist, daß die verstreuten, versteckten, ambulanten Werke Fichtes sich schließlich zur Idee des einen, des ›absoluten Buches‹ versammeln. Auch dies ist ein manieristisches Konzept. Fichte positioniert sein Werk auf der Linie jener Traditionen, die von der Idee des liber mundi getragen sind, sich über die barocken und romantischen (Novalis) Konzepte des enzyklopädischen Romans fortsetzen bis zum Mallarméschen absoluten Buch (dem Buch als Welt) und der labyrinthischen Bibliothek zu Babel des Jorge Luis Borges. Fichte kannte diese Zusammenhänge genau, und es scheint, daß er zunehmend bewußter seine Schreiben in diesen poetologischen Traditionen reflektierte – wozu als grundlegende Korrespondenz natürlich auch das Proustsche Werk gehört. Es finden sich hierfür zahlreiche Hinweise – wie immer aber vermeidet Fichte jede ›Theorie‹; und es gehört zu den indirekten Mitteilungsformen und versteckten Hinweisen, daß er dieses Konzept am deutlichsten markiert und doch wieder versteckt in seinem Aufsatz *Mein Freund Herodot* – eine der wichtigsten poetologischen Selbstaussagen Fichtes.

Ist mithin das manieristische Werk-Labyrinth Fichtes durchaus auch eine bewußte Verhinderung für eine leichtgängige Rezeptionskonvention, so treten von Beginn an inhaltliche Momente hinzu, die den Poeten Fichte, wie viele der von ihm verehrten Dichter, zu einem großen Außenseiter der Literatur machen. Die Radikalität, mit der Fichte den Zusammenhang von Sexualität, Literatur und Forschen/Reisen entwickelt, ist nicht von der Art, daß damit mehrheitliche Konventionen erfüllt würden, trotz des immer vorauszusetzenden voyeuristischen Interesses bei Lesern und Literaturwissenschaftlern. Homosexuelle Literatur und Ästhetik, um die es Fichte in einem literaturgeschichtlichen wie biographischen, kulturellen wie existentiellen Sinn geht, sind der Macht der Verdrängung unterworfen. So zukunftsträchtig Interkulturalität als Verhaltens- und Kunstform scheint, so ist dennoch die poetische Anthropologie, die Fichte aus den Erfahrungen der afroamerikanischen und afrikanischen Kulturen vorsichtig zu entwickeln versucht, vorläufig nicht konsensfähig: sie setzt ihn vielmehr in Gegensatz sowohl zu den klassischen Humanwissenschaften wie zu den herrschenden Literaturformen. Das ästhetische und forschende, immer auch libidinöse Engagement an marginalisierten Subkulturen und an Gesellschaften und Menschen, die den Verelendungsstrategien des Imperialismus ausgeliefert sind, fand und findet in diesem Land keine Deckung durch politisch-soziale Bewegungen, die über Programmatiken hinaus auch in *Empfindlichkeit*, in den leiblichen und sprachlichen Reflexen von Erfahrung fundiert wären. Phänomene der Gewalt, der Perversion, des Exzesses ebenso wie solche der Religion, der Ritualität, des Kultus sind hierzulande irrationale ›Objekte‹ eines *darüber* sich etablierenden, also imperialen Diskurses; wohingegen Fichte in seinen mimetischen Konstruktionen die Erfahrung des Fremden radikal an die Entdeckung der ›Schichten‹ des eigenen Selbst bindet. Die Annäherung an die Schichten der Angst und die Erscheinungen des Todes, wovon das Werk Fichtes erfüllt ist, löst in einer Gesellschaft, deren psychomentale Strukturen auf der Verdrängung von Angst und Tod beruhen, Abwehr aus. In einem Literaturbetrieb, dessen feuilletonistisch geglättete Erscheinungen unterlegt sind von einem bebenden Sockel von Klatsch, Konkurrenz, Willkür, Protektion, Eitelkeiten, wird das bis zur Kenntlichkeit entstellte, hemmungslose Kolportieren und Imitieren Fichtes keinerlei Sympathie auslösen. – Die Reihe derartiger Unliebsamkeiten ließe sich fortsetzen.

Doch auch jenseits der Stoffe und Themen gibt es eine Tiefenstruktur, welche die Rezeption Fichtes ›esoterisch‹ macht. Es ist der Zusammenhang von Begehren, Schreiben und Tod. Oben war mit Maurice Blanchot daran erinnert worden, daß Schreiben den Aufschub des Todes sucht. Fichte hat mehrfach geäußert, daß er lebt, um zu schreiben. Dieser Satz ist nicht schlicht als Ausdruck der Leidenschaft der Schrift zu verstehen. Auch als solcher bliebe er rätselhaft. Denn was treibt jemanden, Leben in sprachliche Form zu verwandeln, ja, jede Erfahrung auf ihre Kondensierung in Literatur hin zu finalisieren – oder untergehen zu lassen? Leben, um zu schreiben, heißt auch: schreiben, um nicht zu sterben. Nicht-Schrift: das ist Tod. Seit den Bombenangriffen auf Hamburg 1943 ist die Präsenz des Todes in Fichte eingegraben. Wie Detlev im *Waisenhaus* dagegen die Magie der Lettern setzt, so entwickelt Fichte die Literatur insgesamt als Gegenzauber zum Tod. Dieser Zauber muß rituell so endlos wiederholt werden wie der Sex, der namenlos auch dort, wo er an Personen sich knüpft, in endloser Wiederholung das Werk Fichtes und Leben Jäckis rhythmisiert[6]. Das Schreiben ist erotische Energie und apotropäische Macht, um »den schon abgeschickten Pfeil aufzuhalten in einem Bruchteil von Zeit«, die »Drohung in der Schwebe zu halten«[7] – im Eigenbereich der Sprache, die, solange sie spricht, den Tod in die Ferne flüchten machen soll. Michel Foucault hat aus dieser elementaren Funktion der Schrift die Idee des »unendlichen Sprechens« entwickelt – in genau jenem Jahr, in welchem *Das Waisenhaus* erscheint, dessen drei Sekunden erzählte Zeit genau jenen winzigen Aufschub beim Einbruch der Katastrophe auf dem Balkon des Waisenhauses schildern. Dies bildet die Grundform des Fichtesche Œuvres.

Man bemerkt, daß der *Versuch über die Pubertät* nach demselben Schema aufgebaut ist: Der augenblickslange, durch magische Rituale bewirkte Aufschub des Todes im Sezierraum des Gerichtsmedizinischen Instituts von Bahia: Anhalten der Zeit durch die über dreihundert Seiten gedehnte Synkope eines Sprechens »gegen die schwarze Wand des Todes«[8]. Erst jetzt wird man dessen inne, daß das Buch *Xango* zunächst und vor allem ein Totenbuch ist, das mit dem Roman *Versuch über die Pubertät* ein Diptychon bildet, ein sich spiegelndes ›Kultbild‹. Es stellt ein ins Sprechen übersetztes magisches Begängnis dar, das die Omnipräsenz des Todes und der Toten aufzuhalten und zu bewältigen sucht.

Und noch der Roman *Der Platz der Gehenkten* ist im »Aufwachen« »zwischen Traum und Traum« ein sekundenlanges und zugleich in die Ewigkeit gerettetes, kunstvolles dreiflügliges Sprachbild, in welches das Erinnern an jenen Platz sich einträgt, der eigentlich *Der Platz der Toten* heißt oder »Die Versammlung des Volkes, das Angst hat. Das einen schrecklichen Augenblick erlebt.« (*Platz*, 108) Nicht zufällig ist dieser Roman als Umkehrung eines heiligen Textes, des Koran, aufgebaut: Literatur ist Umkehrung, Verwandlung der religiösen Funktionen – ein profaner Ritus, der – wie das Heilige, jedoch aufgeklärt, ohne Glauben und Hoffnung auf Erlösung – im Leben der künstlerischen Sprache eine »ins Unendliche verlängerte Zeremonie« (Foucault) gegen den ubiquitären Tod aufführt. Eben diese Bedeutung hat bei Fichte auch der Eros, der in seinem ephemeren Spiel zwischen äußerster Erschöpfung und endloser Wiederholung selbst Züge eines todesbannenden Ritus erhält.

Auch hier wird es noch lange dauern, bis man dieses Sprechen und dieses Begehren des Fichteschen Werkes verstanden haben wird. Denn auch hier bewegt man sich im ›manisch-manieristischen‹ Labyrinth einer Literatur ohne Ausgang und Ende; – einer Literatur, die, nach Foucault, »jedes mögliche Sprechen... in der unverwirklichten Unumschränktheit einer einzigen Rede zu sammeln« sucht, »die vielleicht niemand wird hören können«[9]. Man ahnt, daß auch mit diesen Überlegungen der Umkreis jenes unheimlichen Projekts eines »absoluten Buches« und der »Bibliothek zu Babel« betreten wird – der Zirkel einer Metaphysik der Literatur, die den Grund des Fichteschen Schreibens zu bilden scheint.

Tatsächlich fordern die beschriebenen Schwierigkeiten der Fichte-Rezeption die literaturwissenschaftliche Forschung dauerhaft heraus. Zwar ist es wahrscheinlich, daß auch in der Wissenschaft das Werk Fichtes randständig bleibt. Doch zeigen die letzten Jahre, daß vor allem jüngere Wissenschaftler die Erkenntnis des Werkes von Fichte vorangebracht haben.[10] Der hier vorgelegte Band spiegelt diesen Prozeß wider und dokumentiert viele Wege, dem Verständnis Fichtes näherzukommen. Er löst nicht den 1985 von Thomas Beckermann herausgegebenen Materialienband ab, dessen Schwerpunkte auf den literaturkritischen und essayistischen Annäherungen sowie der vorläufigen bio-bibliographischen Erfassung von Daten und Quellen lagen. Die hier gedruckten Aufsätze gehen auf Vorträge zurück, die im Oktober 1989 auf dem Hamburger *Ersten wissenschaftlichen Symposion* zum Werk Hubert Fichtes gehalten wurden. Veranstalter war die *Arbeitsstelle Hubert Fichte*, die 1987 an der Universität Hamburg eingerichtet wurde. Diese Arbeitsstelle wertet den schriftlichen Nachlaß Fichtes aus, sammelt verstreutes und schwer zugängliches Material, erfaßt Primär- und Sekundärquellen und versteht sich, auf der Grundlage einer im Aufbau begriffenen Volltext-Datenbank, als Service-Einrichtung für die wissenschaftliche Forschung und die interessierten Leser des Fichteschen Werkes. Zugleich wird versucht, den notwendig interdisziplinären und internationalen Forschungsprozeß zu koordinieren und dialogfähig zu machen – diesem Ziel diente das Symposion, dem weitere folgen sollen. Es steht zu hoffen, daß solche Unternehmungen der schwierigen und im Falle Fichtes auch spannungsvollen Kommunikation zwischen Lesern, Freunden, Kritikern und Wissenschaftlern förderlich sind. – Abschließend ist der Hubert Fichte/Leonore Mau-Stiftung, der Deutschen Forschungsgemeinschaft, der Kulturbehörde der Stadt Hamburg zu danken, die das Symposion finanziell ermöglicht haben. Uwe Wittstock vom S. Fischer-Verlag sei für die sachkundige und kritisch-produktive Zusammenarbeit bei der Konzeption und Herstellung des Buches gedankt.

Anmerkungen

1 Hierbei wurde *Mein Lesebuch* (1976) nicht eingerechnet, sondern unter dem Titel *Herausgeber* verbucht (so in den *Materialien zu Leben und Werk*). Es wird noch zu erweisen sein, daß dieses *Lesebuch*, das außer den *Elf Übertreibungen* kein Wort Fichtes, sondern nur Stimmen anderer (deutscher) Autoren enthält, ein genau komponiertes, intertextuelles und interkulturelles Ensemble darstellt, das in nahezu reiner Form ein Literaturkonzept Fichtes darstellt. Darum ist das *Lesebuch* auch ein Fichte-Buch.

2 Zu der Zitierung der Fichteschen Texte siehe das Abkürzungsverzeichnis auf S. 21–23 dieses Bandes.

3 Siehe die sorgfältige Analyse von Marita Keilson-Lauritz: *Durch die goldene Harfe gelispelt. Zur George-Rezeption bei Hubert-Fichte.* In: *FORUM Homosexualität und Literatur* 2, 1987, S. 27–52. Eine ähnliche Analyse wäre für den Text *Pozzi barock (versus rapportati)* (*Pubertät*, 47–49) zu leisten, worin Fichte aus Jahnn-Zitaten, die sämtlich dessen Roman *Das Holzschiff* entstammen, einen aufschlußreichen Sprachteppich webt: »so verleibe ich mir Pozzi ein und seine Wörter, Akzente, Rhythmen kommen mir über den Mund; beherrsche ich seine Sprache oder benützt er meine Lippen?« (*Pubertät*, 49). Die Jahnn-Collage ist Bestandteil der rituellen Totenbeschwörung und Sektion, die Fichte in seinem Roman mit Jahnn vornimmt.

4 Gustav René Hocke: *Die Welt als Labyrinth. Manier und Manie in der europäischen Kunst*, Reinbek bei Hamburg 1957; G. R. H.: *Manierismus in der Literatur. Sprach-Alchemie und esoterische Kombinationskunst*, Reinbek bei Hamburg 1959.
Hocke führt genau den Zusammenhang von Manie, Magie und Manierismus ein, den Fichte für Lohenstein als charakteristisch ansieht. Hocke unterscheidet aber auch schon exoterische und esoterische

Schreibweise, erläutert die Idee des ›roman fleuve‹, den für Fichte so bezeichnenden Montage-Stil und die ars combinatoria – ein ›Grundbuch‹ der Fichteschen Poetik.

5 Dies wird nachgewiesen und entwickelt von Kirstin Pleger: *Lohensteins ›Agrippina‹ bearbeitet von Hubert Fichte. Bezüge – Entsprechungen – Umdeutungen*, Magister-Arbeit, Hamburg 1990.

6 Vgl. dazu den Beitrag von Gert Mattenklott in diesem Band.

7 Michel Foucault: *Das unendliche Sprechen*. In: M. F.: *Schriften zur Literatur*, Frankfurt/M., Berlin, Wien 1979, S. 90–103, hier: S. 90.

8 Ebd., S. 91.

9 Ebd., S. 97.

10 Hartmut Böhme: *Trance und Bewußtsein. Riten des Autors und Leben der Literatur*, Stuttgart 1991; Hans-Jörg Clement: *Schichten der Empfindlichkeit. Ethnologie im Werk Hubert Fichtes*, Diss. masch., Bonn 1989; Rainer Guldin: *Riten der Randzonen. Hubert Fichtes Untersuchungen zur Tradition des Abartigen*, Diss. masch., Zürich 1984; Hans-Jürgen Heinrichs: *Fenster zur Welt. Positionen der Moderne*, Frankfurt/M. 1989, S. 309–368; Leo Kreutzer: *Hubert Fichte oder: Für eine Ästhetik der Antiquiertheit des Menschen*. In: L. K.: *Literatur und Entwicklung*, Frankfurt/M. 1989, S. 76–94; Bertil Madsen: *Auf der Suche nach einer Identität. Studien zu Hubert Fichtes Romantetralogie Das Waisenhaus. Detlevs Imitationen ›Grünspan‹*, Stockholm 1990; Wolfgang Rath: *Fremd im Fremden. Zur Scheidung von Ich und Welt im deutschen Gegenwartsroman*, Heidelberg 1985, S. 162–230; Sabine Röhr: *Hubert Fichte. Poetische Erkenntnis. Montage – Synkretismus – Mimesis*, Göttingen 1985; D. Simo: *Interkulturalität und ästhetische Erfahrung. Untersuchungen zum Werk Hubert Fichtes*, Habil.-Schrift, Hannover 1991; Torsten Teichert: *Herzschlag außen. Die poetische Konstruktion des Fremden und des Eigenen im Werk von Hubert Fichte*, Frankfurt/M. 1987; Tomas Vollhaber: *Das Nichts. Die Angst. Die Erfahrung. Untersuchung zur zeitgenössischen schwulen Literatur*, Berlin 1987, S. 153–242; Manfred Weinberg: *Thematische Erweiterungen und stilistische Zuspitzungen im Werk Hubert Fichtes*, Magister-Arbeit, Bonn 1986.

Zur Zitierweise des Werkes von Hubert Fichte

Vorbemerkung

Es ist ratsam, daß Zitate aus dem Werk Fichtes in Zukunft direkt im laufenden Text einheitlich nach dem unten angeführten Abkürzungsverzeichnis nachgewiesen werden. Einige Buchveröffentlichungen sind nicht in diese Regelung aufgenommen, weil sie – wie z. B. im Fall der Hörspiele über den Heiligen Pedro Claver – in spätere Bände aufgenommen wurden. Die übrigen Texte von Fichte werden wie gewöhnlich in Anmerkungen nachgewiesen. Bei den Buchveröffentlichungen bis einschließlich *Petersilie* wurde diejenige Ausgabe standardisiert, deren Seitenzählung mit derjenigen der entsprechenden Taschenbuch-Ausgabe übereinstimmt (in Klammern: das Jahr der Erstausgabe). Hinsichtlich der *Geschichte der Empfindlichkeit* folgen wir bei der Bandzählung und den Titeln den Entscheidungen, die der Herausgeber Ronald Kay im Nachwort zu *Psyche. Glossen* (1990) erläutert hat.

Die Abkürzungen

[Die in Klammern gesetzten Jahreszahlen benennen das Jahr der Erstausgabe.]

Turku	– *Der Aufbruch nach Turku*, Frankfurt/M. 1985 (1963).
Waisenhaus	– *Das Waisenhaus*, Frankfurt/M. 1978 (1965).
Palette	– *Die Palette*, Frankfurt/M. 1978 (1968).

Grünspan	– *Detlevs Imitationen ›Grünspan‹*, Frankfurt/M. 1979 (1971).
Wolli	– *Wolli Indienfahrer*, Frankfurt/M. 1978. (enthält auch: Interviews aus dem Palais d'Amour, 1972).
Pubertät	– *Versuch über die Pubertät*, Frankfurt/M. 1982 (1974)
Xango	– *Xango. Die afroamerikanischen Religionen. Bahia, Haiti, Trinidad*, Frankfurt/M. 1976.
Ledermann	– *Hans Eppendorfer: Der Ledermann spricht mit Hubert Fichte*, Frankfurt/M. 1977.
Petersilie	– *Petersilie. Die afroamerikanischen Religionen. Santo Domingo, Venezuela, Miami, Grenada*, Frankfurt/M. 1980.
Genet	– *Jean Genet*, Frankfurt/M. u. Paris 1981.
Lazarus	– *Lazarus und die Waschmaschine. Kleine Einführung in die afroamerikanische Kultur*, Frankfurt/M. 1985.
Garni	– *Hotel Garni. (Die Geschichte der Empfindlichkeit, Bd. I)*, Frankfurt/M. 1987.
Kleiner Hauptbahnhof	– *Der kleine Hauptbahnhof oder Lob des Strichs. (Die Geschichte der Empfindlichkeit, Bd. II)*, Frankfurt/M. 1988.
Schuld	– *Die zweite Schuld. (Die Geschichte der Empfindlichkeit, Bd. III)*, [Sperrfrist bis zum Jahr 2006].
Liebe	– *Eine glückliche Liebe. (Die Geschichte der Empfindlichkeit, Bd. IV)*, Frankfurt/M. 1988.
Alte Welt I/II	– *Alte Welt. Band I/II. (Die Geschichte der Empfindlichkeit, Bd. V)*, Frankfurt/M. [im Erscheinen].

Platz – *Der Platz der Gehenkten. (Die Geschichte der Empfindlichkeit Bd. VI)*, Frankfurt/M. 1989.

Explosion – *Explosion. Roman der Ethnologie. (Die Geschichte der Empfindlichkeit, Bd. VII)*, Frankfurt/M. [im Erscheinen].

Schwarze Stadt – *Die Schwarze Stadt. Glossen. (Die Geschichte der Empfindlichkeit, o. Nr.)*, Frankfurt/M. 1990.

Psyche – *Psyche. (Die Geschichte der Empfindlichkeit, o. Nr.)*, Frankfurt/M. 1990.

Forschungsbericht – *Forschungsbericht. (Die Geschichte der Empfindlichkeit, o. Nr.)*, Frankfurt/M. 1989. [als Bd. XV veröffentlicht].

Nanã – *Die Geschichte der Nanã. (Die Geschichte der Empfindlichkeit, o. Nr.)*, Frankfurt/M. 1990.

Hamburg Hauptbahnhof – *Hamburg Hauptbahnhof. Register. (Die Geschichte der Empfindlichkeit, o. Nr.)*, Frankfurt/M. [im Erscheinen].

HuL I/II – *Homosexualität und Literatur. Bd. I/II. (Die Geschichte der Empfindlichkeit. Paralipomena Bd. 1)*, Frankfurt/M. 1987/88.

Mina – *Das Haus der Mina in São Luiz de Maranhão. Materialien zum Studium des religiösen Verhaltens. (Die Geschichte der Empfindlichkeit. Paralipomena Bd. 2)*, Frankfurt/M. 1989.

Schulfunk – *Schulfunk. Hörspiele*, Frankfurt/M. 1988 [veröffentlicht als: *Die Geschichte der Empfindlichkeit. Paralipomena Bd. 4*].

Ödipus – *Ödipus auf Håknäss*, Frankfurt/M. 1992

NIKOLAUS TILING

Spuren außerhalb des veröffentlichten Werkes
Briefe von Hubert Fichte an Hans Henny Jahnn und Peter Hinrik Boll

Je mehr es die *Geschichte der Empfindlichkeit* ermöglicht, die vielfältigen Zusammenhänge im Werk Hubert Fichtes zu rekonstruieren, desto mehr entsteht das Bild eines Hinweis-Systems, dessen Bedeutungen nur aus sich selbst zu verstehen sind. Mit der Herstellung einer solchen Komposition beschäftigte sich Fichte spätestens seit Ende 1967, als er begann, seinen ›roman fleuve‹ zu planen.[1]
Dem Willen des Autors und der von ihm aufgebauten inneren Logik des Werkes entspricht, daß die Ausgangsüberlegungen dazu erst über 20 Jahre später als Teil der *Geschichte der Empfindlichkeit* in *Alte Welt I* und *II* veröffentlicht werden[2]. Das Thema des Doppelbandes ist der Anfang des professionellen Schreibens von Hubert Fichte. In diesem Beginn wird nun vom Ende her jene Konstruktionsidee hineinprojiziert, die ihrerseits erst durch das vorliegende Werk entwickelt worden ist. So entsteht, ausgehend von dem großen Abschlußroman, eine neue Sicht des Anfangs, ein neues Verständnis, ein verändertes Werk.
Mit der Anordnung zur Vernichtung persönlicher Dokumente ist das literarische Œuvre und mit ihm das Konstruktionsprinzip seines Autors beinahe zum einzigen Nachlaß Hubert Fichtes geworden. Personen und Ereignisse außerhalb der *Geschichte der Empfindlichkeit* lassen sich nur noch bruchstückhaft rekonstruieren.
Zum ersten Mal wurden im Jahre 1988 Briefe von Hubert Fichte veröffentlicht[3]. Zu der im Jahnn-Nachlaß[4] bis dahin einzigen Sammlung von 12 Fichte-Briefen konnte 1989 mit Mitteln der *Hubert Fichte/Leonore Mau-Stiftung* und der Hamburger Staats- und Universitätsbibliothek eine vollständige Korrespondenz Hubert Fichtes mit seinem ehemaligen Schulfreund, dem Maler und Lithographen Peter Hinrik Boll[5], erworben[6] und dem Fichte-Nachlaß[7]

zugeordnet werden. Sie umfaßt 58 Briefe Fichtes an Boll und 45 von Peter Boll an Hubert Fichte. Das erste Schreiben Fichtes ist am 25. 11. 1952 in der Provence verfaßt, das letzte hat Peter Boll auf »Winter 73/74« datiert, es kam aus Hamburg.
Im Folgenden werden zwei unveröffentlichte Briefe an Hans Henny Jahnn aus dessen Nachlaß sowie vier Briefe an Peter Boll nebeneinandergestellt[8]. (Sie wurden originalgetreu transkribiert.) Darin ist eine Vielzahl von Hinweisen darauf enthalten, mit welchen Ideen, Problemen und Themen sich Hubert Fichte in der Zeit zwischen 1954 und 1958 immer wieder auseinandersetzte.
Eine eigene Faszination geht von den unterschiedlichen Sprachstilen und den Haltungen aus, die Fichte einerseits dem väterlichen Mentor Jahnn und andererseits dem Freund aus Schulzeiten und Leidensgenossen auf dem Weg einer ›Künstlerexistenz‹ gegenüber an den Tag legt. So stellt sich der lern- und wissensbegierige Hubert Fichte als strenger Lehrmeister und Kritiker vor, welcher in Peter Boll, der einen ähnlichen Weg wie er selbst geht, zugleich auch die Nähe eines Freundes sucht, um sich, messend am Bild des anderen, seiner selbst zu vergewissern. Eine solche Nähe war für Hubert Fichte im Winter 1954 besonders wichtig: der Versuch, als Leiter und Sekretär in einem Lager[9] des französischen ›Arbeiterpriesters‹ Abbé Pièrre vor Paris einen dritten Frankreich-Aufenthalt aus eigenen Mitteln zu ermöglichen, scheiterte an einer infektiösen Gelbsucht, die Fichte im Herbst 1954 zur Rückkehr nach Hamburg zwang. Zusätzlich bedrückend waren die mit Beginn seiner Arbeitslosigkeit seit 1951 verschärften Konflikte im Haus der Mutter und der Großeltern.
Während des einmal mehr durch Geldmangel erzwungenen Aufenthaltes in Hamburg-Lokstedt beschloß Hubert Fichte, sich durch eine Lehre in der Landwirtschaft die Grundlage materieller Unabhängigkeit zu schaffen. Seine vorangegangenen Frankreich-Aufenthalte und die dort erworbenen landwirtschaftlichen Vorkenntnisse waren Auslöser für diesen Entschluß. Im Juni 1956 begann in Süderholm bei Heide/Holstein die Landwirtschafts-Ausbildung, die nach einem Gehilfen-Praktikum in der Nähe von Hannover-Langenhagen im Februar 1958 abgeschlossen war. Es bildete die Voraussetzung für seine Anstellung im landwirtschaftlichen Betrieb

der Saltå Arbetsskola in Järna, Schweden. In diesem anthroposophisch geführten Heim für behinderte Kinder und Jugendliche arbeitete Fichte bis 1959 [10].

Eine Schicht hinter diesen Ereignissen wird in den vorliegenden Briefen angedeutet: die intensive Auseinandersetzung mit literarischen Themen und dem Problem der ›Künstler-Existenz‹ korrespondiert mit den angestrengten Bemühungen zur Bestimmung der eigenen Position, die sich hier als Verortung zwischen Leidensgenossen (Peter Boll) und Vorbild (Hans Henny Jahnn) präsentiert.
Gerd Schäfer hob im Zusammenhang mit dem letzten im Jahnn-Nachlaß erhaltenen Fichte-Brief von 1958 [11] die bemerkenswerte Kürze des Schreibens hervor und nahm diese als ein Indiz dafür, daß sich Fichte zu diesem Zeitpunkt vom Einfluß Jahnns befreit hatte [12]. Bei Einbeziehung von früheren, nun hier vorgestellten Briefen (November 1954 und Dezember 1955), läßt sich auch eine sukzessive Änderung der Wortwahl feststellen. Diese Veränderung ist ein weiterer Hinweis auf den Prozeß der Ablösung, der sich bereits ab Ende 1956 [13] in den Briefen nachzeichnen läßt. Dort beginnt Fichte, die Beziehung Hans Henny Jahnn gegenüber zu reflektieren. Der Sprachduktus, in dem diese Reflexion stattfindet, markiert gleichzeitig den Anfang zunehmender Distanzierung und deutet einen signifikanten Wechsel der Haltung im Vergleich zu den früheren Briefen an.
Im Schreiben vom November 1954, nach der Rückkehr aus Frankreich schwer krank, gewährt Fichte noch Einblick in seine Gefühlswelt und bittet um Einweisung nicht nur in das literarische Werk, sondern auch in die Weltsicht Hans Henny Jahnns. Der weiche Ton kann nicht allein in der Krankheit, die Fichte weitgehend ans Bett fesselte, begründet sein, wenn er fast zur gleichen Zeit an Peter Boll fordernd, zuweilen barsch, schreibt, ein wenig ins Ironische spielend, und seinerseits Maßstäbe setzt.
Für die Zeit zwischen November 1954 und Dezember 1955 ist bislang kein Brief von Fichte an Jahnn nachweisbar, doch in diesem Zeitraum müssen Gründe für eine Veränderung des Tonfalls zwischen Fichte und Jahnn liegen [14]. Die Auseinandersetzung um die Figur des Aburiel [15] bildet den Bezug zu einer nun fordernd-fragen-

den Literaturdebatte mit Hans Henny Jahnn. Dabei ist weniger die Person Jahnns gemeint als die Figur des Schriftstellers. Fichtes Mitteilungen über sich selbst bleiben nach ausführlicher Debatte zu verschiedenen Werken Jahnns auf zwei Sätze beschränkt. Die gewaltsame Befreiung, von der Gerd Schäfer spricht, deutet sich hier an als ein Sich-Verschließen und -Abgrenzen.
Im Gegensatz dazu steht der nur vier Wochen später verfaßte Brief an Peter Boll, der einen im Vergleich zum ersten sehr herzlichen, beinahe schwelgerischen Ton anschlägt, von dem wiederum zwei Jahre später nichts mehr zu lesen ist. Derartigen Wechselbädern setzt Fichte seinen Freund Peter Boll schonungslos aus, während er Jahnn durchweg aus achtungsvoller Distanz anspricht. Am Sprachduktus der Briefe, welcher sowohl innerhalb der einzelnen Briefwechsel wie auch zwischen den Adressaten stark differiert, läßt sich die gespannte, ja widerspruchsvolle Position Fichtes zwischen Peter Boll, zu dem er herabblickt, und Hans Henny Jahnn, dem er sich als verehrter Autorität nähert, erkennen. Als Dokument einer Vermessung der Verhältnisse zu den beiden Freunden geben die Briefe einen Eindruck von Strategien der Selbstpositionierung über Priorisierung und Inferiorisierung, die Fichte später als Schriftsteller im literarischen Feld professionell ausspielte. Für die Rezeption und als Ergänzung der bislang zugänglichen Materialien zu Hubert Fichte sind die Briefe auch ein Beitrag zu eben jener Geschichte des Verschweigens, die Peter Boll betrifft und die Gerd Schäfer für das Verhältnis zu Hanns Henny Jahnn feststellte, einer Geschichte, die im veröffentlichten Werk durch ein kryptisches Verweissystem verborgen ist.

Anmerkungen

1 »Ich will in meinem Roman Fleuve nicht nur die
Chronik einer Entwicklung schreiben, sondern auch
darstellen, wie der Schriftsteller seinen Stil und
seine Komposition verändert in den 20 Jahren,
die er daran schreibt...«
Zit. nach Hubert Fichte: *Oktober 1967 Romtagebuch für Dulu.* In: *Alte*

Welt I, 353–354 (nach Paginierung in der Kopie der handschriftlichen Vorlage).
Auch: »Kurzgeschichten erst, einen kleineren Roman dann,
dann einen großen; jetzt Plan ich den
Roman Fleuve über den Tourismus.«
Zit. nach: *Alte Welt I*, 405. Vgl. auch: ebd., 369, 386 (Manuskript-Paginierung).

2 *Alte Welt I* und *II*, Frankfurt/M. 1991.

3 Gerd Schäfer: *Hubert Fichte – Drei Briefe an Hans Henny Jahnn.* In: *FORUM Homosexualität und Literatur* 5, 1988, S. 77–87.

4 Der Nachlaß befindet sich im Besitz der Staats- und Universitätsbibliothek Hamburg *Carl von Ossietzky*.

5 An verschiedenen Stellen des literarischen Werkes von Hubert Fichte tauchen ›Versionen‹ dieser Person als Peter Hinrich, Peter Hinrik, in: *Alte Welt*, 325 (Manuskript-Paginierung) und dann als Peter Hinrik Boll auf (z. B. *Grünspan*, 108; *Garni*, 54).

6 Durch die *Fichte-Arbeitsstelle* an der Universität Hamburg konnte diese Korrespondenz ausfindig gemacht und angekauft werden.

7 Fichte-Nachlaß, seit 1989 im Besitz der Hamburger Staats- und Universitätsbibliothek Hamburg *Carl von Ossietzky*.

8 Bei der Transkription der handschriftlich erhaltenen Briefe wurden Orthographie und Zeichensetzung beibehalten.

9 Über das Lager Pomponette berichtet Fichte u. a. in: *Garni*, 18–35.

10 Über diese Zeit vgl.: *Garni*, 82–92.

11 SUB Hamburg, Nachlaß H. H. Jahnn, F 74. Der Brief trägt kein Datum. Als Absender-Adresse ist die Sålta Arbetsskola in Järna, Schweden, verzeichnet, was eine Datierung auf das Jahr 1958 zuläßt.

12 Schäfer, s. o., S. 77. Wer in diesem schwierigen Verhältnis zwischen Hubert Fichte und Hans Henny Jahnn nun tatsächlich unter wessen Einfluß stand, läßt sich kaum mehr ausmachen. Die Abhängigkeiten waren gegenseitig und in verschiedenen Phasen unterschiedlich gewichtet. Insofern ist es problematisch, eine nur an der Chronologie ausgerichtete Entwicklung der gegenseitigen Einflußnahme zu beschreiben. Sicher ist, daß sich Fichte immer weiter aus dem Verhältnis zu Hans Henny Jahnn zurückgezogen hatte. (Allgemein vgl. zu dem Verhältnis Jahnn-Fichte vor allen Thomas Freeman: *Hans Henny Jahnn. Eine Biographie*, Hamburg 1986.)

13 Vgl.: Brief von Hubert Fichte an H. H. Jahnn vom 18. 11. 56. In: Schäfer, s. o., S. 81–83.

14 Es kann hier nicht um eine Rekonstruktion des Verhältnisses Fichte-

Jahnn gehen. Dazu siehe den Beitrag von Thomas Freeman in diesem Band.

15 Engels-Figur aus *Thomas Chatterton*, Berlin, Frankfurt/Main, 1955. Erstaufführung: Deutsches Schauspielhaus, Hamburg, 26.4.1956. Direkter Bezug vgl.: Hubert Fichte, *Chatterton und Chatterton*, 1984. In: *HuL II*, 107–142.

Zwei Briefe von Hubert Fichte an Hans Henny Jahnn

Nov. 1954[1]

Lieber Hans Henny![2]
verzeih mir, daß mein voriger Brief so kurz ausfiel, aber ich hatte kaum noch Kraft zu schreiben – verzeih mir auch, daß ich jetzt nur mit Bleistift schreibe – es liegt mir mehr.
Es hat eine seltsame Bewandnis mit den Briefen, man möchte meinen, einmal losgeschickt erwerben sie sich einen eigenen Charakter mit Launen und Liebenswürdigkeiten.
Nachdem vorgestern mich Deine freundliche Einladung erreicht hat, erhielt ich heute morgen Deinen ehemaligen nach Frankreich gesendeten Brief. Ich bin erfreut und beglückt über Deine Worte.
Dein tiefes Echo auf meine melancholischen Zeilen aus dem Krankenhaus in Lagny[3] haben mich sehr nachdenklich gestimmt. Manch großes Fragezeichen wurde gelöst, welches über unserer Vergangenheit bestand, manch neue Wertigkeit den vergangenen Einleitungen und ihre fragmentarischen Ausführungen unserer Begegnung gegeben.
Es muß entsetzlich für die Generation derer sein, die Väter oder erfahrene Freunde geworden sind, dem abgrundtiefen Egoismus der Jugendlichen und besonders der schönen, der geistigen Jugendlichen anheimgefallen zu sein.
Ich fühle mich sehr mit Dir verbunden – und, wenn ich das abgegriffene Wort noch einmal aussprechen darf ohne verdächtig zu erscheinen, – ja ich glaube Dich zu verstehen. In uns begegnet sich die neue Zeit und die alte, Du lebst mit der Gewißheit etwas verlieren zu können, ich mit der Ungewißheit etwas zu erhalten. Die Einsamkeit bleibt dieselbe, sie ist der Verrat am Lebendigen – so und so!
Auch hinter mir liegen dunkle Tage, die ich tatenlos, völlig entkräftet und sinnlos quälerisch durchstehen mußte. Und an mir

nagte noch dazu das Bewußtsein, daß die neunzig Kinder meines Lagers, die mich lieben daß diese herrlichen Proletarierkinder im Dreck verrotten, im Regen und vor Hunger und Krankheit. Durch eine heimtückische Infektion bin ich verhindert eine sehr fruchtbare Arbeit weiterzuführen, deren erste Erfolge und Fortschritte ich will mich nicht loben – es sind ja auch nur ganz dumme Dinge diese Fortschritte, Klosetts, Brunnen, ein bischen Hygiene und manchmal ein paar Anregungen zum Zeichnen und Modellieren – alles wird von der Dummheit anderer zerstört. Die Lagerleitung hat nach meinem Weggang 3 mal gewechselt und liegt jetzt in den Händen eines schizophrenen Säufers, ein Schreckensregiment herrscht, daß allein zwei Frauen jetzt 3 Sturzgeburten hatten.[4]

Ich habe sicherlich nicht die Neigung zu konvertieren, aber, daß ich mich der Organisation des Abbé Pierre angeschlossen habe war lediglich aus der Erkenntnis, der Billigkeit eines intellektuellen Individualismus – und daß dort zum erstenmal dem verheerenden Hochmut und Einfluß des Katholizismus, von einem Mönch untendenziöse unauffällige Menschenliebe entgegengesetzt wurde.

Die wenige Kraft, die mir in den letzten Wochen zur Verfügung stand habe ich meistens dazu angewendet Deine Dramen wiederzulesen, mit großer Sorgfalt und Aufmerksamkeit und es ist mir zum ersten Mal bis zu einem gewissen Grade möglich gewesen Dein eigentliches Wesen zu erfassen und ganz klar trat mir auch Deine Konzeption, die von vielen, glaube ich, unterschätzt wird oder nicht erkannt – zu Tage (Loerke[5] hat diese Laschheit des Publikums Dir gegenüber ja als Motto Deines ganzen Schaffens gesetzt.)

Freilich bleiben Fragen und vielleicht bietet sich ja noch Gelegenheit sie zu klären. Ich bin schon äußerlich gesehen sehr einsam, auch wage ich kein Kind einzuladen – es könnte angesteckt werden. Ich habe so große Sehnsucht nach Kindern Ich würde Dich gerne bitten zu mir zu kommen. Nur fürchte ich Diskusionen mit Mutter, derer ich im Augenblick nicht fähig bin. Ich muß wohl Wochen liegen.

Wie geht es nun Dir? Wie war die Premiere[6]? Ich erwarte die Kritiken mit Ungeduld. Ich hätte so gerne im Echo[7] – welches vor einiger Zeit einen Artikel von mir gebracht hat – über die Aufführung geschrieben, aber ich konnte garnichts unternehmen.

Hat das Schauspielhaus den »Chatterton«[8] angenommen, – wie gerne würde ich ihn lesen!
Ich kann es noch nicht lassen, Dir einige Fragen, die sich bei der Lektüre Deiner Werke ergeben zu stellen – es sind im Augenblick nur einige wahrscheinlich oberflächliche Dinge, die mir einfallen. Wenn Du keine Zeit hast sie zu beantworten, was ich verstehen könnte, so kannst Du Dir diesen Teil meines Sermons sparen und wir knüpfen einmal eine mündliche Diskussion über hier kurz Erwähntes.
Ich kenne die frühen Arbeiten von Dir nur ungenügend. Meine eigentliche Kenntnis setzt erst mit der Straßenecke[9] ein. Ich liebe sie wegen ihrer Klarheit und wegen ihrer gleichzeitig resümierenden und einleitenden epochalen Stellung. Wie logisch ergibt sich daraus der Totentanz[10] mit seiner weiteren kosmischen Problemstellung. Bezeichnend, daß in beiden Stücken die 80000[11] Neger genannt werden. Erzähl mir ein bischen von diesen Negern!
Die Stellung der »Armut«[12] ist mir sehr deutlich. Wenn man Deine Werke zeitlich in zwei Gruppen gliedern könnte so müßte man den Totentanz wohl als Kern- und Mittelpunkt ansetzen. Wie geht es dann weiter. Kommt alsdann sogleich der »Fluß«[13] der alle Probleme der Freiheit aufnimmt und weiterführt, bleibt die Armut eine Skizze am Rande? Hat sich überhaupt in der Emigrationszeit durch den »Fluß« Deine Stellung zum Drama geändert? Ist Dir das Drama und das Schauspiel an sich[14] eine menschliche Notwendigkeit oder eine literarische. Ich liebe auch die Armut sehr, sie ist so menschlich – die kleinen Kräfte der Erinnerung – und das Zögern die ständige Verfehlung (Im »Engel«[15] nennst Du es »nichts an uns ist verläßlich«)
Aber mir ist die Jytte[16] so furchtbar unsympatisch. Sie verärgert mir den ganzen Schluß. Ich finde, Du gibst ihr nicht eindeutig genug ihre Gestalt als Pferdemädchen, man zweifelt daran. Und wenn sie nicht das Pferdemädchen ist, dann finde ich das Bündnis Sofia's und Jytte's und Trygve's[17] eine Ungerechtigkeit, in die sich auch noch die Überirdischen eingemischt haben.
Deine Manifestierungen haben vielerlei Eigenschaften – sie sind kleine Kräfte der Erinnerung. Fernando Cortes aber hat an Wissen im Laufe der nicht leiblichen Jahrhunderte zugenommen. Sie folgern also noch aus der Tatsache. – Ich liebe Geister über alles.

Dein »Engel« ist mir besonders nahe – aber es ist ein Stück der Resignation. Ich höre Dich so gut daraus hervor. Warum lehnst Du es an das biblische Geschehen an – um eine größere Freiheit der Gestaltung – eine größere Wahrhaftigkeit zu erreichen?
Hans Henny, Du gibst einmal eine Erklärung über Deinen Begriff der Zeit und über die Erscheinung des Reeders im Holzschiff Helwig [18], dem Du sie in einem veröffentlichten Brief übermitteltest hat sie vielleicht verstanden – mir entgeht es leicht das nicht Unmittelbare. Auch die Assoziation »jenen Exzessen der Lüste, dem niemand entrinnen konnte, der vom heiligen Hauch des Wachsens berührt worden war.« »Holzschiff« S. 58, 30te [19] – bleibt mir dunkel und mir ist an einer Ausdeutung dringend gelegen, da ich den Zusammenhang spüre, aber nicht beweisen kann – und das ganze ein großes Problem für mich ist.
Viel Fragen! Ich versichere Dich meiner aufrichtigen Freundschaft und bitte, alle, die Dich umgeben herzlich von mir zu grüßen!

mit den besten Wünschen
Hubert

Anmerkungen

1 Der Brief ist nicht datiert, muß jedoch bald nach der Rückkehr aus Frankreich geschrieben worden sein, die in den November 1954 fiel. Mit dem Bezug auf »die Premiere« könnte die von Hanskarl Zeiser inszenierte Lesung des *Lübecker Totentanz* im Hamburger Schauspielhaus gemeint sein, die am Buß- und Bettag 1954 stattgefunden hatte. Demnach müßte der Brief nach dem 17. November geschrieben sein, ist im Nachlaß jedoch vor ein Schreiben vom 13. 11. geordnet.

2 Signatur der SUB Hamburg im H. H. Jahnn-Nachlaß: *Briefe* F 66.

3 In diesem Krankenhaus war Fichte drei Wochen mit Gelbsucht und Leberentzündung in Behandlung gewesen und wurde wohl Anfang November 1954 entlassen. Vgl.: *Garni*, 34, 35.

4 Vgl.: *Garni*, 33.

5 Oskar Loerke (1884–1941). Lektor im Fischer Verlag (Berlin), Träger des Kleist-Preises (1913). Förderer und Fürsprecher Jahnns (u. a. verlieh er ihm 1920 den Kleist-Preis, veröffentlichte 1931 das Drama *Lübecker Totentanz*), wurde später, im Zusammenhang mit dem *Holzschiff*,

aber auch zum Kritiker. Vgl. auch: *Oskar Loerke bereitete mir den Weg*. In: Hans Henny Jahnn: *Werke und Tagebücher in 7 Bänden*, hrsg. v. Thomas Freeman und Thomas Scheuffelen, Bd. 7: *Schriften und Tagebücher*, Hamburg 1974, S. 338–342.

6 Vermutlich bezieht sich Fichte hier auf die erste Inszenierung des *Lübekker Totentanz* im Hamburger Schauspielhaus, s. Anm. 1. Nachdem das Stück 1931 für die Feiern zum Ostseejahr in Lübeck abgelehnt worden war, kam es auch trotz Vorankündigungen 1954 bei den Ruhrfestspielen in Recklinghausen nicht zur Aufführung. Jahnn hatte dazu bereits Freunde eingeladen, so auch Fichte. Nach Thomas Freeman hatte die »erste wirklich professionelle Aufführung« am 16. 4. 1954 in Köln stattgefunden. (Thomas Freeman: *Hans Henny Jahnn. Eine Biographie*, Hamburg 1986, S. 276.)

7 *Hamburger Echo*, Tageszeitung der SPD.

8 Die erste Fassung war am 9. 9. 54 abgeschlossen. Suhrkamp druckte den *Chatterton* erstmals 1955. Premiere am 26. 4. 1956 am Deutschen Schauspielhaus, Hamburg; Inszenierung Gustav Gründgens.

9 *Straßenecke*, Drama von Hans Henny Jahnn, geschrieben 1929, 1931 gedruckt bei Kiepenheuer, Erstaufführung 1965 in Erlangen. Vgl. auch: Freeman: *Hans Henny Jahnn*, s. o., S. 272, 273.

10 *Neuer Lübecker Totentanz*, in: *Neue deutsche Rundschau*, S. 748–776, Berlin 1931; Hamburg 1954. Auch in: Jahnn: *Werke und Tagebücher*, s. o., Bd. 5, S. 5–33.

11 »Straßenecke«, in: Jahnn: *Werke und Tagebücher*, s. o., S. 70: »Höre: Die französische Regierung hat bei einem Bahnbau achtzigtausend Eingeborene verbraucht.« und *Neuer Lübecker Totentanz*. In: Jahnn: *Werke und Tagebücher*, s. o., S. 19/20: ›Prognose‹- Szene, »Bei einem Bahnbau zum Ruhme einer schönen technischen Idee (von Geld wird nicht gesprochen), verbraucht man achtzigtausend schwarze Menschen.«

12 *Armut, Reichtum, Mensch und Tier*, 1933 von Jahnn in der Schweiz geschrieben, 1948 in Hamburg uraufgeführt. In: Jahnn: *Werke und Tagebücher*, s. o., Bd. 5, S. 89–156.

13 *Fluß ohne Ufer*, Romantrilogie, Teil 1: *Das Holzschiff*, München 1949. 2. Teil: »Die Niederschrift des Gustav Anias Horn nachdem er 49 Jahre alt geworden war«, München 1949–50. 3. Teil: ›Epilog‹, Frankfurt/M. 1961.

14 ... und das Schauspiel an sich ... = Einfügung über der Zeile.

15 *Spur des dunklen Engels. Drama*, Hamburg und München 1952. Auch in: Jahnn: *Werke und Tagebücher*, s. o., Bd. 5, S. 157. Vgl. auch: Freeman: *Hans Henny Jahnn*, s. o., S. 516 ff.

16 »Jytte, ein dänisches Mädchen, 16 Jahre alt«, zit. nach Personenliste des Stückes *Armut, Reichtum, Mensch und Tier*. In: Jahnn: *Werke und Tagebücher*, s. o., Bd. 5, S. 89–156.

17 Den Namen Trygve übernahm Fichte im *Versuch über die Pubertät* für Yngve Jan Trede.

18 Werner Helwig (1905–1985), Schriftsteller und langjähriger Freund Jahnns, spätestens seit er ihm bei der Abfassung des *Neuen Lübecker Totentanzes* 1931 behilflich gewesen war.

19 Fichte zitiert nach der ersten Ausgabe des Weismann Verlages, München, 1949.

17.12.55[1]

Lieber Hans Henny![2]
Dieser Brief – meine Antwort wird zu Deinem Geburtstag zu spät eintreffen – entschuldige es bitte. Ich habe Deine letzten Zeilen schon lange erhalten und viel darüber nachgedacht und muß nun sagen, daß es nicht in meiner Absicht lag Dich zu bestürzen. Du hast den Aburiel[3] so gut verteidigt, daß es mir jetzt schwer fällt ihn nicht mit meinen Augen zu sehen – ich muß es jetzt auf jeden Fall acceptieren.
Das Erregenste an unserem bedeutsamen Zusammentreffen in Heide waren zweifelsohne Deine Andeutungen oder vielmehr Dein Schweigen über Deine Träume. Ich möchte sicherlich nicht Deine Integrität verletzen – aber ist es zu viel gewagt, wenn ich Dich frage, ob Aburiel eine Gestalt ist, wie Du sie träumen würdest? Sind überhaupt Deine schriftstellerischen Werke und besonders die Stellen in denen Du das Naturalistische oder Realistische verläßt Abbilder, Nachzeichnungen Deiner Träume? Ich denke da besonders an die »Nacht aus Blei«[4], an die mir so schwer verständliche assyrische Novelle aus den 13 nicht geheuren Geschichten[5], und nicht zuletzt an die ganze gleichzeitig realistische und surrealistische »Straßenecke«[6] mit der seltsamen Figur des Todes[7] – die mir jetzt fast wie ein negatives Gegenstück zum Aburiel erscheint.
Du schreibst, daß Du nun um den Erfolg des Chatterton fürchtest. Da stellt sich mir die Frage, was Du überhaupt von Deinem Publikum erwartest – zuerst – ob Du überhaupt an ein Publikum denkst, wenn Du ein Drama schreibst – warum Du überhaupt Dramen + Theaterstücke schreibst, wo Dir doch das ganze Theaterwesen so zuwider ist. In welcher Beziehung stehst Du zu Deinem Publikum in einer feindlichen oder einer einverständlichen Auf jeden Fall

riskierst Du nicht die Allgemeinheit zu entmündigen oder zu entsetzen? (Richard II Ephraim Magnus[8]) oder siehst Du Dein Publikum als einen – ich will es so nennen – passiven Mitarbeiter Deines Werkes – der es übernimmt und ausspinnen soll? Welches Publikum wünscht Du Dir und welche Reaktion wäre Dir von ihm die willkommenere: Schweigendes Einverständnis oder Streitgespräch?
Fragen Fragen, die Dich sicher bedrängen werden, und die mich bedrängen: Sind Dir jemals Engel begegnet? Welche Zeugnisse und welche Berichte gibt es über sie?
Zweifelsohne besteht eine Analogie zwischen Kleist und Chatterton[9]. Gibt es auch Analogien zwischen Deinem Chattertondrama zu Deinem verschollenen Kleistschauspiel. Was ließ Dich damals schon ein unglückliches Dichterschicksal wählen – oder hatte Dein damaliger Themenkreis garnichts mit Deinem heutigen zu tun?
Ich kann Dir kaum sagen wie brennend mein Interesse an Dir ist – meine Fragen verraten es Dir vielleicht – Du bist so völlig rätselhaft und ungewöhnlich. Ich möchte Dich durchdringen.
Was soll ich von mir berichten. Ich bin recht ausgeglichen und habe in letzter Zeit viel geschrieben, vielleicht mehr als gut ist – aber ich hatte solche Lust. Der Winter ist herrlich und herb. Ich erlebe viele Dinge von denen die meisten innerlicher Art einige aber auch nicht innerlicher und damit doch innerlicher – Art sind.
Was soll ich Dir zu Weihnachten und zu Deinem Geburtstag wünschen: Wenigstens Ausgeglichenheit (aber ist Ausgeglichenheit unbedingt ein günstiges Vorzeichen für künstlerische Arbeit?) Ich wünsche Dir freundliche Begegnungen und gute Fortschritte in Deiner Arbeit und weniger peinigende Zwischen- und Querstellungen.
Darf ich Dich zum Schluß etwas bitten? Könntest Du mir einmal das Manuskript der 1. Fassung des Chatterton leihen. Ich würde das überaus freundlich und gewogen mir gegenüber empfinden und die Lektüre der verschiedenen Bearbeitungen desselben Stoffes bedeutet für mich einen weiteren Schritt zu Dir.

Freundliche, herzliche Grüße
Hubert

Anmerkungen

1 In der Zeit zwischen Juni 1955 und April 1957 wohnte und arbeitete Hubert Fichte im Rahmen seiner landwirtschaftlichen Lehre auf dem Hof von Hans Willi Sierk in Süderholm, Kreis Heide/Holstein. Vgl. z. B. auch: *Garni*, 45 ff.

2 Signatur der SUB Hamburg im Hans Henny Jahnn-Nachlaß: *Briefe* F 69.

3 Engels-Figur aus *Thomas Chatterton*. Vgl. auch den von Fichte im Sept. 1984 abgeschlossenen Essay *Chatterton und Chatterton*, in: *HuL II*, 107: »Wir konnten uns über den Engel nicht einig werden...«

4 Hans Henny Jahnn: *Die Nacht aus Blei*, Hamburg 1956, erste Veröffentlichung – Fichte mußte also eine Typoskriptfassung kennen.

5 Hans Henny Jahnn, *13 nicht geheure Geschichten*, Frankfurt/Main 1963. Fichte bezieht sich wohl auf die dritte Erzählung: *Sassanidischer König*. In: ebd., S. 42–62.

6 Siehe Brief an Jahnn vom Nov. 54, Anm. 8.

7 In der *Straßenecke* tritt keine Figur des Todes auf. Gemeint ist wohl der *Neue Lübecker Totentanz*, dort gibt es zwei Todes-Figuren: ›Der feiste Tod‹ und ›Tod‹, auf den sich Fichte sicherlich mit seiner Bemerkung »negatives Gegenstück vom Aburiel« bezieht.

8 Bezug: Hans Henny Jahnn: *Die Krönung Richards III.* (Drama), Hamburg 1921, Uraufführung: 5.2.1922 in Leipzig. Fichte hat durch einen Schreibfehler aus Richard III., Richard II. gemacht. Und: H. H. J.: *Pastor Ephraim Magnus* (Drama), Berlin 1919. Uraufführung 24.8.1923 in Berlin in einer Bearbeitung von B. Brecht und A. Bronnen. Zu beiden Dramen vgl. auch Thomas Freeman: *Hans Henny Jahnn. Eine Biographie*, Hamburg 1986, S. 164.

9 Bezug auf Hans Henny Jahnn: *Heinrich von Kleist. Eine jämmerliche Tragödie*. In: *Europa Almanach*, Potsdam 1925, Fragment, geschrieben am 23. August 1917.

Vier Briefe von Hubert Fichte an Peter Hinrik Boll

Hamburg- Lo
den 15./11/54[1]

Lieber Peter Hinrich,

Dein Brief, den ich heute morgen erhielt, hat mich sehr gefreut, ich bin fast glücklich über ihn, beweist er mir doch, daß Du nicht, wie es oft den Anschein haben kann, der deutschen Konfektionsjugend angehörst – sondern daß Du ehrlich und vielleicht sogar legitim leidest.

Ich habe Dich einen Snob nicht nur genannt, sondern sogar geschimpft; und – wenn wir weiterhin die Notwendigkeit verspüren sollten miteinander befreundet zu sein – werde ich mir das Recht Dich zu beschimpfen herausnehmen, denn – Dein Brief beweist mir es – ich kenne Dein Innerstes sehr gut und Du bist Dir auch ganz genau, wenigstens im Unterbewußtsein darüber im Klaren, sonst würdest Du mir nicht einen so inhaltsschweren Brief schreiben.

Was nun Deine unsichere Querstellung zwischen Äußerem, bürgerlichen Leben – und Innerem, künstlerischen Ausruckswillen anbelangt – so kannst Du Dich ja an den unzähligen ähnlichen Beispielen, die die Jahrtausende wie einen roten Faden durchlaufen, trösten – und tröstest Dich. Aber vergiß nicht, daß Deine eigene Querstellung von derjenigen vergangener unterschiedlich ist, und Du auf Deine eigene Weise und aber auch auf eine moderne Weise zu lösen hast.

Wie weit in der Moderne ein Künstler im Sinne eines Bach und sogar noch eines Matisse seine Berechtigung hat, weiß ich nicht. Auch mir kommen Zweifel. Auf jeden Fall muß er – wenn er die großen Einsamkeiten seines Kristallisationsprozesses durchlaufen hat wieder in eine, sagen wir legitime Menschlichkeit zurückkehren. Denn das Individuum und der Künstler, als ausgereifte Persönlichkeiten, sind, meiner Meinung nach nicht aus dem Menschheitsganzen zu lösen, sondern haben in ihm und durch es eine wichtige Funktion zu übernehmen.

Für mich sah die praktische Auswirkung dieser Überlegung folgendermaßen aus: Ich zog los, um die menschlichen Überreste aufzusuchen, ich lebte mit Bauern und später mit Assozialen und mit den Ärmsten der Armen [2] und man forderte mich daß ich helfe – und daran ging mir plötzlich eine ganz neue und sehr lebendige Konsequenz des seltsamen Wesens Künstler auf – in der direkten Hilfe – im Du!

Da nun noch dazu manche Überlegungen (ich erinnere an die Gespräche mit Picasso) endlich zur Fragwürdigkeit einer absoluten Formulierung des Künstlerischen führte – mochte jene oben angeführte Erfahrung – von der ich Dir zu berichten bereit bin, wenn Du Dich dafür interessieren solltest – vielleicht einen Ausweg – und nicht nur einen Ausweg allein, sondern die einzig mögliche Richtung – vielleicht aufzeigen. Die dem leidenden Menschennächsten helfende Kunst – –

Wenn wir den Begriff des Spiels sehr sehr weit fassen – und nur dann erhält er ja eigentlich eine Wertigkeit müssen wir annehmen, daß alles Spiel sei. Der ganze Kosmos. Aber wir müssen dieses Spiel zu Ende spielen mit allen den Regeln, die uns unser Wesen und unser Geist auferlegt. Man kann auf Falsch spielen – und man kann auch zaubern.

Ich danke Dir für Deine freundliche Einladung – und würde auch gerne versuchen, Dir den schweren Tag mit Tante Berta und Onkel Heinrich und allem sonstigen Oberkirchenratlichen [3] zu versüßen – aber mir wird es leider nicht möglich sein, denn ich muß noch mehrere Wochen stramm liegen, da ich eben ziemlich krank bin [4].

Wenn es mir besser geht werde ich jedoch sicher einen ganzen Tag herausfahren um Deine Œuvres kennenzulernen und ich hoffe dann auch zu einer schweren Diskussion mit Dir zu kommen, die unserer Freundschaft – und damit unseren gegenseitigen menschlich künstlerischen Bemühungen eine genauere Konzeption geben könnte.

Lieber Peter Hinrich, Kopf hoch, Melancholieanfälle habe

auch ich kennengelernt, wenn es gar nicht mehr geht immer ein kleines Briefchen an mich geschrieben! Ich verstehe Dich ja, Mensch! Ich bin doch Dein Freund – –

Hubert

Anmerkungen

1 Aus Hamburg-Lokstedt.

2 Bezug ist hier der zweite und der dritte Frankreichaufenthalt Fichtes: 1953 bis Frühjahr 1954 als Schafhirte bei Testanière in der Provence und Sommer 1954 bis Herbst 1954. Zunächst Paris, dann Lagerleiter in der ›Pomponette‹ des Abbé Pierre.

3 Peter Bolls Vater war seit Mitte der dreißiger Jahre Oberkirchenrat und Pastor am Allgemeinen Krankenhaus Ochsenzoll und der Universitätsklinik Hamburg-Eppendorf. Nach dem Krieg Hauptpastor in Reinbek bei Hamburg (vgl.: *Garni*, 53). Über diese familiären Hintergründe berichtet Boll auf Bitten Fichtes in dem ausführlichen und eindrucksvollen Brief vom 28. 7. 1970. Fichte hatte ihn zuvor um diese Informationen im Zusammenhang mit seinem *Grünspan*-Roman gebeten. Dort wird P. Boll sinngemäß wiedergegeben, ohne dies allerdings kenntlich zu machen (*Grünspan*, 109).

4 Nach Gelbsucht-Infektion in Frankreich.

11.12.58 [1]

Lieber Peter!
Es ist nicht nur der längste Brief den du je geschrieben hast, es ist auch der Schönste, den ich je erhielt. Ich bin sehr glücklich daß wir wieder in einen freundschaftlichen Austausch gekommen sind. Das einzige, was ich für Dich und Peppino tun kann, ist Dir einen weißen schwedischen Pullover schicken der mir selbst gehört und der erst gewaschen werden muß. Das kann aber noch Wochen dauern, aber Du bekommst ihn mit hoffentlich ein paar Kleinigkeiten und hoffentlich (nach dem 1. Jan.) etwas Geld. – Ich bin völlig unvermögend und habe viele Schulden die ich aus Gründen der Loyalität bezahlen muß, da ich ihrer nicht gemahnt werde.

Ich finde Dein Leben eine äußerst gute, aber auch äußerst gefährliche Schule. Sinnliche Verdrängung ist, nur so lange sie neu ist, ein gutes künstlerisches Agens, dann wirkt sie selbstzerstörerisch. Ich spreche aus eigener fürchterlicher Erfahrung (wenn ich auch sehr viel mehr erlebt habe als Du, so bin ich auch viel sexueller als Du. Es würde mir garnichts ausmachen bei einer zureichenden Ernährung 2 mal täglich Ich habe schon einmal eine Woche lang bei unzureichender Ernährung vier mal täglich.) Du bist also in einer doppelten Zwangslage [2] Darf ich Dir einige Ratschläge zur Ernährung geben: Esse Fisch roh, wenn es geht, suche bei den Fischern Milchern und Rogen, welche abfallen, umsonst zu bekommen. Desgleichen Leber. Wenn Mandelbäume da sind täglich ein paar Stück Mandeln. Außerdem Hafer (Futterhafer wenn nichts anderes. Habe ich auch in meiner Lehrzeit [3] gekaut) Nur nicht zuviel. Man bekommt eine sehr unangenehme Allergie davon. Milch ist ungeheuer wichtig. Versuche die Molke (Abfall aus der Quarkfabrikation) aus der Meierei zu erhalten. Sie ist ungeheuer nahrhaft. Dann alles was

Beeren sind und wild wächst. Stelle Hasen und Kaninchenfallen auf.

Deine künstlerischen Fortschritte sind ja sehr beachtlich. Ich finde die beigegebene Reproduktion sehr gut. Ich würde mich sehr freuen, wenn ich einst bei Deiner Ausstellungseröffnung die Einführung geben könnte.

Ich selbst habe eine große Krise hinter mir, die wohl sicher auch das Sexuelle zum Untergrund hat. Ich arbeite wie ein Verrückter. Mein Lesehunger ist unersättlich. Außerdem beginne ich – hoffentlich – demnächst mit einer Laieninszenierung des Ödipus [4] – mit den Deutschen Pflegern des Heimes hier. – Ich habe eine Komödie [5] geschrieben und schreibe an einem Drama [6]. Und habe mich entschieden – trotz meiner sehr labilen Gesundheit wieder zu vagabundieren ab nächsten Sommer, da ich viel zu asozial bin, um mich irgendwelchen humanitären Einrichtungen unterzuordnen. (Das ist auch das Problem meines Dramas, welches in einem Lager des Abbé Pierre spielt.) – Entschuldige bitte, diese geringen Worte, aber ich möchte gern, daß Du gleich von mir eine Antwort erhältst. Ich bin nur leider völlig erschöpft und es fällt mir einfach schwer Worte zu formulieren. Die Arbeit hier mit den debilen Kindern ist unerhört aufreibend.

Nimm also die besten Grüße und Wünsche
und den freundlichsten Dank
von Deinem

Hubert

Falls ich nicht mehr dazu komme auch schon schönste Weihnachtsgrüße

Anmerkungen

1 Aus Järna, Schweden; siehe auch vorherigen Brief.

2 Bezug: P. Boll befand sich zu dieser Zeit auf Stromboli (Liparische Inseln). Die kulturelle Umgebung erzwang von ihm die Unterdrückung seiner sexuellen Wünsche. Außerdem hatte er große finanzielle Not zu leiden.

3 Juni 1955 bis April 1957.

4 Fichte inszenierte die Hölderlin-Übertragung der Tragödie von Sophokles. Davon handelt das im Nachlaß befindliche Stück: *Ödipus auf Håkness*, abgeschlossen 1960/61 in der Provence. Vgl.: *Garni*, 89.

5 *Masken und Tote*, im Nachlaß vorhanden, jedoch noch nicht in der Aufnahme der Hamburger Staats- und Universitätsbibliothek verzeichnet.

6 Titel nicht nachweisbar, vermutlich eben jenes, welches im Lager des Abbé Pierre spielt.

Süderholm 21/1/56[1]

Lieber Peter Hinrik!

Ich sitze in einem sehr stimmungsvollen Lokal in Büsum – am Meer – bei einem Grog. Der Wind war äußerst stark den Tag über und so kam ich nach der Arbeit[2] auf die Idee nachts noch ans Meer zu fahren. Es ist sehr schön. Der Mond hat einen schönen Hof. – Wie ich zurück komme weiß ich noch nicht – ich hoffe, daß mich ein Wagen nach Hause fährt. Sonst zu Fuß.

Ich habe heute Deinen schönen Brief erhalten. Er ist nicht nur vom Inhalt und der Form her ein großer Genuß – sondern auch von der Aufmachung. Er hinterließ bei mir den Eindruck, daß wir zwei doch den gleichen Weg gehen, Weggenoßen sind. Hätte ich mehr Ideale würde ich Dir vielleicht vorschlagen einen Kunstbund mit mir einzugehen – etwa »Der Grüne Frosch (Der blaue Reiter)« Was Du von der Verbundenheit der Kunst mit der Erde und mit dem Menschlichen schreibst ist mir wie aus dem Herzen gesprochen. Auch für mich ist die Dichtkunst letztlich nur wertig, wenn sie von einer großen Menschlichkeit getragen ist. Mir wird deshalb die Moderne Dichtung mit ihrer Formquälerei mit ihrem ewigen L'Art Pour L'Art etwas überdrüssig. Es stellt sich jedoch ein eigentümliches Problem. Ich unterschreibe Picasso ganz und gar. Ich finde diese Explosion von Farbe und Form großartig echt künstlerisch – untrennbar mit der Empfindlichkeit des menschlichen Auges verbunden – ich finde jedoch die Moderne Lyrik die vorgegebenermaßen – oder auch wirklich – auf den selben Gesetzen aufbaut – zum Kotzen, gesucht, unreal, vielleicht mit viel [ein Wort unleserlich] hergestellt aber unbedeutend. Wie ist das Möglich? Vielleicht ist für mich die dichterische Aussage zu sehr mit der menschlichen verbunden und ich ignoriere noch Formgesetze, die ich bei Picasso

finde und auch anerkenne. Man wirft mir oft in meiner Schriftstellerei Formmangel vor. Nun – ich werde mich mit dem Handwerkszeug befassen obwohl ich viel lieber eine biologische oder physikalische Abhandlung lese als einen Roman. Dennoch – ich muß schreiben. Und verflucht! Ich will auch anerkannt werden – und das, was die anderen an Formgefühl entwickeln bring ich zur Not wohl auch noch zustande.
Ich bewundere bei Dir, wie eingehend Du Dich mit allem beschäftigst und wie unbeirrbar. Die Wissengebiete langweilen mich immer so schnell, und dann schwenke ich schnell auf ein anderes ab.
Ich glaube, daß ich Fortschritte mache. Ich las mit viel Freude The bridge of San Luis Ray von Wilder[3] und die indische Bhagawadgita[4]. Und einen Überblick über die Probleme der Biologie. Herrlich!
Oft bin ich sehr glücklich. Sehr im Einklang mit der Atmosphäre, die mich umgibt.
Ich wünsche Dir das Beste für Deine weiteren Arbeiten. Dank für Deinen Schönen Brief.

Ich muß aufbrechen. Draußen rollt das Meer
Herzlich Hubert

Anmerkungen

1 Aus Süderholm, Heide/Holstein.
2 Arbeit auf dem Lehrhof in Süderholm bei Heide zwischen Juni 1955 und April 1957. Vgl. auch Brief an H. H. Jahnn vom 17.12.55, Anm. 1.
3 Thornton Wilder: *The Bridge of San Luis Ray*, New York 1927.
4 *Bhagawadgitâ. Sanskrit: Gesang des Erhabenen.* Heiliger Text des Hinduismus in 18 Gesängen. Älteste Textschichten wohl aus dem 3. Jh. v. Chr.

Lieber Peter![1]
Es ist seltsam, aber in Briefen wirken alle Dinge die zur Erörterung kommen so viel schärfer als sie[2] in der Konversation. Ich nehme Dir darum Deinen Brief nicht im Geringsten übel, ich wehre mich allerdings entschieden gegen die Rolle des zynisch intellektuell Spielenden. Gewiß finde ich das Spiel schön aber Spiel mit höchstem Einsatz. Was wäre die Kunst anderes?
Du wirfst mir Unpersönlichkeit vor (läßt sie sich so ohne weiteres mit egozentrischem Spieltrieb vereinen) Zur Unpersönlichkeit eine Erklärung. Ich haße Briefeschreiben. Mir bleibt im Leben so wenig Zeit zum Dichten, daß ich mich der ungaren Mittelform des Briefeschreibens nur ungern hingebe. Auch fehlt mir Deine schöne Gabe Deine innersten Angelegenheiten so plastisch Deinem Freunde anheimzugeben – ich erlebe im Augenblick den Norden[3] mit und sein hartes dumpfes glimmendes Schweigen – außerdem bin ich in so exzentrischen Strömungen befangen, die ich noch nicht fertigbringe in einen Brief zu fassen. Ich werde Dir davon berichten – mündlich. Ich bitte Dich nur um eines – sei mit mir bis Ende März nachsichtig – dann werde ich mich wieder intensiv mit Dir befassen – bis dahin sei versichert, daß ich von Deiner Entwicklung in jeder Beziehung sehr viel halte und doch wohl ziemlich stolz auf mich bin, auf jeden Fall bist Du ein letzter Stern für mich – wenngleich in Bau begriffen.
Nun im Einzelnen zu Deinem Brief! Daß Du Dich als Experimentalfall von mir empfindest finde ich ohne jeden weiteren Kommentar als dumm. / Spiel Intellekt Sein Wollen? Ich kann das nicht so scharf formulieren. Ich weiß zu viel – ich erfahre zu viel um noch zu wissen. Heraklit: alles fließt. Auf jeden Fall scheint mir die frühe allzu starre Festlegung der Dinge eine der größten Gefahren des modernen

Künstlerintellektualismus. Da gibt es nicht mehr Das Schweigen, die Schöpferische Geduld kurz eine gewisse Begnadung.
Daß Du mich als suchend betrachtest finde ich unkeusch. Ich wünsche auch nicht als Rufer erkannt zu werden – das sind bürgerliche Prädikate und zwar falsche verlogene Habe ich dir jemals kommentarlos »Suchen« unterstellt? Daß Du das völlig unfertige aus Krankheitsschwäche entstandene Hirtenmanuskript[4] Freunden gibst finde ich am Rande eines Vertrauensbruches (Du kannst darin ermessen, wie fest unsere Freundschaft verankert ist – ich werfe Dir Vertrauensbruch nicht vor, ich stelle ihn fest) Bitte nun aber nichts Halbes. Grüße Deinen Jurafreund von mir und bitte ihn, auch mir gegenüber rückhaltlos zu äußern was er denkt und zwar schriftlich. Wenn er wirklich interessant ist – und Du nicht eifersüchtig wirst – möchte ich ihn gerne kennenlernen, das Gleiche gilt von Colin Spear – mit dem Du mich ja geradezu verkuppelst und denke Dir ich wäre – wenn er einigermaßen akzeptabel ist sogar bereit mich mit diesem Neger verkuppeln zu lassen. Auf jeden Fall möchte ich ihn gerne kennenlernen.
Daß Du so auf Verkaufen und das ziemlich niveaulose Lagerfeuer hin malst betrübt mich etwas. Ora et Labora. Hast Du etwas mit dem 13 jährigen. O, ich wünschte es Dir von ganzem Herzen. Aber wie pervers und dabei wie frevelhaft unklug, ihn zu Tom Hops mitzunehmen. Du eitler Affe – denkst Du denn überhaupt nicht nach
Du wirst mich in meiner Freiheit dem Bürgertum gegenüber nie einholen können – denn ich bin nicht einmal mehr »unbürgerlich« (Ach Peter, ich bin doch glücklich daß es Dich gibt und wir Gedanken austauschen. Diese tausend wertvollen Probleme)
Du sprichst zweimal in Deinen Zeilen auf meine »warmen« Worte an und ich fühle mich davon nicht wenig beunruhigt Da ich keine billigen Zynismen bei Dir vermuten will, liegt der Grund Deiner Auflehnung vielleicht tiefer. Darüber bitte ganz deutlich und ohne Umschweife
Welcher günstigen Konstellation Du diesen Brief verdankst? Ich bin krank und liege tatlos und reduziert.

Ich grüße Dich dankbar für
Deine Offenheit
Hubert

Schicke mir doch einfach mal die Briefe von Deinem Südafrikaner. Ich beherrsche die englische Sprache in Schrift wenngleich nicht in Wort. Du brauchst mir dann nicht übersetzen.

Anmerkungen

1 Datierung des Briefes laut P. Boll: 1958, aus Schweden.
2 Das »sie« ist von Fichte versehentlich nicht gestrichen worden; ein Wortanfang direkt dahinter ist ausgestrichen.
3 In Järna, nahe Stockholm, Sålta Arbetsskola. Anthroposophisch geführtes Heim für behinderte Kinder und Jugendliche. Fichte leitete dort 1958–59 die Landwirtschaft.
4 Um die *Aufzeichnungen aus dem Hirtenleben in der Provence* kann es sich kaum handeln, da diese bereits in: *Antares* 2, 1954, veröffentlicht worden waren. Zwei weitere Titel mit möglichem Bezug sind nachweisbar: *Der Knecht*, in: *Pubertät*, 271, und *Geschichte eines Hirten*, in: *Hubert Fichte Nachlaß*, Staats- und Universitätsbibliothek Hamburg.

GERD SCHÄFER

Seh-Texte / Hör-Bilder
Hubert Fichte als Rundfunkautor

Ich frage mich, wie die Intelligenz eines Volkes das Radio aushält.
Jean Cocteau

Als 1969 Hubert Fichte seine Hörspiel-Collage *Cartacalo/la und seine Zeit* (WDR, 27. 1. 1969) mit dem scharfen Gegensatz von klassischer und moderner Musik – Alfred Deller Consort und James Brown – begann, zeigte sich, daß er trotz seiner geringen Erfahrung innerhalb des Rundfunks die spezifischen Ausdrucksformen dieses Mediums geschickt zu handhaben verstand, denn die Gegenüberstellung der beiden Musikstile entsprach dem dargestellten Thema der Collage: dem Problem der Transsexualität. Schon zu diesem Zeitpunkt wurde ersichtlich, daß er mit seinen Arbeiten nicht zuletzt auf eine angemessene künstlerische Bewältigung fremd anmutender Körpererfahrungen zielte. Wie ein Transsexueller von einem Pol zum anderen wechselt, so spiegelte die musikalische Zusammenstellung, die mehr als eine Untermalung war, diesen Tausch gerade auch in seiner Gegensätzlichkeit wider. Dem diffizilen Thema wurde Fichte außerdem dadurch gerecht, daß er sich ihm langsam und behutsam näherte: mit Gedichten des hochbarocken Lyrikers Quirinus Kuhlmann, mit Auszügen einer Folterschilderung von *amnesty international* und letztlich mit drei Stimmen, die von ihm selbst gesprochen wurden und welche sowohl ein Beratungsgespräch als auch Bedenken des operierenden Arztes und zusätzlich noch den sachlichen Bericht der einzelnen Operationsschritte wiedergaben. Mit Texten von Otto Habermann, der als Damenimitator unter dem Künstlernamen Cartacalo/la auftritt, kam ein Betroffener selbst zu Wort. Lediglich die Form der Collage gewährleistete die Ausleuchtung einzelner Facetten des behandelten Themas, darüber hinaus ermöglichte sie es, daß die Transsexualität in Analogie zu verwandten Erscheinungen gesetzt werden konnte. Der Collage als Mittel sollte Hubert Fichte – auch weil er sie immer virtuoser einzusetzen lernte – bis zu dem Hörspiel *Ich bin ein Löwe/Und meine Eltern sind Eichen und Steine* (NDR, 8.11.1986), das erst postum gesendet wurde, treu bleiben.

Gewinnt das Hörspiel *Cartacalo/la und seine Zeit* allein schon durch die souveräne Handhabung der Collage besonderes Gewicht, zeigt sich an ihm zudem, daß Fichtes Romane erst vor dem Hintergrund gleichzeitig konzipierter Rundfunkarbeiten einige ihrer Rätsel preisgeben. Ungeachtet der Person des Damenimitators Cartacalo/la, der nicht nur in der *Palette*, sondern auch in *Detlevs Imitationen ›Grünspan‹* eine entscheidende Rolle spielt und den Fichte bei seiner radiophonen Version in das Spannungsfeld von Transvestitismus und Transsexualität versetzt, offenbaren enigmatische Romanpassagen erst nach Hinzuziehung des besagten Hörspieles ihr Geheimnis. Behält man James Browns Behauptung im Gedächtnis, unsere Welt sei »a man's world«, und schenkt man ferner einer weiteren Musikeinspielung, in der Mona Lisa und besonders ihr »mystic smile« besungen wird, die notwendige Beachtung, läßt sich vorerst ohne Mühe eine bedeutsame Textstelle in *Detlevs Imitationen ›Grünspan‹* entschlüsseln. Jäcki, der im 15. Kapitel vorgestellt wird, macht sich auf die Suche nach Jeff, seinem homosexuellen Partner. Zu Beginn des Kapitels finden sich folgende zwei Zeilen:

> »Mona Lisa.
> It is a man's, man's world.« (*Grünspan*, 25)

Auch wenn zugestanden werden muß, daß das Hörspiel *Cartacalo/la und seine Zeit* wertvolle Dechiffrierhilfe leistet, genügt trotzdem die bloße Kenntnis desselben nicht, um das Geheimnis der beiden Zeilen vollständig zu lösen. Erst nachdem man sich eingehend mit Gustav René Hockes Studien zum Manierismus in der europäischen Kunst, die in Fichte einen aufmerksamen Leser fanden[1], befaßt hat, gelingt eine lückenlose Enträtselung. Hocke zufolge verbirgt sich hinter Mona Lisa nichts anderes als ein weiblich verkleideter Jüngling – also ein Transvestit, ihr geheimnisvolles Lächeln sei dementsprechend ein direkter Ausdruck der Auflösung polarer Gegensätze.[2] Folgt nun bei Fichte auf die Beschwörung der Mona Lisa – als Auflösung polarer Gegensätze für Jäcki und Fichte, die Grenzgänger zwischen den Geschlechtern, durchaus ein Sehnsuchtsbild – die ernüchternde Feststellung »It is a man's, man's world«, offenbart die von Leonardo da Vinci künstlerisch formulierte Utopie ihren illusorischen Charakter, wobei Fichte als dekuvrierendes Gestaltungsmittel wiederum die Collage verwendet. In einer von Männern beherrschten Welt werden Außenseitern keine Reservate für Zwischenformen zugestanden; im Schicksal des Damenimitators Cartacalo/la findet der Bisexuelle Jäcki einen erschreckenden Spiegel.

Fichtes Gebrauch der Collage läßt sich schon sehr bald nach Beginn seiner Rundfunklaufbahn nachweisen, was jedoch nicht weiter verwundern sollte, da in den sechziger Jahren ihre Anwendung geradezu als Kennzeichen avantgardistischen Künstlertums gehandelt wurde.[3] Sieht man von einer apokryphen Sendung über den französischen Arbeiterpriester Abbé-Pierre-Grouès ab[4], die ich nicht nachweisen kann, ist sein erster Radiobeitrag sehr leicht zu datieren: Am 2. Februar 1964 wird sein Auftritt, der 1963 während der Arbeitstagung der Gruppe 47 in Saulgau mitgeschnitten wurde – Fichte las aus dem noch unveröffentlichten Roman *Das Waisenhaus* –, vom WDR ausgestrahlt.

Obwohl der Wert von Lesungen für die Forschung nicht bestritten wird – den Vorträgen ist immer eine Interpretation des jeweiligen Textes inhärent, darüber hinaus liegen mit ihnen ebenfalls frühe Varianten der später veröffentlichten Romane vor –, bleiben sie in den folgenden Ausführungen außer acht. Dies gilt auch für einen Großteil der weiteren Rundfunkarbeiten Fichtes. Dem möglichen Vorwurf, die annähernd 150 Beiträge, deren Zahl überdies stets unter dem Vorbehalt ihrer ungenügenden bibliographischen Erfassung zu sehen ist, auf eine repräsentative Auswahl zu verkürzen, kann erwidert werden, daß am Beispiel der hier getroffenen Zusammenstellung erstmals das Besondere des Rundfunkautors Hubert Fichte zutage tritt. Denn es läßt sich zeigen, daß die Collage in ihren mannigfachen Verwendungen keiner Mode verpflichtet war, sondern einer genuinen Arbeitsweise, die ihren Grund in Fichtes Körpergefühl fand.

Bereits 1966 in einer Reportage über Athen (SDR, 5. 6. 1966) ist die

Collage als Gestaltungsmittel prägend. Mit dieser Arbeit nutzt Fichte zudem die spezifischen Möglichkeiten eines Genres, welchem er bis zu seinem Tod treu bleiben wird, da es sowohl die Impressionen aus fremden Ländern als auch die Schilderung der augenblicklichen politischen und sozialen Lage derselben radiophon angemessen nachzuzeichnen vermag. Die Rede ist vom Genre der Reisebeschreibung. Der jeweiligen Intention entsprechend, die auch um eine historische Dimension erweitert werden kann, findet diese Gattung in verschiedenen Formen ihren Ausdruck. So wird die von Furcht bestimmte Atmosphäre im Haiti der beginnenden siebziger Jahre mittels des Hörspieles *Gesprochene Architektur der Angst* (WDR/NDR, 6.12.1973) wiedergegeben.[5] Interviews innerhalb seiner Reportagen oder deren Umarbeitung zu Hörspiel-Monologen – als Beispiel mag die Trilogie *Zum Studium des religiösen Verhaltens* (WDR/NDR/SFB, 28.6.1983, 5.7.1983, 12.7.1983) dienen – stellen einen weiteren Versuch Fichtes dar, den Alltag in der Dritten Welt, der von Westeuropäern fremd anmutenden Gefahren und Wünschen geprägt ist, literarisch und akustisch einzufangen.
Gerade der Versuch, Reisen und den auf ihnen vermittelten Eindrücken einigermaßen literarisch und akustisch gerecht zu werden, verlangt nach einer Form, die durch ihre Art der Wiedergabe das aufzuheben weiß, was der Bewegung hin zum Fremden eigentümlich ist: die disparate Erlebnisstruktur. Jener kann nur das Feature antworten, weil nur dies es gestattet, Reportage, Dialog und Interview, Dokument und Kommentar, Statement und Tonzitat zu vermischen.[6] Dementsprechend wurde das Feature neben dem Hörspiel zu dem häufigsten Ausdrucksmedium Hubert Fichtes innerhalb des Rundfunks. Bereits 1971 verwendet er diese radiogene Berichtsart, um ein Bild der Djemma el Fna des Platzes der Gehenkten in Marrakesch – Fichte wohnte 6 Wochen in einem kleinen, nahe gelegenen Hotel – zu entwerfen.[7]
Das Feature beginnt mit der Wiedergabe von Sinneseindrücken, denen ein erlebendes Ich auf der Djemma el Fna bei der ersten Begegnung unweigerlich ausgesetzt ist; es folgt das genaue Gegenteil, nämlich eine präzise unpersönliche Beschreibung der Örtlichkeit. Den beiden unterschiedlichen Annäherungsweisen – überwältigt das Fremde zuerst das rezipierende Subjekt, unterwirft dieses hier-

auf das Ungewohnte einer sachlichen Bestandsaufnahme – schließt sich im weiteren Verlauf das Spezifische der Arbeit an. Während des gesamten Features wird das Bild der Djemma el Fna – der erste objektive und subjektive Eindruck – peinlich genau zergliedert. Anhand des Tagesablaufes von Bettlern, Geschichtenerzählern, Händlern, Hippies, Schlangenbeschwörern, Traumdeutern, Wahrsagern und Zauberern werden Personen und Ereignisfolgen orientalischen Lebens beschrieben, wobei die einzelnen Passagen ösenartig ineinandergreifen, so daß der Charakter eines einzigen Kettengliedes allmählich das ganze Feature bestimmt, da dieses weder Pausen noch längere Unterbrechungen kennt. Jene Tendenz wird durch einzelne Suren und Zeitungsmeldungen, die den Text in Sinneinheiten gliedern, verstärkt; zusätzlich ist eine Tonspur aus Geräuschen und Musik von der Djemma el Fna dem Feature unterlegt. Die Schilderungen werden immer wieder neu aufgenommen, akkurater durchgeführt und schließlich auf längere Zeiträume – vom Tag zur Woche – ausgedehnt. Das Bild der Djemma el Fna ist einer ständigen Metamorphose unterworfen und das abschließende Porträt nichts anderes als das Resultat einer fortschreitenden Dekonstruktion. Indem Fichte dauernd weitere Informationen liefert, zergliedert er sein Anfangsbild, kann jedoch derart gleichzeitig beim Hörer eine der Wirklichkeit getreuere Vorstellung erwecken.

Vergleicht man das besprochene Feature mit dem innerhalb der *Geschichte der Empfindlichkeit* konzipierten Roman *Der Platz der Gehenkten*, werden aufschlußreiche Unterschiede offensichtlich. Läßt sich der Roman wegen seines Traumcharakters nur mit Vorbehalten in Beziehung zu seinem Vorgänger setzen, wird trotzdem deutlich, daß das von ihm präsentierte Bild der Schluß einer Induktion ist, wohingegen das Feature infolge seiner zergliedernden Eigenart eher das Gegenteil bezeugen kann. Gemeinsamkeiten finden sich bei Passagen, die das ungenügende Erfassen von Phänomenen und letztlich das Scheitern von Verstehen beschreiben; so führt z. B. bei beiden das Klappern auf dem Friedhof zu keiner eindeutigen Erklärung. Im Gegensatz zum Feature wird jedoch im Roman konziser und straffer erzählt. Als Beispiel mag folgende Episode genügen; auf die Version des Features folgt direkt anschließend die Romanvariante.

»Eine Gruppe von Affen wird zur Vorführung von einer Gruppe Marokkaner gequält. Die Affen sollen Sprünge machen, Pfötchen geben, Purzelbäume schlagen. Das Übliche. Wollen die Affen nicht, wie sie sollen, werden sie gekniffen, an den Haaren gezogen, gestochen und geprügelt.
Ein sehr häßlicher, etwas infantiler Araber kommt aus dem Publikum mit einer Tüte Brot und füttert die gequälten Affen.
Beim Weggehen lächelt er. Ein Akt der Verbrüderung!«[8]

»Eine Gruppe Marokkaner führt eine Gruppe Affen vor.
Die Affen müssen Sprünge machen, Pfoten geben, Purzelbäume schlagen.
Wenn die Affen nicht so wollen, wie sie sollen, werden sie gekniffen.
Man zieht ihnen an den Haaren.
Sie werden verprügelt.
Ein häßlicher alter Mann kommt mit einer Tüte voller Gebäck und füttert die Affen.
Er lächelt.« (*Platz*, 54)

Sieht man davon ab, daß innerhalb des Romanes eine Vorgabe zu erfüllen ist – der Kalkül der stetig wachsenden Zeilenzahl –, fällt auf, daß nunmehr das Rätsel des Lächelns vom Leser selbst gelöst werden muß. Wie an diesem Einzelfall exemplarisch ersichtlich, verschweigt Fichte im ganzen Roman die Pointen der erlebten und beschriebenen Vorkommnisse, wodurch eine größere Evokationskraft gefordert wird. Während der Lektüre muß der Leser zu einem gleichberechtigten Partner heranwachsen.
Aber nicht nur der Leser tritt dem Autor gleichberechtigt zur Seite, sondern auch der jeweilige Informant. Die Beschreibungen des Features werden im Roman zu Monologen aufgelöst und erhalten dergestalt erneut ihre ursprüngliche Form, denn die Auskünfte über Marrakesch entnahm Fichte seinen Interviews und Gesprächen mit Einheimischen. Zwar bleibt jetzt dieses Zusammenspiel gewahrt, jedoch lediglich in entscheidender Verkürzung: nur die Antworten werden wiedergegeben, nicht die Fragen. Die ethnographische Monographie *Das Haus der Mina in Saõ Luiz de Maranhão* (1989) ist

einem ähnlichen Strukturprinzip verpflichtet – der Collage aus Antworten von Eingeweihten.

Diese eigenwillige Kunst der Präsentation wurde von Fichte auch in seinen Rundfunkarbeiten angewandt, und gerade hier stieß sie – als genuine radiophone Ausdrucksform – auf Skepsis und Ablehnung. Im Anschluß an die Ausstrahlung der *Versuche über den Sado-Masochismus* (WDR, 5.6.1976) unterhielten sich Hans Mayer und Helmut Heißenbüttel über die vorangegangenen Beiträge Fichtes, wobei das Gespräch darunter zu leiden hatte, daß seine Moderation Hans Mayer oblag, der Helmut Heißenbüttel kaum zu Wort kommen ließ, diesen viel mehr als Stichwortgeber denn als gleichberechtigten Partner behandelte. Die Hörspiel-Collage *Der Blutige Mann*, deren einzelne Zitate um eine mögliche Genese des Sado-Masochismus kreisen, kritisiert Mayer, da in ihr unhistorisch verfahren werde; so vergleiche Fichte ohne große Vorbehalte primitives Denken und moderne Kunst. Dem läßt sich aber entgegnen, daß jene Arbeitsweise für dessen Gesamtwerk charakteristisch ist, denn Fichte geht es nicht zuletzt um das Aufzeigen von Analogien. Zudem sieht Mayer gänzlich über die Tatsache hinweg, daß das Zusammensetzen ähnlicher und wesensfremder Partikel die Technik der Collage strukturell bestimmt. Ungleich gewichtiger jedoch sind die Einwände, die Heißenbüttel gegen den Hörspiel-Monolog *The Leatherman is speaking* anmeldet. Hier erhebe ein Dokument durch den Vortrag im Radio den Anspruch, als Kunst ernst genommen zu werden; dadurch daß ein Schauspieler dieses bekennende Zeugnis aus der Lederszene vortrage, verliere es aber sein Merkmal als Beweisstück. Dem Dokument komme derart durch die Art der Präsentation sein Eigenwert abhanden. Und als rein literarischer Text könne es nicht überzeugen.

Vergleicht man die Einwände Heißenbüttels mit den Äußerungen von Karl H. Karst anläßlich der 1983 gesendeten Trilogie *Zum Studium des religiösen Verhaltens* von Hubert Fichte, so wird die Unangemessenheit der Bedenken offensichtlich.[9] Karst machte darauf aufmerksam, daß auch die Monologe als Collagen anzusehen seien, denn sie entsprächen dem narrativen Programm, welches Fichte in seinem Roman *Versuch über die Pubertät* formuliert habe: »...das

Diskrepante zu schreiben..., Sprünge, Widersprüche, das Unzusammenhängende nicht kitten, sondern Teile unverbunden nebeneinander bestehen lassen, mit zwei falschen, übertriebenen Aussagen die Tatsachen anpeilen.« (*Pubertät*, 294)
Dementsprechend werde in den Reden das Geäußerte nicht so sehr chronologisch als vielmehr assoziativ aneinandergereiht; der Eindruck des Disparaten würde noch dadurch verstärkt, daß Laut- und Schriftsprache, Stimm- und Textqualität sich diametral gegenüberständen, da der Monolog von einer schauspielerisch geschulten Stimme vorgetragen werde. Weiterhin ließe sich zeigen, daß das Gespräch nicht an sich selbst gerichtet sei, sondern an ein Gegenüber, dessen Fragen in der Sendung jedoch wegfielen. Das Gegenüber sei trotzdem im Monolog präsent – nämlich als Beobachter und Fragender, der die Aussagen der Beobachteten und Befragten arrangiere und übersetze.
Heißenbüttel war also zu sehr vom Gedanken einer authentischen Wiedergabe eingenommen, um die Arbeitsweise Fichtes angemessen würdigen zu können, was allein schon deshalb erstaunt, da einer vorschnellen Beurteilung bereits die verfremdende Präsentation hätte im Wege stehen müssen: der Part des Fragenden erscheint bei den Hörspiel-Monologen lediglich in den Antworten aufgehoben. Auf diese Eigenart, die nicht nur seine Radioarbeiten auszeichnet, kommt Fichte in seinem Roman *Der Kleine Hauptbahnhof oder Lob des Strichs* zu sprechen; beschrieben wird Jäckis Interview mit Alain Robbe-Grillet – sein erster Versuch in besagter Gattung, wobei bezeichnenderweise gleichzeitig die Form des Abdrucks keine Zustimmung findet.

»Sie hätten in der Welt seine Fragen weglassen können.
Die Eleganz der Fragen, wenn der Interviewte bereit gewesen wäre, darauf einzugehen, würde in den Antworten rauskommen.
Lars Ullerstamm in Schweden, in seinem Gammlerroman *491*, ließ die Fragen, wenn sie gestellt worden waren, weg.« (*Kleiner Hauptbahnhof*, 186) [10]

Da sich somit die Umarbeitung von Interviews in Monologe nicht als radiospezifisch erweist, kann die Behauptung vertreten werden, daß Fichte bereits zu Beginn der siebziger Jahre mit der Hörspiel-Collage *Cartacalo/la und seine Zeit* und dem Feature *Djemma el Fna – Der Platz der Gehenkten* – als Verteter ihrer Gattung herausragend – in annähernd all jenen Sparten gearbeitet hat, zu denen er auch später greifen wird. Es folgen lediglich Variationen und Vermischungen, die eine rundfunkgemäßere Handhabung auszeichnet.

Jedoch wäre diese Feststellung nicht vollständig, würde nicht zur gleichen Zeit darauf hingewiesen, daß gerade das Hörspiel einem spezifischen Interesse Hubert Fichtes, welches bis jetzt unerwähnt geblieben ist, entgegenkam – nämlich seinem Interesse an der Musikalität von Sprache. Aber auch jene Neigung findet bereits sehr früh mit dem experimentellen Hörspiel *Ich würde ein...* (SWF, 6.1.1972) einen ersten und gleichfalls überzeugenden Ausdruck. Selbst in der Nachbetrachtung bleibt es außergewöhnlich, es ist weder mit dem herkömmlichen noch mit den avantgardistischen Versuchen des ›Neuen Hörspieles‹ in Einklang zu bringen.[11] In ihm zeigt sich die wahre Leistungsfähigkeit dieser radiophonen Kunstform, nur mit ihm sah Hubert Fichte die Möglichkeit gegeben, das Erstrebte zu erreichen. Programmatisch formuliert der Eingangssatz die Intention der folgenden Arbeit: »Ich würde ein Orchesterwerk entwerfen, das aus mechanischen, gesprochenen Sätzen bestünde; denn gibt es ein komplizierteres Instrument als die menschliche Stimme, ein feiner nuanciertes Tonmaterial als das des Sprechens?«

Das sich Anschließende ist folglich ein Gedankenspiel im Konjunktiv und weist so – nebenbei bemerkt – eine innere Struktur auf, die Ähnlichkeit mit Fichtes erstem Roman *Das Waisenhaus* besitzt. Der Ausgangssatz, der sowohl ein Ziel formuliert als auch gleichzeitig das folgende Experiment quasi mathematisch genau fixiert, es einem Kalkül unterwirft – es zeigen sich wiederum Gemeinsamkeiten mit den übrigen Romanen –, ist selbst Gegenstand kombinatorischer Versuchsreihen. Diese beziehen sich einerseits auf den Inhalt: der Satz wird in andere Sprachen – z.B. ins Lateinische, Schwedische und Türkische – übersetzt, andererseits aber auch auf die Form: verschiedene musikalische Muster – Lied, Rota, Motetus, Fuga, Reihe u. a. – spielen den Plan durch. Auf diese Weise wird der Begriff ›Satz‹ ebenfalls in seiner Bedeutung, welche den in sich abgeschlossenen Teil eines Musikstückes bezeichnet, gewürdigt. So nimmt der Ausgangssatz immer mehr die Gestalt einer vom Menschen geordneten Folge von Klangereignissen an, und nichts anderes meint Musik. Sprache, die man einer Transformation hin zur Musik unterwirft, wird letztendlich ihrer Bedeutungsebene entleert, so daß formale Strukturkriterien für ihre Betrachtung ausschlaggebend werden: Rhythmus, Klang, Pause und Ton. Stellt Musik jedoch als Material nur sich selbst dar, bleibt Sprache auch auf das Verstehen des Inhaltes angewiesen, was sich schon daran erkennen läßt, daß dieses Hörspiel, um als Experiment wahrgenommen zu werden, auf die Appellfunktion des Ausgangssatzes vertrauen muß. Es endet also mit einer Aporie, und obwohl Fichte in den folgenden Jahren nicht mehr auf dessen avantgardistische Form zurückgreift, läßt sich trotzdem zeigen, daß er der behandelten Thematik – der Dichotomie zwischen Musik und Sprache – weiter nachgeht.

Bei den Stücken, die in der genannten Tradition stehen, handelt es sich um Fichtes Bearbeitungen der barocken Trauerspiele *Agrippina* (NDR, 13.3.1977) und *Ibrahim Bassa* (SDR, 17.4.1979) des schlesischen Schriftstellers Daniel Casper von Lohenstein, deren Inszenierung er zudem als Regisseur geleitet hat. Kann die akustische Realisierung der *Agrippina*, da sie sich noch weitgehend auf übliche Produktionsverfahren verließ, nur geringe Aufmerksamkeit verlangen, gewinnt sie jedoch dadurch an Gewicht, daß Fichte in einem Gespräch mit dem ausgewiesenen Kenner der deutschsprachigen Barockliteratur Bernhard Asmuth (NDR, 12.3.1977), das anläßlich der Hörspielfassung geführt wurde, einige Gründe nannte, die ihn zu einer intensiveren Auseinandersetzung mit diesem Schriftsteller veranlaßt hatten. Wichtig fand er dessen Anmerkungen zu den Trauerspielen, die Eigenschaften eines modernen Features aufweisen würden. Auch komme das Bestreben der Barockliteratur, alle Bestandteile des Seienden miteinander in Analogie zu setzen, seinem eigenen Schreibstil entgegen, der als Arbeitstechnik das moderne Äquivalent zur barocken ›concordia discors‹, zum Zusammensehen des vordergründig Unvereinbarenden, favorisiere – die Collage. Dementsprechend war es nur folgerichtig, daß Fichte auch die *Agrippina* als Collage aufbaute. Den stark gekürzten Theatertext ergänzen Passagen aus dem *König Ödipus* des Sophokles – Fichte bevorzugte die Übersetzung von Friedrich Hölderlin – und aus der

Poppea-Oper von Monteverdi. Dergestalt wird die Interpretation von Hubert Fichte hervorgehoben, der in Lohensteins Tragödie den Ödipus-Komplex literarisch gestaltet sah. Neben die Faszination durch den Inhalt treten jedoch gleichberechtigt formale Besonderheiten. Um die Spannung des Hörers auf die großen lyrischen Analysen Lohensteins zu lenken, wollte Fichte einen synkopischen Rhythmus gestalten, der, das ganze Hörspiel bestimmend, eine Ergriffenheit hervorrufen sollte, die ihren Ursprung vorwiegend in einer Faszination durch die Form zu finden hatte.
Gelang der Wechsel vom Inhalt zur Form mit der *Agrippina* nur ungenügend, kam Fichte bei der zweiten Bearbeitung der Umstand entgegen, daß der *Ibrahim Bassa* von Daniel Casper von Lohenstein bereits im Alter von 14 Jahren abgeschlossen wurde. Darüber hinaus führten 1650 Gleichaltrige, Schüler des Breslauer Magdalenäums, das Stück zum ersten Mal auf. Um der originären Sprache eines noch nicht geprägten Jugendlichen auch in der akustischen Wiedergabe gerecht zu werden, erarbeitete Fichte 1979 seine Funkfassung nicht mit Berufsschauspielern, sondern mit Stuttgarter Schülern, die zwischen 11 und 19 Jahren waren. Der Ausstrahlung des Hörspiels folgte ein längerer Essay Fichtes (SDR, 17.4.1979), in dem er die Tragödie als »erotisches ›Kammertrauerspiel‹« einordnete. Aber auch hier überwiegt die Musikalität der Sprache den Inhalt – ein Umstand, auf den Fichte 1985 in einem Interview aufmerksam machte, als er zugestand, lediglich die Inszenierung des *Ibrahim Bassa* habe Momente hervorgebracht, die der Trance, wie sie im haitianischen Voudou vorkomme, ähnlich gewesen seien.[12] Denn die von Jugendlichen vorgetragene barocke Sprache entwikkele eine eigene Kraft, welche nicht so sehr ihrer Bedeutungsebene, sondern vielmehr ihren formalen Gesetzmäßigkeiten vertraue, wodurch sie sich als künstlerisch erzeugte Wortmagie der Musik nähere.
Jedoch ist es nach diesen Ausführungen wichtig, nochmals das Interesse auf den Beginn der Untersuchung zu lenken, da, nachdem man der Fragwürdigkeit einer Einteilung in Gattungen gewahr worden ist, das Spezifische der Rundfunkarbeiten Hubert Fichtes zu entdecken bleibt. Sind einerseits das Hörspiel in seinen unterschiedlichen Varianten und die Reisebeschreibung in der Form des

Features die am häufigsten genutzten Ausdrucksweisen, kann andererseits nicht geleugnet werden, daß beide sich nur sehr schwer unterscheiden lassen. Sobald die einzelnen Bestandteile eines Features dramatisiert werden, nimmt es unweigerlich Eigenschaften eines Hörspieles an. Deshalb ist es gewinnbringender, sich nicht an die jeweiligen Genres, sondern vielmehr an deren genuine Aufbaustruktur, die beiden eigentümlich ist, zu halten. Hubert Fichte stellte immer seine Affinität für das Feature heraus: »Also Feature finde ich sehr wichtig. Die Feature-Form, die ja nach 45 vor allem im Norddeutschen Rundfunk oder auch im Nordwestdeutschen Rundfunk mit den amerikanisch-journalistischen Formen in das Nachkriegsdeutschland geschwemmt worden ist, hat mich ja sehr geprägt. Ich hab ja zum Teil Feature damals im Radio gesprochen, und Feature finde ich eine der großen modernen poetischen Formen. Und man könnte vielleicht das überhaupt als Sigel meiner Arbeit bezeichnen.«[13]

Und er fügt weiter hinzu: »Tatsächlich ist Schreiben für mich eine der wenigen Momente der Glücksmöglichkeit. Das andere ist, Interviews zu machen und Funksendungen. Mach ich tatsächlich sehr gerne: Funk, Schneiden, Zusammensetzen.«[14]

Es ist das Moment des Schneidens und Zusammensetzens, das die Arbeiten Fichtes auszeichnet – also die Struktur der Collage. Nur dies zu betonen, hieße aber, Fichte der Diagnose von Eduard Beaucamp auszusetzen, der bloß noch feststellen kann, daß die Collage, einst ein revolutionäres Gestaltungsmittel, heute einen »Teil der ästhetischen Trivialsprache« bildet.[15] Deshalb ist es angebracht, auf die Zerstückelungsphantasien hinzuweisen, die das Romanwerk Fichtes durchziehen, da dieser sich »für das Auseinanderfallen des Bildes, das mich ausmacht« (*Pubertät*, 19) interessiert. Mit der dekonstruierenden Sektion geht jedoch gleichzeitig die Konstruktion eines neuen Bildes einher – ein Verfahren, welches nicht nur in den Rundfunkarbeiten anzutreffen ist, sondern vielmehr auch die einzelnen Erzählwerke auszeichnet. Der Gefahr des Vergessenwerdens bietet der abermalige Aufbau eines Kunstbildes Einhalt, wobei das aufgehobene Leben auf den Magnetbändern der Sendeanstalten, vergleicht man diese mit den Romanen, in einem höheren Grad an Materialität bewahrt erscheint. So ist es kein Zufall, daß ebenfalls

der Photographie, die auch ein Weiterleben nach dem Tod gewährt, durch Fichte ihr Recht auf Beachtung zuteil wird. Die *Geschichte der Empfindlichkeit* beginnt damit, daß Jäcki Photos von Irma zerschneidet. Als Mutmaßung über sein Motiv heißt es lapidar: »Vielleicht machte es ihm Spaß zu zerschneiden.« (*Garni*, 7)
Wie der Schamane in der Initiation einer gewaltsamen Zerstückelung seines Körpers unterworfen wird – es macht hier wenig Sinn, zwischen Leib und Bild zu unterscheiden –, löst Fichte durch reine Artistik die Vorstellung der eigenen Person in die jeweiligen Bestandteile auf, um dann erneut ein Phantasma entstehen zu lassen. Bei ihm findet die Collage als Gestaltungsmittel eine materialistische Fundierung – in seinem Körpergefühl, und sie entgeht derart dem Vorwurf der Mode und Trivialität. Mit Hubert Fichte saß ein Schamane in den Schneideräumen der Rundfunkanstalten.
Zeigt sich die Struktur der Collage im schriftstellerischen Werk als fragmentarische Anordnung von Wörtern und Sätzen – treffend gab Gisela Lindemann einem Essay über Fichte den Titel *Der Dichter als Setzer*[16] –, so findet sie ihren dem Rundfunk gemäßen Ausdruck in der Inszenierung eines akustischen Raumes, der vom Hörer erst noch erschlossen werden muß. Gelegentlich ist jedoch die Erfüllung jener Aufforderung von Schwierigkeiten begleitet, wofür Fichtes Hörspiele *San Pedro Claver* (SDR/SWF/SR, 18. 4. 1976) und *Großes Auto für den Heiligen Pedro Claver* (SDR/SFB/NDR, 3. 10. 1981) Zeugnis ablegen können. Die Lebensgeschichte des Jesuitenpaters Pedro Claver, der als Missionar in Cartagena angeblich 300 000 Negersklaven getauft haben soll, wird von Fichte in Form einer ausgedehnten Collage vorgestellt. Sie setzt sich aus Zitaten von Eroberern, Kirchenfürsten und Sklavenhändlern zusammen, gibt außerdem Hintergrundwissen zu Geschichte und Leidensweg der Afro-Amerikaner und spart überdies nicht an versteckten Kommentaren zum dargestellten Geschehen. Das intensive Studium der Quellen, dem Fichte sich unterzog, wird während des Hörspiels vom Hörer wahrgenommen, lediglich zur Kenntnis genommen werden kann aber die Gesamtheit des dargebotenen Materials, weil der dokumentaristische Eifer, der den Rahmen einer Rundfunksendung sprengt, sehr schnell zu einer Ermüdung führt. Um die Hörspiele über Pedro Claver angemessen würdigen zu können, muß man sie – vor oder

nach ihrer Ausstrahlung – lesen.[17] Ähnliches gilt für die monumentale Collage *Das Volk von Grenada* (SFB/BR/NDR/SDR, 4.1. u. 7.1.1986), welche aus 90 Stimmen besteht und ein Bild der zweihundertjährigen Geschichte Grenadas mit Hilfe von Lebensläufen, Privatberichten, historischen Informationen und politischen Reflexionen entwirft.

Wird derart die besondere Rolle der Collage herausgestellt, bleibt dennoch die Frage weiter unbeantwortet, warum die Rundfunkarbeiten nicht nur in den meisten Fällen als Vorlagen für Sendungen überzeugen können, sondern auch als eigenständige Buchveröffentlichungen. Um dieser Frage näher nachzugehen, ist es ratsam, sich einer Rezension Helmut Heißenbüttels zu erinnern, in der gerade der Unterschied zwischen Hörtext und Lesetext erörtert wird.[18] Ausgehend von der Frage, ob es Merkmale gebe, die jeweilig nur bei einem von beiden auftreten, kommt Heißenbüttel, nachdem er kurz die Rundfunktexte Alfred Anderschs, Wolfgang Koeppens und von ihm selbst erwähnt hat, auf die Anforderungen zu sprechen, die genuin an Radioarbeiten gestellt werden. Als Beispiel dient ihm der Gegenstand seiner Besprechung, der Reisebericht *Amerikafahrt* von Wolfgang Koeppen, der zuerst als Vorlage für eine Sendung geschrieben wurde. Die Stärke des ursprünglich von einem Sprecher vorgetragenen Textes machte – folgt man den Ausführungen Heißenbüttels – die Präsentation der erlebten Eindrücke aus, die einen Strom von Bildern und Beobachtungen beschreibt, welcher vom Hörer eher additiv als syntaktisch aufzunehmen war, so daß sich unweigerlich »eine fast nie durchbrochene Gegenwärtigkeit«[19] einstellte. Besonders die Verwendung von Hauptwörtern und die durch ihren Gebrauch hervorgerufenen Vorstellungen wirkten als Appell an die Einbildungskraft des Hörers. Gemäß seinem Befund fordert Heißenbüttel apodiktisch: »Im Aufruf muß die aufgerufene Vorstellung nur einmal, unwiderruflich, aufklingen, um zu ihrer eigentlichen Wirksamkeit zu kommen. Diese Wirkung hat der Text im wechselnden Reiz der angesprochenen Vorstellungen. Die Spannung wird nicht, wie beim Buchlesen, durch Provokation von Lösungen oder Entflechtungen erzeugt, sondern wie beim Film, der ja auch einmal und möglichst prima vista ablaufen soll, durch die Reizspannung der je gegenwärtigen Formulierung bzw. Anspielung.«[20]

Wird aber in modernen Romanen der in ihnen vorliegende Entwurf von Welt, also sozusagen die ihnen mitgegebene Realitätsfiktion einer nachfolgenden Dekonstruktion unterzogen – hier reitet Heißenbüttel am Beispiel Koeppens das Steckenpferd seiner Literaturtheorie –, kann bei reinen Hörtexten nicht davon gesprochen werden, daß sie sich selbst in Frage stellen. Dem steht allein schon der sie bestimmende Charakter entgegen, nämlich ihre Gegenwärtigkeit, der die Aufgabe zufällt, beim Hörer ein die Intentionen des Autors vermittelndes Bild zu erzeugen. Wenn Lesetexte eine Fiktion von Wirklichkeit zertrümmern, dann entwerfen Hörtexte abermals eine Vorstellung derselben und bestätigen somit den Scheincharakter der Welt. Bereits durch ihre Präsentation setzen Hörtexte Bruchstücke zu einem Ganzen zusammen.

Lassen sich diese Überlegungen lediglich mit Einschränkungen auf Fichte anwenden – so schließt Heißenbüttel beispielsweise nachdrücklich die Form des Hörspieles von seinen Ausführungen aus –, fällt jedoch gleichzeitig auf, daß hier besonders die Suggestivkraft von Hauptwörtern betont wird – eine Kraft, der Fichte nicht nur in seinen Rundfunkarbeiten vertraut. Vielmehr bestimmt diese auch sein Prosawerk, welches einen Nominalstil prägt, der nicht Ausdruck mangelnden Kunstvermögens ist, sondern im Gegenteil den Leser dazu verleitet, die im Buch vorgefundene Realität eigenständig zu evozieren. Dieser Eigenart kommt in beiden Fällen die jeweilige Form der Präsentation entgegen. Wenn die Radiobeiträge Vorlagen für Hörbilder geben, die, vom Rezipienten erstellt, ein Theater der ›inneren Schau‹ ausbilden, wie schon in den Kinderjahren des Rundfunks Ernst Hardt dessen Funktion bezeichnete, dann zeigen sich die Prosaerzeugnisse dem Leser als Seh-Texte. In besagter Erscheinungsform treten auch die nachträglich in selbständigen Publikationen abgedruckten Sendevorlagen auf. Besonderes Gewicht fällt hierbei dem stets anzutreffenden Aufbauprinzip der Werke Fichtes zu, welches nicht nur bei den Rundfunk- sondern auch bei den reinen Prosaarbeiten zu finden ist und dessen Wesen ich im Rückgriff auf Christina Weiss, die sich ihrerseits auf Alberto Pimenta und Ferdinand Kriwet beruft, mit dem Begriff des ›Seh-Textes‹ zu fassen suche. Dessen Charakter bestimmt Christina Weiss wie folgt: »Sinnliches Wahrnehmen optischer Reize und Lesen als intellektueller Akt des Zuordnens von Bedeutungen von Zeichen formieren das Rezeptionsspannungsfeld von Seh-Texten.«[21] Während der Rezeption tritt simultanes Sehen in Widerspruch zu sukzessivem Lesen, ein Zustand, der für den vorliegenden Rahmen noch zusätzlich erweitert werden muß – um das sukzessive Hören. Hinzuzufügen bleibt aber, daß Christina Weiss ihre Beispiele sowohl der ›Konkreten Poesie‹ als auch der ›Visuellen Poesie‹ entlehnt, was sich jedoch nicht nachteilig bemerkbar macht, da Fichtes Werk Gemeinsamkeiten mit diesen Kunstrichtungen aufweisen kann. Die Collage, mit deren Hilfe er fremde Materialien als Zitate in eigene Texte aufnimmt[22], offenbart auch in der akustischen und optischen Präsentation ihre integrierende Verfahrenweise. Da die Rundfunktexte in der späteren Publikation ebenfalls durch ein fragmentarisch angeordnetes Druckbild, welches zudem die Entgegensetzung konträrer Positionen bewahrt, wiedergegeben werden, entgehen sie dergestalt der Gefahr, das Wesen einer gleichzeitig aufbauenden und zerlegenden Struktur, die sie als Hör-Bilder auszeichnete, zu verlieren. Abweichend von Heißenbüttels Verdikt, Hörtexte seien im Unterschied zu Lesetexten ihrem Wesen gemäß darauf beschränkt, eine neue Realität aufzubauen, gelingt es Fichte beispielsweise mit Feature, Sendemanuskript und Roman, ein Bild der Djemma el Fna zu evozieren, obwohl oder gerade weil sämtliche Arbeiten von einer zergliedernden Tendenz geprägt sind. Sieht Hermann Schlösser in den ethnographischen Schriften Fichtes eine »mosaikartige Ansammlung von Einzelaspekten«[23] am Werk, läßt sich diese treffende Bestimmung ohne weiteres auch auf Rundfunktext und Buchtext ausdehnen. Beide werden in ihrer Struktur von der Collage als Gestaltungsmittel bestimmt, beide bewahren deren Formkraft in ihrem Druckbild. Stehen sie sich somit annähernd gleichrangig gegenüber, ist trotzdem Hans-Jürgen Heinrichs zu widersprechen, wenn er behauptet, die Hörspiele Fichtes seien aufgrund ihrer Entstehungsweise nicht mehr auf eine radiophone Umsetzung angewiesen.[24] Würde dies zutreffen, fänden das lebenslang anhaltende Interesse für die Musikalität von Sprache und die zunehmende Ausrichtung des Schreibens an die Vorgabe der Oralliteratur keinen passenden Widerhall mehr, da jene Besonderheiten erst in der Realisierung durch den Rundfunk aufgehoben erscheinen. Der ästhe-

tische Mehrwert der Arbeiten Hubert Fichtes zeigt sich nicht zuletzt in ihrer virtuellen Ausrichtung auf verschiedene Medien.
Als Gesamtheit finden sich die herausgestellten Merkmale in dem Hörspiel *Ich bin ein Löwe/Und meine Eltern sind Eichen und Steine*, das geradezu als Musterbeispiel der Rundfunkarbeiten Hubert Fichtes anzusehen ist. Zwei Stimmen stehen sich gegenüber: dem Löwen, der seine Entstehung hervorruft, antwortet ein Herr aus Basel, der durch Benennungen versucht, dieses Wunderwerk der Entstehung zu versachlichen. Der versachlichenden Benennung steht wiederum die zauberische Anverwandlung mittels Sprache gegenüber, die bei einer Betrachtung von Fetischutensilien auf dem Zaubermarkt in Bé ausgelöst wird. Die Welt, die hier evoziert wird, verdankt ihre Existenz allein der Sprache: es geht um Sprachmagie. Deshalb ist es auch nicht weiter verwunderlich, daß Fichte abermals Daniel Casper von Lohenstein zitiert, welchem zusätzlich der Zauberer von Merseburg und Johannes Bobrowski zur Seite treten. Da sich das Hörspiel sowohl bei der Lektüre als auch in der akustischen Realisation gegen einen leichten Zugang sperrt, sollte man Antonin Artauds gedenken, der einst drei Arten des Hermetismus unterschied: den einen, in welchen man nicht eindringt, weil er verschlossen bleibt; den anderen, in welchen man eindringen kann und der einen einschließt; und schließlich denjenigen, der einen dazu auffordert, hineinzukommen, um zu öffnen, was verschlossen ist.[25]
Man sollte die Arbeiten Hubert Fichtes – nicht nur seine Rundfunkbeiträge – stets als Chance begreifen, das zu öffnen, was bislang noch verschlossen ist.

Anmerkungen

1 In seiner Rezension des Buches *Malerei des phantastischen Realismus – Die Wiener Schule: Brauer, Fuchs, Hausner, Hutter, Lemden* erwähnt Fichte die »gesamten Forschungsergebnisse G. R. Hockes«. In: *Der Monat* 17, 1965. H. 205, S. 68.

2 Gustav René Hocke: *Die Welt als Labyrinth*, Reinbek bei Hamburg 1978, S. 190.
Hocke bezieht sich auf die Arbeit *Léonard de Vinci*, Paris 1952, von Marcel Brion.

3 Unterschiede zwischen der Verwendungsweise von ›Collage‹ und ›Montage‹ bleiben im folgenden unberücksichtigt.
Vgl. zum Themenkreis u. a. Peter Bürger: *Montage*. In: P. B.: *Theorie der Avantgarde*, Frankfurt/M. 1974, S. 98–116; Manfred Durzak: *Zitat und Montage im deutschen Roman der Gegenwart*. In: M. D. (Hg.): *Die deutsche Literatur der Gegenwart*, Stuttgart 1971, S. 211–229; Volker Hage: *Einleitung*. In: V. H. (Hg.): *Literarische Collagen*, Stuttgart 1981, S. 5–30; V. H.: *Collagen in der deutschen Literatur*, Frankfurt/M. 1984; Volker Klotz: *Zitat und Montage in neuerer Literatur und Kunst*. In: *STZ*, 1976, H. 60, S. 259–277; Jürgen Wissmann: *Collagen oder die Integration von Realität im Kunstwerk*. In: Wolfgang Iser (Hg.): *Immanente Ästhetik – Ästhetische Reflexion*, München 1966, S. 326–360.

4 Vgl. Wolfgang von Wangenheim: *Hubert Fichte*, München 1980, der in seiner *Zeittafel zu Leben und Werk* folgende Angabe mitteilt: »1955/57… Erster Bericht für den Funk (Bremen): Reportage über Abbé Pierre«, S. 225.
Diese Mitteilung findet ihre Bestätigung durch eine von Fichte selbst erstellte *Biographische Skizze*. In: Thomas Beckermann (Hg.): *Hubert Fichte*, Frankfurt/M. 1985, S. 318.

5 Einige der hier erwähnten Hörspiele finden sich in dem Paralipomena-Band *Schulfunk*, der 1988 innerhalb der *Geschichte der Empfindlichkeit* erschienen ist.
Vgl. zu den Hörspielen ebenfalls das Nachwort von Gisela Lindemann, ebd., S. 587–598.

6 Vgl. die Definition von Johann M. Kamps: *Aspekte des Hörspiels*. In: Thomas Koebner (Hg.): *Tendenzen der deutschen Gegenwartsliteratur*, Stuttgart 1984, S. 359: »Um ein Thema darzustellen, nimmt es (das Feature, G. S.) nicht den Umweg über eine geschlossene Spielhandlung, sondern kombiniert, oft sehr artifiziell, alle Elemente, die ihm für eine wirksame akustische Präsentation dienlich sind: dramatische, epische, lyrische Formen ebenso wie die Reportage, das Statement, jegliches Tonzitat und den elektroakustischen Effekt«.

7 Hubert Fichte: *Djemma el Fna – Der Platz der Gehenkten*, SWF/NDR, 31. 7. 1971. Es wird nach dem Sendemanuskript des SWF zitiert.

8 Ebd., S. 12.

9 Karl H. Karst: *Die Besonderheit des Alltäglichen*. In: *Frankfurter Allgemeine Zeitung*, 6. 7. 1983.

10 Vgl. hierzu das angesprochene Interview *Hauptperson meiner Bücher ist der Leser. Hubert Fichte im Gespräch mit Alain Robbe-Grillet*. In: *Die Welt*. 15. 10. 1963.

Vgl. zu dem Roman *491* und der Interviewtechnik Hubert Fichtes: *Elf Übertreibungen.* In: Hubert Fichte: *Mein Lesebuch*, Frankfurt/M. 1976, S. 22, und H. F.: *Ketzerische Bemerkungen für eine neue Wissenschaft vom Menschen.* In: *Ethnomedizin* 4, 1976/77, H. 1/2, S. 179 (gekürzt auch in: *Petersilie*, 359–365).

11 Vgl. Karl H. Karst: *Die Chancen öffentlich-rechtlicher Kunst.* In: *das (Kölner) heft*, Nr. 2, 1981, S. 82f., und K. H. K.: *Das Hörspiel in Stichworten.* In: *medium*, nr. 10, 1985, S. 6.

12 Claus-Ulrich Bielefeld/Gisela Lerch: *Freiheit kann ja nur Ritenlosigkeit heißen. Gespräch mit Hubert Fichte.* In: *Frankfurter Rundschau*, 23. 3. 1985.

13 Peter Laemmle: *Gespräch mit Hubert Fichte*, NDR, 10. 2. 1981.

14 Ebd.

15 Eduard Beaucamp: *Abenteuer jenseits der Malerei. Max Ernsts Collagenwerk in der Tübinger Kunsthalle.* In: *Frankfurter Allgemeine Zeitung*, 26. 10. 1988.

16 Gisela Lindemann: *Der Dichter als Setzer.* In: Thomas Beckermann (Hg.): *Hubert Fichte*, Frankfurt/M. 1985, S. 284–294.

17 Vgl. Eva-Maria Lenz: *Großes Auto. Hörspiel des Monats.* In: *Frankfurter Allgemeine Zeitung*, 24. 2. 1982 und Klaus Wagner: *Zeigen Sie mal Ihre Verwunderung.* In: *Frankfurter Allgemeine Zeitung*, 14. 4. 1982.

18 Vgl. Helmut Heißenbüttel: *Hörtext und Lesetext Amerika.* In: Ulrich Greiner (Hg.): *Über Wolfgang Koeppen.* Frankfurt/M. 1976, S. 95–98; zu den Reisebüchern Koeppens die Artikel von Enzensberger, Hühnerfeld und Korn, in diesem Band, Hartmut Buchholz: *Die Kapitalen des Gedankens*; Almut Todorow: *Publizistische Reiseprosa als Kunstform: Wolfgang Koeppen.* In: E. Oehlenschläger (Hg.): *Wolfgang Koeppen*, Frankfurt/M. 1987, S. 141–157, 158–195; Hermann Schlösser: *Ich-Suche durch veränderliche Welten.* In: H. S.: *Reiseformen des Geschriebenen. Selbsterfahrung und Weltdarstellung in Reisebüchern Wolfgang Koeppens, Rolf Dieter Brinkmanns und Hubert Fichtes*, Wien 1987, S. 18–73.

19 Heißenbüttel, s. Anm. 18, S. 96.

20 Ebd., S. 96f.

21 Christina Weiss: *Seh-Texte. Zur Erweiterung des Textbegriffes in konkreten und nach-konkreten visuellen Texten*, Nürnberg/Zirndorf 1984, S. 150.

22 Vgl. zu diesem Themenkreis Peter Horst Neumann: *Das Eigene und das Fremde.* In: *Akzente* 27, 1980, S. 292–305.

23 Schlösser: *Reiseformen des Geschriebenen*, s. Anm. 18, S. 151.

24 Hans-Jürgen Heinrichs: *Hubert Fichte. – Die unendliche Geschichte der Empfindlichkeit.* In: H.-J. H.: *Fenster zur Welt. Positionen der Moderne*, Frankfurt 1989, S. 346.

25 Antonin Artaud: *Œuvres complètes*, Bd. 14, 2, Paris 1978, S. 123: »Il y a l'hermétisme où l'on n'entre pas parce qu'il est fermé,
celui où l'on entret qui vous enferme,
celui qui vous invite à entrer pour ouvrir ce qui est fermé.«

GERT MATTENKLOTT

Hubert Fichte: Erotologie als Form

Es gibt Werke, deren Stoffe, ja selbst Themen heute ziemlich veraltet sind, und die ihre Liebhaber dennoch nach wie vor finden, weil sich ihre wesentlichen Gehalte in den Formen abgelagert haben. Die Romane des europäischen Desillusionismus gehören fast samt und sonders in diese Kategorie. Von Goethes *Wahlverwandtschaften* bis Pontoppidans *Lykke Peer* sind es immer wieder Gesellschaftsromane, deren Materie in hohem Maße zeitgebunden ist. Aber die Konstellation ihrer Form – eine apriorische Asymmetrie von empfindsamer Lebensneugier und der gesellschaftlichen Einrichtung dieses Lebens – ist unter bürgerlichen Verhältnissen von so anhaltend hoher Evidenz, daß die zeitgenössische Bindung der Materialien der Verbindlichkeit des Gehalts keinen Abbruch tut; im Gegenteil, sie wird als Gewähr von authentischer Erfahrung verstanden.

Für Hubert Fichtes Romanwerk, zumal dessen späteren postum veröffentlichten Teil, ist diese Frage nach dem Verhältnis von zeitgenössischem Material und Formgestalt besonders triftig, auch und gerade, wenn sein Autor alles unternimmt, um selbst den Sinn der Unterscheidung von Sachgehalt und Bedeutung der Form zu hintertreiben. Sexualität ist das zentrale Thema dieses Œuvres, und dessen Stoffe sind dem zugeordnet, gelegentlich eng bis zur Identität wie in dem frühen *Pubertäts*-Roman. Aber anders als Proust, Joyce oder Döblin, an denen Fichte sich immer wieder mißt, ist für diesen das Geschlechtliche nicht bloß ein wesentlicher Rohstoff des Lebens, sondern es bestimmt dessen logischen Aufbau bis in alle Verästelungen. So sind auch die Kunstformen unausweichlich an Erotologie als das Pendant ihrer Poetik verwiesen. In gewisser Weise verfehlt man aber mit dieser Redeweise bereits einen entscheidenden Sachverhalt. Spricht man nämlich derart allgemein von Sexualität als Material und Formgewähr, so macht man es sich nicht nur etwas leicht, sondern man neutralisiert Fichtes Differenzierung zwischen sehr verschiedenen Sexualitäten mit je eigener Formbestimmtheit in historischer, lebensgeschichtlicher und ethnisch-kultureller Vielfalt. – Mit anderen Worten, dem Stoff ist die Individualität seiner Form unbedingt wesentlich, und der anarchische Habitus Fichtes und seine ästhetische Kunstfertigkeit bürgen gemeinsam für die Stoff- und Themengerechtigkeit der Form bis hin zu deren geradezu deduzierender Begründung aus den Materialien in *Das Haus der Mina*. Da spricht Fichte selbst allerdings nicht mehr von ›Roman‹, sondern nur mehr von ›Materialien‹; mit welchem kompositorischen Understatement, hat Ronald Kay in seinen Hinweisen auf die Formstruktur schon angedeutet.[1] Auch ist Sexualität hier durchaus nicht im Zentrum des Mitgeteilten. Weshalb ich dennoch von Erotologie als Form sprechen möchte, selbst wo das Erotische als Thema weit zurücktritt und die Formung sich im wesentlichen auf ein Rastern von Informationen zu beschränken scheint, will ich mit drei Argumenten begründen. Am Ende ergibt sich eine literaturkritische These zur poetischen Produktivität von Fichtes Verfahrensweisen.

Von seinen Anfängen ist Fichtes Poetik aufklärerisch und mißtrauisch gegen das Künstliche, das sich zwischen das Auge des Entdekkers und seinen Gegenstand drängen könnte. Die dokumentierende Schreibweise, das Aufspalten in Dialoge, der Ausbau der Zitatkunst gehören in diesen Zusammenhang. Fichtes Einstellung zu seinen Stoffen entspricht darin viel eher der des recherchierenden Publizisten als des kontemplativen oder raisonnierenden Schriftstellers traditioneller Herkunft. Er will etwas herausbekommen und das Erforschte ungemindert öffentlich machen. Diese Bewegung von innen nach außen scheint mir eine Grundfigur des Werkes zu sein: das Enthüllen, Vorzeigen, Ausstellen, Bekanntmachen; das Herausholen des Versteckten, Konturieren des Vagen, Artikulieren des Stummen; die Ausdehnung des Empfindungsvermögens für Abseitiges, Verdrängtes, Verachtetes. – Literatursoziologisch bedeutet dieser Impuls eine Erweiterung des literarischen Horizonts durch das coming out kleinbürgerlich-anarchischer Wahrnehmungsweisen in möglichst ›armen‹ Darstellungsformen. Den armen Formen entspricht die Nacktheit der sujets. Mit dem, was der Autor bei seinen Recherchen herausbekommt: durch Selbstbefragung zunächst, später durch Interviews, kommt zugleich ein neuer Typus von Autor heraus und gewinnt Selbstbewußtsein, den es in deutscher Sprache vordem kaum gab. Dieses zweifache coming out verbindet sich mit dem dritten, das ihm den Namen verleiht, dem homosexuellen.

Im *Platz der Gehenkten* steht in dem programmatischen Prospekt am Anfang der Satz: »Ich möchte das Gesetz der schrumpfenden Glieder durch das Gesetz der wachsenden Glieder ausgleichen.« (*Platz*, 13) Anstelle der kondensierenden, verkürzenden, oft auch abstrahierenden Bewegung der Koran-Komposition tritt bei Fichte eine dynamische Schwellform. Am Anfang steht eine Bildformel, ein Name, die Umschreibung eines Klanges, einer Handlung oder eine einfache Feststellung: »Kinderwagen voller Kälberbeine«, »Arabesken in Arabesken« oder »Der Kabyle trägt die Selbachhosen des Tuireisenden« (*Platz*, 27, 23, 29). Die nachfolgende Dichtung, eine Sequenz von Prosaskizzen zunehmender Ausweitung, erweitert die einzeilig gegebenen Annoncen der ersten Seiten um kleine Erzählungen, Gesprächsprotokolle, impressionistische Medaillons. Deren Deutung nach dem »Gesetz der wachsenden Glieder« scheint auf die Vielfalt des Lebendigen zu zielen: eine Poetik des Diversen, keinem anderen Prinzip gehorchend als dem logos spermatikos. Aber diese Betrachtungsweise unterschlägt, daß das Verschiedene und die Verschiedenen, die hier zugleich ihr coming out haben, nicht aus einem Stoff sind. Am Leitfaden der Lust an der Vielfalt läßt sich keine heile Welt zusammensuchen. Zwischen den Klagen geprellter und ausgenommener Sex-Touristen aus der Bundesrepublik, der Emanzipationsphilosophie einer sexuellen Minderheit der siebziger Jahre und dem Verhalten der Fremden – auf dem *Platz der Gehenkten* sind es Araber und Schwarzafrikaner – kann die Form keinen Zusammenhang stiften. Die Anleihe beim Kompositionsprinzip des Koran kann nicht mehr als ein Firnis über einem Gestöber inhomogener Partikeln sein, deren Zuordnung auf jeweils einen Fluchtpunkt gänzlich unterschiedliche Bilder ergeben würde.

Im *Forschungsbericht* aus der Karibik formuliert der Autor seine Skrupel vor der erzählerischen Homogenisierung auch als politische Philosophie, wenn er gegen den schriftstellerischen Kolonialismus

einer Ethnopoesie polemisiert, die schreibend nachholt und vollendet, was der Imperialismus ökonomisch und politisch noch zu tun übrigließ, um dem Fremden den Garaus zu machen. In diesem Roman hat die Unterwerfungsideologie einen psychologischen Namen und heißt Ödipuskomplex. Die Pointe des Romans liegt darin, die Inkongruenz der verschiedenen seelischen Welten zu erweisen. »Je mehr Fehler wir begehen, desto aufschlußreicher wird die Situation« (*Forschungsbericht*, 23), notiert der Forscher und erzählende Rechenschafter eingangs. Aber der Aufschluß, den er erhält, ist niederschmetternd. Wie angestrengt er sich auch bemüht, sich ans Fremde nicht anzubiedern – wonach er sucht, ist aus der Forschungsliteratur vorgegeben, und was er findet, bleibt im Horizont der Psychologie von Freud bis Lacan, und selbst Herodot, dessen Unvoreingenommenheit der Erzähler sich wünscht, findet am Ende nicht heraus aus der mythologischen Welt des Empedokles: »Schon irgendeinmal nämlich war ich Knabe und Mädchen und Baum und Raubvogel und auch aus der See ein stummer Fisch.« (*Forschungsbericht*, 85)
Dergestalt resultiert aus dem Stoff die Unvergleichbarkeit der imaginären Systeme. Statt nun aber daraus die Konsequenz einer raffinierteren Hermeneutik, d. h. einer Verfeinerung der Methoden des Verstehens, zu ziehen, problematisiert der Erzähler als Ethnologe die Angemessenheit des Verstehens als universell praktikable Form der Weltaneignung selbst. Dem Kolonialismusverdacht nachgebend, widersteht er der Versuchung, sich das Fremde im Verstehensprozeß zu unterwerfen, ebenso wie er selbst nicht verstanden und also aufgespürt werden will. Das coming out in dem skizzierten pluralen Sinn wird zur literarischen Vollzugsform, deren Rundung und damit abschließende Vollendung weder vorstellbar noch wünschbar ist. Ihre Poetik gehorcht nicht dem Imperativ des Verstehens, sondern dem emphatischer Darstellung. Fichte treibt das bis zu der Konsequenz, zeilenweise Beschwörungsworte aus exotischen Idiomen zu zitieren, ostentativ rücksichtslos gegen jedes Verständnis.
Mir scheint in dieser Attacke auf eine der heiligen Kühe der deutschsprachigen Intelligenz in den letzten Jahrzehnten, auf die Moral-, Lebens- und Erkenntnisphilosophie des Verstehens nämlich, eine der heftigsten Provokationen Fichtes zu liegen; von Anfang an. Denn eben in dieser Unbekümmertheit um die verständniswerbenden

psychologischen, soziologischen, politologischen Diskurse hat sich seine literarische Erotologie vom ersten Titel an von aller Sozialarbeiterbetulichkeit unterschieden. Im späteren Werk immer kompromißloser wirkt das coming out als zugleich lebensphilosophisches und poetisches Prinzip desintegrativ. Es fördert das Verständnis sowenig wie die Kommunikation; nicht zwischen Irma und Jäcki und auch zwischen diesem und seinen Freunden nicht, ob sie Antonio, Mario, Ituni oder sonstwie heißen: am allerwenigsten zwischen dem reisenden Künstler-Ethnologen-Paar und seinen Studienobjekten. Es gibt in der deutschsprachigen Literatur kaum eine Traditon, die indifferent, geschweige denn abweisend gegen das hermeneutische Prinzip als Sozialethik wäre; kaum ein Œuvre, allenfalls einzelne Werke, wie in unserem Jahrhundert ein paar Texte von Schwitters, Scheerbart und Friedlaender/Mynona, wohl auch Robert Walser. Das Unverständliche provoziert in unserer Literatur, wenn nicht die Überführung des Angeklagten und die Einsicht bei Kläger und Beklagtem, dann jedenfalls ein verwerfendes Urteil. Im humanistischen Menschenbild, das sich mit der Dominanz des poetischen Realismus und seiner Spielarten geschmacksbildend durchgesetzt hat, findet die Darstellung von Fremdheit als solcher keinen Platz. Sie hat höchstens in definierten Sonderformen eingebürgert Anerkennung gefunden: Exotismus, Traumpoesie, Drogenrauschprosa. Ethnopoesie hat mittlerweile auch Anspruch erworben, als eigenes Genre in dieser Ordnung eine Lizenz zu bekommen, zumal seitdem Bataille und Leiris ins Deutsche übersetzt sind. Um so nötiger wird es dann freilich, daß die Literaturkritik einer solchen Neutralisierung entgegenwirkt. Sie könnte es, indem sie darauf besteht, daß in Fichtes erotologischer Poetik das coming out mehr und etwas anderes ist als der Emanzipationsimpuls einer wie auch immer definierten Minderheit. Homosexualität, so wie Fichte sie darstellt und als einen Motor seiner Poetik gebraucht, ist nicht gemeinschaftsbildend, im Gegenteil. Das setzt sie von den Bewegungsprogrammen der sechziger und siebziger Jahre ab und begründet zugleich ihre Brauchbarkeit als ästhetische Metapher für Besonderheit. Die Dynamik des coming out führt hier nicht zu wechselseitigem Verständnis, Bindung und Gemeinschaft, sondern zunehmender Fremdheit und solipsistischer Vereinzelung. Dem entspricht, daß auch das

Herausfinden, Aufdecken und Bekanntmachen in den ethnopoetischen Reiseromanen seine Gegenstände zugleich mit der Publikation auch fernstellt. Eröffnung und Annäherung sind nicht dasselbe; noch einmal: im Gegenteil. Die Bedingung des Heraustretens ist Distanzierung.
Aus dieser Notwendigkeit erklärt sich der ästhetische Anteil an Fichtes Erotologie. Die Kunstform tritt nicht als Überformung zu unabhängig vorgegebenen Stoffen hinzu, sondern sie ist die Voraussetzung, unter der diese Stoffe ans Licht treten können. So wird denn auch Sexualität bei Fichte nicht ästhetisiert, sondern ihre Ästhetik kommt zur Darstellung; wird die fremde Kultur nicht poetisiert, sondern ihre Poetik entwickelt. Poetik ist dergestalt die Bedingung dafür, daß Erotologie und Ethnologie möglich sind, ohne daß deren Gegenstände in dem Augenblick, in dem sie ans Licht kommen, zu allvertrautem Bowel zerfallen. Man kann es auch so sagen: Fichtes Anthropologie braucht den Schein des Ästhetischen, um ihren Gegenstand vor dem Verstehen in Schutz zu nehmen.
In der *Geschichte der Empfindlichkeit* – damit komme ich zum zweiten meiner drei Argumente – scheint mir das Prinzip der Wiederholung zu formprägender Bedeutung zu gelangen; überdeutlich im *Platz der Gehenkten*, dessen Programmskizze mit den Sätzen schließt: »Dr. Behlmann sagte, die Wiederholung sei das poetische Prinzip der Bibel. – Schade, daß er es nicht weiter ausführte.« (*Platz*, 13) Das steht nach der Verkündung des Gesetzes der »wachsenden Glieder« und insofern bereits in Zusammenhang mit dem logos spermatikos von Fichtes Erotologie. Tatsächlich gliedern leitmotivisch wiederkehrende Zitate, wie das schon angeführte Empedokles-Fragment, der immer wieder auftretende Chor der »Ricardtanten« oder andere Stimmen aus dem Stammpersonal des Platzes die Sequenz der kleinen Prosastücke. Diese Wiederkehr von Vertrautem ist hier nur beiläufig durch die Rondell-imitatio des Platzes motiviert. Umgekehrt, Fichte hat dessen Bühne in seinem Roman aufgeschlagen, um die sinnlose Lust an der Wiederholung zelebrieren zu können, die mit der sinnlosen Wiederholung der Lust ununterscheidbar identisch ist. Ihr Modell ist der sexuelle Akt, oder vielmehr ist dessen serielle Ausführung, die Nummer. In der *Glücklichen Liebe* ticken diese Nummern wie die regelmäßigen Auf- und Ab-

gänge eines Spieluhrenpersonals, dessen Defilee vom Glockenschlag der Mitternachtsstunde skandiert wird. Das Zeigerpaar bilden die geöffneten Schenkel der Prostituierten am Strand eines portugiesischen Fischerdorfes, die ihre Schlange stehende Kundschaft mit einer kleinen Taschenlampe dirigiert (*Liebe*, 8–10).

Der Erzähler legt hier wie bei der Wiedergabe vergleichbarer Szenen Wert auf die Genauigkeit der Bewegungsformen, der Gesten, Gebärden und Tempi. Auch die Szenarien der Begegnung Jäckis mit seinen Partnern werden mit solchem Sinn für das Wiederkehrende gegeben. Die so entstehende Ordnung von Orten, Zeiten und Geschwindigkeiten, Signalen und Energieströmen rastert die amorphen und nahezu vegetativen Impulse des Auf- und Abschwellens, dieser biologischen Merkmale des Eros. Deren unwillkürliche Ekstasen erhalten im Ritual ihre eigentümliche Ästhetik. Es fördert die Erkenntnis nicht, wenn man derartige Formen am Jargon mitfühlender Menschlichkeit maßnimmt, als hätten sie darin die Decke, nach der sie sich strecken müßten. Vielleicht ist für die angemessene Wahrnehmung der eigenen Gegenwart wichtiger zu erkennen, welche anderen Formen als die mit moralischem Nachdruck eingeklagten mitmenschlicher Intimität möglich und eventuell auch nötig sind, um auf dem engen Raum urbanisierter Gesellschaft ein Zusammenleben in Freiheit zu erhalten. Im Ritual machen die Bücher der *Geschichte der Empfindlichkeit* eine mediale Sphäre zum Thema, die wie ein halbdurchlässiger Projektionsschleier zwischen das Ich und seine Welt gespannt ist. Was auf diesem Schleier erscheint, hat eine Wirklichkeit sui generis.

In einem 1985 publizierten Aufsatz hat Martin Dannecker Sexualität bei Fichte noch in der Sphäre des Erhabenen angesiedelt gefunden und den deutschen Autor in diesem Sinne in die Nachfolge von Bataille und Pasolini gerückt: »Radikaler noch als Bataille, für den eine Sexualität ohne Verbot zu einer wird, die ihr wesentliches Moment, nämlich das Begehren verfehlt, weil sexuelles Begehren heißt, über das Verbot zu triumphieren, kritisiert Pasolini die mit der sexuellen Liberalisierung einhergehende Erosion des sexuellen Verbots und beklagt die Verflachung und Demokratisierung der Sexualität. Auch das sexuelle Ideal in Fichtes Werk hat sich am Verbot gebildet. Von ihm hat es seine Größe und seinen Glanz, aber auch seine kritische Schönheit. Mit Nachdruck besteht Fichte darauf, Sexualität sei nur als zu verwirklichende Möglichkeit bedeutsam und nur als vorenthaltenes Glück groß. Das ist die verbotene Sexualität der Präpubertät. Gemessen an ihr verliert die gelebte Sexualität ihren Stachel und versinkt unterschiedslos in Banalität. Keine der verschiedenen von Fichte beschriebenen Formen der Sexualität, soweit sie sich in unserer Kultur abspielen, entgeht diesem Schicksal. Unterschiede, die zwischen den verschiedenen Sexualitäten bestehen, sind bloß quantitative. Homosexuelle, Bisexuelle und Sadomasochisten täuschen sich nur länger als andere, weil sie es besser verstehen, sexuelle Ekstasen zu imitieren.«[2]

Für die *Geschichte der Empfindlichkeit* scheint dieser kritische Einwand nicht zuzutreffen. Denn hier ist die Unterscheidung von echt und simuliert gegenstandslos geworden. Das Ritual wird nicht als Form von Verdinglichung interpretiert und als Konsumform warenästhetischen Charakters entwertet, sondern als eine genuine Darstellung von Sexualität beschrieben.

In dem Maße, in dem Fichte Einsichten in die rituellen Sitten fremder Kulturen gewinnt, an die er als selbst Fremder Anschluß nicht finden kann, bildet sich das Wahrnehmungsvermögen für entsprechende Figuren in der eigenen Kultur; entwickelt sich auch Gelassenheit ihnen gegenüber auf Kosten des ideologiekritischen Impetus. Danneckers These, Fichtes Begriff von Sexualität sei »ein kritischer [...], an dem sich die Tatsachen zu rechtfertigen haben«,[3] diese Übertragung einer der steilsten rhetorischen Herausforderungen des Frankfurter Schul-Idealismus auf Fichtes Sexual-Ästhetik scheint mir zumindest dessen nach der *Palette* entstandene Bücher nicht zu betreffen.

Die medialen Formen des Rituals – in der Ökonomie von Sexualität Gestalten von Wiederholungslust – werden von Fichte auch sozial und ästhetisch ernst genommen. Wäre es anders, seine Bücher würden außerhalb eines subkulturellen Ghettos oder nach dem Verebben der Ethno-Moden kaum Leser finden. – Ihre Bedeutung von Verhaltensentwürfen, wie die postum veröffentlichten Romane sie enthalten, liegt in der Aufwertung von Oberflächlichkeit, Flüchtigkeit und Marginalität, kurz des Ornamentalen und Figuralen. Das Ich wird durchlässig für die Geschichten, von denen es in rhythmischer Monotonie durchflutet wird, so wie andererseits diese Geschichten »ichhaft« werden durch das Medium, in dem sie erscheinen. Am bündigsten zitierbar ist diese Poetik wiederum aus dem *Platz der Gehenkten*, wo sie besonders bewußt und am konsequentesten zur Anwendung kommt. Gelegentlich heißt es dort:

»Ich.
Jäcki.
Verwandelt sich in Lettern.
Gebrannte Wolle.
Geschabte Tintenpaste.
Die Djemma el Fna geht durch mich hindurch.
Wie die Tinte das Bibelpapier des Koran durchdringt.
Er steht auf dem Platz der Gehenkten als der Bleiche.
Im schwarzen Anzug, sonntags, den sie schätzen.
Mit der grünen Damastweste – Allah gibt's – von der Piazza degli Santi Apostoli.« (*Platz*, 85)

Mit der Litaneiform des Koran schlagen in den Ich-Text Jäckis auch die Texte der anderen, der vielen Fremden durch, mit denen dieses Ich sich vermischt hat. Das Text-Bild, die Medien-Metapher, erlaubt es, sich eine Verkehrsform vorzustellen, die – statt durch ein Miteinander – durch die gemeinsame Beziehung von Verschiedenen auf ein Drittes zustandekommt, in dem die diversen Stimmen sich ausprägen. Hier steht dafür die Surenlitanei symbolisch: Zwischenmenschlichkeit statt Mitmenschlichkeit in dem genauen Sinn, daß dieses Menschliche sich anders und anderswo als in dieser Sphäre gar nicht zeigt, dort aber entlastet von Verantwortungen, die das Individuum nicht tragen kann oder nicht tragen möchte.
Zur »Reiseform des Ich« (Nietzsche), seiner Flüchtigkeit und wesensmäßigen Unstabilität, steht seine Darstellbarkeit im Ritual in komplementärem Verhältnis. Zuverlässiger als durch Definitionen seines Glaubens und seiner Moral, seiner Ideale und Utopien, läßt das Ich von Fichtes späteren Romanen sich aus den Punkten konstruieren, an denen es für gewöhnlich aufkreuzt; seinen Gewohnheiten, wie der Art, Freunde zu machen, oder am Rhythmus seiner Unrast. Der Romantext ist eigentlich nichts anderes als die schriftgewordene Konstruktion aus solchen Wiederholungsdaten. – Ästhetisch

ist in unserem Kulturkreis die Wiederholung anstößig. Man verbindet damit Monotonie, Langeweile und etwas Mechanisches. Unter dem Primat der Erfindungsästhetik durften die Künste aus der jedermann zugängigen Erfahrung von Wiederholungslust kein Kapital schlagen: als gäbe es dergleichen nicht. Allenfalls den Nummernbüchern pornographischer Literatur blieb es überlassen, dem Rhythmus der wiederholten Lust zu folgen, zum Trotz dem puritanischen Verdikt, daß diese Mechanik langweilig sei; doch jedenfalls ein Müßiggang von gewissem Reiz.

Es verschlägt dabei durchaus nicht, daß die Ingredienzien der Ekstase bekannt sind und bisweilen geschäftsmäßig als Rezeptur verschrieben werden, um den Lustgewinn zu gewährleisten. So gehören in Fichtes Erotologie die Tragikomödien des bisexuellen Zwiespalts mit ihren halbtransparenten Manövern dazu, Angstlust und das Kalkül mit der Möglichkeit des Entdecktwerdens. Es bedarf keines großen Scharfsinns, um die Psychologie, die Sozial- und Kulturgeschichte der einzelnen Figuren dieser Sexualchoreographie offenzulegen. Erklärungsbedürftiger als diese leicht zugängige psychosoziale Entstehung aus Repression, Angst und Lüsternheit ist aber, warum solche rituell fixierten Szenarien in offenbar hohem Maße befriedigend bleiben können, längst nachdem die Anlässe ihrer Komposition hinfällig geworden sind. Fichte ist an der psychologischen Beantwortung dieser Frage erklärtermaßen desinteressiert. Wohin statt dessen sein Augenmerk fällt, möchte ich abschließend mit einem letzten Argument für die Konjunktion von Erotologie und Poetik nahelegen.

In dem Roman *Eine glückliche Liebe* fällt der Satz: »Unwiderstehlich wurde er angezogen von dem, was er nicht mochte.« (*Liebe*, 15) Am zitierten Ort bezieht sich das eher beiläufig auf die widerwillig akzeptierte Attraktivität eines Getränks. Aber das zweideutige Verhältnis zu den Gegenständen seiner Faszination ist für den Helden wie den Autor über den Anlaß hinaus charakteristisch. Das banale und gleichwohl zutreffende Wort für diese Anfälligkeit heißt Neugier. Im *Forschungsbericht* oder im *Haus der Mina* ist es das Forschungsinteresse des Ethnologen, das diese Neugier maskiert, die ihrerseits ein paraerotisches Verhalten ist. Fichte versagt es sich, seine sensibel notierte Beobachtung über den Anteil des Abstoßen-

den am Objekt der Neugier zu psychologisieren. Die Sexualpathologie hat ihn als Ekelreiz auch längst theoretisch dingfest gemacht. Für Fichte scheint er ein akzeptierter Impuls für das Aufspüren von Verdrängtem und Überwachsenem gewesen zu sein. Wer schreibt, beobachtet sich in dem, was er nicht ist: vielleicht in dem, was er war oder hätte sein können, am Ende auch dem, was er unter anderen Umständen würde sein können. Damit ist nicht gesagt, daß dieses Andere willkommen und daß es das Bessere wäre. Dem vagen Utopismus der sexualpolitischen Neuromantik gibt Fichte kaum Raum. Wohl aber kann die Idiosynkrasie gegen das Ungemochte die verdeckte Ichhaftigkeit im Fremden eröffnen, deren Abspaltung das Ich des forschenden Schriftstellers als ein Abstraktionsprodukt hervorbringt.
Zuallererst ist doch der Gegenstand unwiderstehlichen Verlangens – zugleich begehrt und ungemocht – das eigene Ich. Als Ödipus geistert dieses Ich durch die *Geschichte der Empfindlichkeit.* Das ist nicht bloß der Vatermörder und unbewußte Mutterschänder, sondern auch der Rätselrater angesichts der Sphinx. Auf deren Frage, wer es wohl sei, der morgens auf vier, mittags auf zwei und abends auf drei Beinen gehe, soll Ödipus »Ich« gesagt haben, worauf die Sphinx sich in den Abgrund stürzte; nicht weil die Antwort richtig, sondern weil sie so hoffnungslos einfältig war. Fichtes Ödipus antwortet klüger; nämlich mit einer poetischen Anthropologie, die die Antwort unendlich verzögert. Er sagt weder ›Ich‹, noch sagt er ›der Mensch‹. Anstelle solcher Dummheiten steht vielmehr die *Geschichte der Empfindlichkeit* als eine umständliche Konstruktion der Frage nach dem Menschen, wie sie durch das Dargestellte nahegelegt wird.
Im zweiten Buch der *Morgenröthe* hat Nietzsche in einigen Aphorismen die Fußangeln jeder Anthropologie bedacht, darunter auch die Beschränktheit der Welt durch den Horizont unseres Empfindens, das doch das einzige Maß bleibe, mit dem wir die Welt messen können. Im Netz dieser Empfindungen sieht Nietzsche die Menschen wie Spinnen hängen: »was wir auch darin fangen, wir können gar Nichts fangen, als was sich eben in *unserem* Netze fangen läßt.«[4] (Nr. 117) Darauf folgt ein Aphorismus, den ich ungekürzt zitieren möchte, weil er wie in einem Spiegel die Erkenntnis versammelt, deren coming out die *Geschichte der Empfindlichkeit* darstellt:
»118: *Was ist denn der Nächste!* – Was begreifen wird denn von

unsrem Nächsten, als seine Gränzen, ich meine, Das, womit er sich auf und an uns gleichsam einzeichnet und eindrückt? Wir begreifen Nichts von ihm, als die *Veränderungen an uns*, deren Ursache er ist, – unser Wissen von ihm gleicht einem hohlen *geformten* Raume. Wir legen ihm die Empfindungen bei, die seine Handlungen in uns hervorrufen, und geben ihm so eine falsche, umgekehrte Positivität. Wir bilden ihn nach unserer Kenntnis von uns, zu einem Satelliten unsres eigenen Systems: und wenn er uns leuchtet oder sich verfinstert, und wir von Beidem die letzte Ursache sind, – so glauben wir doch das Gegentheil! Welt der Phantome, in der wir leben! Verkehrte, umgestülpte, leere, und doch *voll* und *gerade* geträumte Welt!«[5]

Voll und gerade kann dieser Traum freilich nur sein, solange er in aller Naivität für wirklich genommen wird, d. h. nicht, sobald dieser Träumer selbst zu Gegenstand und Thema der Kunst wird. Eben dies aber geschieht bei Fichte, wenn mit dem Geträumten zugleich der Träumer zur Darstellung kommt, ja vermittelter noch, Träume ineinander geschachtelt erscheinen. – Als hätte Fichte Nietzsches Aphorismus von der illusionären Empfindlichkeit für den Nächsten zu illustrieren und begründen gehabt, macht immer wieder der Eros die Probe auf die Erkennbarkeit des Anderen, der Eros oder diesem vergleichbare Verschmelzungsphantasien, wie sie im *Haus der Mina* als Trancezustände einer fernen Kultur erforscht werden sollen.

Mit Erotologie ist und bleibt Fichtes Poetik so eng verschränkt, weil der Eros in unserer Kultur die Probe auf den Grad, die Richtung und die Welthaltigkeit der Empfindlichkeit am ergiebigsten macht.

Ich habe hier meist darauf verzichtet, von ›homosexueller‹ Erotologie und ›schwuler‹ Ästhetik zu sprechen. Es verstand sich meist von selbst. Die Poetik des logos spermatikos mit ihrer Pointierung des Diversen; der Nachdruck auf der Humanität des Rituellen als Verkehrsform im Abseits des Verstehens; schließlich der anthropologische Entwurf am Leitfaden der Ästhetik anstelle von Natur – kein Zweifel, in jedem dieser drei Argumente ist ein gerüttelt Maß von Lebenserfahrung mit Homosexualität unter den besonderen Bedingungen unserer Tradition abgelagert. – Am Anfang hatte ich die Frage nach der Zugängigkeit der wesentlichen Gehalte aufgeworfen: Wenn Erotologie die Form bestimmt, aber nicht irgendeine, sondern die homosexuelle, und wenn darüber hinaus diese Form nicht Überformung ist, sondern als Poesie von Stoffen und Themen nach außen tritt, steht und fällt dieses Œuvre dann mit der Aktualität seiner homosexuellen Erfahrungen? Ich möchte das nicht ausschließen, halte es aber für eine Stärke seiner Philosophie, die es erlaubt, die Texte der *Geschichte der Empfindlichkeit* als Materialien im Archiv für Historische Anthropologie zu versammeln – irgendwann, wer weiß.

Anmerkungen

1 Ronald Kay: Editorische Notiz zu: *Das Haus der Mina in São Luiz de Maranhão* (*Mina*, 395–399).

2 Martin Dannecker: *Engel des Begehrens. Die Sexualität in Hubert Fichtes Werk*. In: *Der Körper und seine Sprachen*, hrsg. v. Hans-Jürgen Heinrichs, Frankfurt a. M. 1985, S. 27–28.

3 Ebd., S. 24.

4 Friedrich Nietzsche: *Morgenröthe*. In: *Nietzsche Werke. Kritische Gesamtausgabe*, hrsg. v. G. Colli und M. Montinari, Fünfte Abteilung, Erster Band. Berlin und New York 1971, S. 108.

5 Ebd., S. 109.

GERHARD HÄRLE

Die auf dem Zaun leben...
Magie – homosexuelle Ästhetik – Hubert Fichte

> Man erholt sich in seiner wilden Natur am besten von seiner Unnatur, von seiner Geistigkeit...
>
> Friedrich Nietzsche
> *Götzen-Dämmerung*

Vorsatz

Vor einiger Zeit wurde in den Medien darüber berichtet, daß bei Strafverfahren in der Bundesrepublik Deutschland nun auch das Beweismittel des sogenannten genetischen Fingerabdrucks zugelassen werden soll. Bekanntlich handelt es sich dabei um folgendes: Ein Täter hinterläßt am Tatort dankenswerterweise einige seiner Körperzellen in Gestalt von Haaren, Haut, Blut, Speichel oder anderen ›Körpersäften‹. Aus diesen Überbleibseln menschlichen Daseins gewinnt das Fachlabor den genetischen Code, der angeblich die eindeutige Identifizierung einer Person ermöglicht. So erfreulich und zeitgemäß einerseits die Botschaft ist, daß ich sogar in meiner Haarspitze noch ›ganz ich selbst‹ bin, so irritierend ist doch andererseits die kriminaltechnische Definition von Ganzheitlichkeit, Individualität und Unverwechselbarkeit, um so mehr, als sie nur der Identifizierung des Menschen, nicht seiner Identität dient.
Die Neuerung hat, zumindest in der Kriminalistik, Sensationswert; originell ist sie hingegen nicht. Denn Schamanen, Magier und Kultpriester aller Zeiten und aller Regionen der Erde arbeiten nach demselben Prinzip. Gerade die Idee des ›pars pro toto‹ ist eines der Merkmale des magischen Denkens; die Idee nämlich, daß auch ein Körperteil, ja sogar ein unbelebtes Substitut den Menschen in seiner ungeteilten Ganzheit vertreten kann, so daß Einwirkungen auf diese

›partes‹ sich zugleich auf den ganzen Menschen beziehen.[1] Für den Magier ist, ähnlich wie für den Kriminaltechniker, das Individuum teilbar, wobei noch das kleinste Teilchen die Ganzheit des Individuums in sich birgt – Teilsein und Teilhabe gehen ineinander auf. Magie will Einfluß nehmen, ja sogar manipulieren. Diese Intention verfolgen beide magischen Richtungen, die sich in ihren Zielsetzungen jedoch unterscheiden: die »schwarze Magie«, der Schadenszauber, und die »weiße Magie«, die auf nützliche und hilfreiche Machenschaften abzielt, auf Krankenheilung zum Beispiel, auf Zukunftsweissagung, Eheanbahnung oder Regenfall in Dürreperioden. Die westliche Kultur und das in ihr herrschende dualistische Prinzip sieht den Magismus in zwei konkurrierende Lager gespalten.[2] Das ist ein typisch abendländischer Blickwinkel. Er offenbart die Macht unseres antagonistischen Denkens, das sich mit Schattenbereichen, mit den Vermischungszuständen und Übergängen von Gut und Böse schon immer schwer getan hat. Dabei ist gerade die scharfe Trennung zwischen Gut und Böse, zwischen Nutzen und Schaden, Heil und Unheil der Magie wesensmäßig fremd. Magier, Hexen und Schamanen beherrschen gleichermaßen die Kunst, erwünschte Frucht herbeizulocken und unerwünschte Frucht abzutreiben; Krankheitserregung wie Krankenheilung, Erntevermehrung wie Ernteausfall sind die Produkte ein und derselben doppelgesichtigen Instanz.[3] In Kulturen, die uns heute fremd und oft unverständlich sind, haben sich jene Formen der Magie lebendig erhalten, in denen Gut und Böse Mischzustände eingehen können. Sofern sie die Unterscheidung von positiv und negativ kennen, so nicht, um sie moralisch zu werten, sondern um sie darstellend auszudrücken. Magie ist, wie Ästhetik, a-moralisch.

Intention und Funktion der Magie

Das magische Denken und der magische Akt reagieren auf Konflikte, aber sie ergreifen darin nicht Partei, sondern erweisen sich als Gestaltungsformen des Konflikts. Sie sind Travestien, ›Verwandlungen‹. Der Wechsel von Rollen, ja von Seins- und Bewußtseinszuständen ist eines der charakteristischen Merkmale des Magischen.

Seine Ausdrucksmittel sind die (Schamanen-)Reise, die Ekstase und die Maskierung. In solchen Akten verwandelt sich das ohnmächtige Objekt der Geschichte in ein handlungsmächtiges Subjekt: »Das Heilserlebnis im Vaudou (geschieht) durch die Trance, durch die Verwandlung des Gläubigen selbst. In der Trance wird der Gläubige Gott und kann über Tod, Elend, Hunger, Arbeitslosigkeit, wie er meint, siegen.« (*Lazarus*, S. 230)

Auch die Heilsamkeit der Drogen und der suggestiven Behandlungstechniken magischer Wunderheiler beruht wahrscheinlich auf dem Inszenierungscharakter der Riten, in denen sie angewendet werden. Es sind Inszenierungen, die notwendig die »Gruppe« als teilnehmendes, interagierendes und bezeugendes Kollektiv einbeziehen.[4] Die Riten stellen eine an die Aufhebung der Individualität grenzende intensive Beziehung her zwischen den beteiligten Personen und den als personal gedachten krankmachenden wie heilenden Kräften: »Jede Erscheinung wird im Magismus zugleich substantiell *und* personal aufgefaßt. [...] Unermüdlich werden Beziehungen zwischen allen nur denkbaren Erscheinungen einerseits, sie seien geistiger oder materieller Natur, und numinosen Wesen andererseits hergestellt. Jede magische Handlung wendet sich daher letztlich an ein solches Wesen meist personalen Charakters.«[5]

Daß wir über Magie so wenig Genaues wissen und sagen können, liegt ja gewissermaßen in der Natur der Sache – falls hier von ›Natur‹ überhaupt die Rede sein darf. Der Begriff Magie ist untrennbar verbunden mit dem des Geheimnisses, mit den verborgenen, flüchtigen und nächtigen Kräften im Menschen und in seiner Lebenswelt. In ihrer Geheimnisfülle wie in ihrem Anlaß berühren Magie und Religion einander als die Arkan-Disziplinen des menschlichen Geistes:[6] »Sowohl Magie als auch Religion entstehen und sind wirksam in Situationen emotionaler Spannung«, schreibt Bronislaw Malinowski und fährt fort: »Sowohl Magie wie Religion ermöglichen eine Flucht aus solchen Situationen und Sackgassen, die keinen anderen empirischen Ausweg in den Bereich des Übernatürlichen bieten als den über Ritual und Glaube.«[7]

Wesentlich an dieser Definition scheinen mir für unseren Zusammenhang zwei Aspekte zu sein, wobei ich die Differenz zwischen Religion und Magie vernachlässige und mich nur den Spezifika des

Magischen zuwende. Der eine Aspekt betrifft den Ort, an dem Magie wirksam wird – es ist ein Ort der Spannungen; der andere Aspekt betrifft den Ort, auf den Magie zielt – den Ort des Über-Natürlichen. Zwischen beiden funktionieren magische Rituale als Medium und Brücke, an beiden Polen hat das Magische selbst Anteil. Die hermeneutische Situation der Magie ist also die eines ›Dazwischen‹, eine Situation, die weder in der existentiellen Spannung (dem Auslösefaktor) noch im Außer- und Übernatürlichen (dem Heilsfaktor) aufgeht, sondern in beiden verwurzelt ist und szenisch auf sie hinweist.

Der Ort des ›Dazwischen‹ hat im Namen jener exemplarischen Vertreterinnen des Magischen seine Spuren hinterlassen, die am grausamsten von der Ausrottung bedroht waren, die Hexen. Das mittelhochdeutsche Wort »hecse«, so nimmt man an, leitet sich her von »hagzissa« oder »hagazussa«: das ist die, die im »Hag«, im dornigen Heckenzaun haust und dort ihre magischen Streiche ausheckt. »Zunrita«, »Zaunreiterin«, ist ihr althochdeutsches Synonym.[8] Die Hexen, Magier und Geister, die im Zaun hausen oder auf ihm reiten, leben auf der Grenze zwischen Kultur und Natur, wobei unter Natur nicht jener sentimentalische Heilsort verstanden werden darf, zu dem wir die Natur heute oft verniedlichen. Natur im Sinne der Magie ist vielmehr die grandiose Bühne unbeherrschbarer, zerstörerischer und selbstzerstörerischer Schauspiele. Die Grenze zwischen ihr und dem kultivierten Hag besteht nicht aus gestutztem Immergrün, sondern aus dornigem Gestrüpp, dem »Hagedorn«, dessen Name wiederum einst den Teufel selbst bezeichnete.[9]

Magie also siedelt auf der Grenze, im Gezäun zwischen den beherrschbaren und den unbeherrschbaren Mächten. Dieser spannungsreiche Ort läßt sich sowohl politisch und sozial wie psychisch und individuell charakterisieren. Die Konflikt- und Spannungssituationen, an und aus denen Magie entsteht, sind bisweilen augenfällige Unterdrückungssituationen: »Der Vaudou entstand zur Zeit der Sklaverei [...]. In der Trance rechnen die Glaeubigen mit ihren Zwaengen ab«, schreibt Hubert Fichte in seinem Aufsatz über Daniel Casper von Lohenstein (*HuL I*, 142). Eine andere Art von Spannungen bilden die weniger auffälligen, die seelischen Konflikte, beispielsweise die der Pubertät – verstanden als umfassender Begriff der Suche des Menschen nach sexueller Identität. An ihnen entzünden sich, folgen wir Fichtes Auffassung, magische Riten, die mehr sind als tradierte geheime Zeremonien. Die magischen Riten dieser Art sind Darstellungsformen eines intuitiven Wissens und eines kollektiven Gedächtnisses, das nicht nur die dafür begabten Menschen verbindet, sondern sogar Menschen und Tiere. So jedenfalls stellt sich der Begriff des Magischen im *Versuch über die Pubertät* dar:

»Plötzlich – aber vielleicht vorbereitet durch langsam zur Oberfläche geschwemmtes Material – entdeckte ich, daß alle meine Versuche bisher nur eine Bewegung verrieten: zurückzufinden in frühere Schichten.
Ich beschloß, von nun an die Handlungen einzuteilen in magische und vom Magischen abgelöste.
(Wobei ich den Begriff des Magischen für meinen Gebrauch etwas umwandelte.)
Ich überlegte, ob nicht auch meine Vorstellungen in der Pubertät Ritualisierungen wären, wie die Zeichensprache der Aderflügler, Schwurgifte und wie das Schminken von Novizen.« (*Pubertät*, 9)[10]

Dies schreibt Fichte in der Einleitung des Romans, in dessen letztem Abschnitt der Satz steht: »Magie ist die große Einbettung ins Instinktive« (*Pubertät*, 298) – wobei auch diese Erkenntnis vom Autor gleich wieder relativiert wird. Die Fremdheit der Magie wird uns von hierher verständlich: Magie ist uns nicht deshalb fremd geworden, weil wir sie überwunden, im Fortschreiten übertroffen und überflüssig gemacht hätten, wie es der Rationalismus behauptet, sondern weil wir den Kontakt verloren haben zu den »früheren Schichten«. Es ist ein terminologischer Selbstbetrug, daß wir diesen Verlust, der eine spezifische Ausscheidungsleistung darstellt, gewöhnlich als »Fortschritt« idealisieren.

Magie zwischen Finsternis und Aufklärung

Magie ist ein Geflecht von Vorstellungen, nicht deren System. Sie liegt mit der Rationalität des Menschen im Streit und bezieht Opposition gegen das ›Objektive‹. Es erscheint mir notwendig, daß wir uns des Dualismus von Rationalität und Irrationalität an dieser Stelle erinnern. Ich habe eingangs das Beispiel des genetischen Codes als Metapher des ›pars pro toto‹ verwendet. Daran sind mir zwei Analogien zur Magie wichtig: zum einen die Vorstellung des Magismus, daß alle Erscheinungen personal zu verstehen sind, entweder indem sie als Substitute auf eine bestimmte Person verweisen, oder indem sie als Teil einer umfassenden Personalität zu verstehen sind, einer kosmischen Allperson; und zum andern, daß alle Erscheinungen gewissermaßen ein metaphorisches, ein hinweisendes und darstellendes Doppelleben führen.

Damit ist bereits angeklungen, daß in diesem ideengeschichtlichen und ästhetischen Verständnis Magie eine interkulturelle und intersubjektive Dimension menschlicher Erfahrung ist und nicht, wie manche Autoren suggerieren, lediglich eine Vorstufe oder Abart unserer modernen Wissenschaftlichkeit und Religiosität – oder gar deren Verfall.[11] Doch selbst Bronislaw Malinowski, der mit seiner ethnologischen Methodik Schule gemacht hat, ist erfüllt von »unserer« Überlegenheit über das okkulte Erfahrungswissen. Die Vorstellungen von »Oben und Unten« im folgenden Zitat können das verdeutlichen. Nachdem er die Funktion der Magie von den Funktionen der Wissenschaft und der Religion in den »primitiven Kulturen« voneinander abgegrenzt hat, postuliert Malinowski ohne Bedenken: »Wenn man dies aus der Ferne und mit Überlegenheit von oben betrachtet, von unserem hohen Stand der Sicherheit in einer entwikkelten Zivilisation, ist es einfach, die ganze Unreife und Irrelevanz der Magie zu erkennen. Aber ohne ihre Kraft und Führung hätte der primitive Mensch seine praktischen Schwierigkeiten nicht so meistern können, wie er es getan hat, noch hätte der Mensch höhere Kulturstufen erreichen können.«[12]

Natürlich, wir, die wir im Licht der Aufklärung stehen, wissen – oder glauben zu wissen –, daß unsere wissenschaftlichen Verkehrsformen frei sind von irrationalen Einsprengseln, obwohl auch dieses Wissen brüchig wird. Denn einige zeitgenössische Wissenschaftler, vor allem aus den Bereichen der Anthropologie und der Ethnologie, unternehmen immer häufiger den Versuch, »von den uns fremden Konzeptionen her eine Kritik an der Universalisierung des wissenschaftlichen Wirklichkeitsbegriffes zu entwickeln. Die Debatte beabsichtigt, von einem bestimmten Gegenstand her verfestigte Axiome zu erschüttern. Dieser Gegenstand ist die Magie.«[13]

Dieser Versuch bedeutet nun aber nicht, daß wir einfach die Gegenposition zum Rationalismus beziehen und der Magie, den magischen Denkformen das Wort reden sollen. Diese auch vorkommende modische Abwendung von der Ratio ist ja nicht deren Opposition, sondern ihr naives Abziehbild: sie neigt dazu, die uneinholbare Fremdheit zu leugnen, die uns von den Verkehrsformen und Vorstellungen der Magie trennt, und die Irrationalität normativ an die Stelle der normativen Rationalität zu setzen. Meine Absicht hingegen ist, darauf hinzuweisen, daß im magischen Denken der produktive Ansporn liegt, die verschiedenen Erscheinungen des Lebens, die wir gewöhnlich in ein Entweder-Oder-Schema einzuordnen pflegen, aus der Ordnung wieder zu entlassen und sie als Misch- und Grenzzustände mit oszillierenden Übergängen zu begreifen. Dies könnte dazu führen, daß wir gerade den Widersprüchen des Lebendigen, die uns oft ängstigen, mit mehr vorurteilsfreiem Respekt begegnen. So könnte uns das magische Denken lehren, zwar nicht magisch, aber doch neu – anders – wahrzunehmen, zu sehen und zu denken.

Auch wissenschaftliche Symposien, die wir ganz unbefangen als Foren des gedanklichen Austauschs veranstalten, sind in ihrem symbolischen und affektiven Zentrum magische Riten. Dabei will ich nicht Hubert Fichtes kritische Anmerkungen zur unbewußten magischen Ritualisierung des wissenschaftlichen Redens wiederholen, sondern einen anderen Aspekt aufzeigen. Ein Symposium ist, darin der christlichen Kommunion verwandt, das Gedächtnismahl für einen Toten. Genauer: nicht nur *für* einen Toten, sondern *mit* ihm. In der Kirche ist er leibhaftig anwesend in Brot und Wein, geistig anwesend ist er bei einem wissenschaftlichen Symposium in der Verkörperung seiner Texte. Mit dem Toten zu Tisch zu sitzen, insbesondere wenn es sich um einen Zu-Früh-Gestorbenen handelt,[14] hilft uns zu erinnern, unser Gedächtnis wachzuhalten für den erlittenen Verlust. Das ist eine Funktion des magischen Rituals. Zum anderen gestaltet der Ritus die Erfahrung oder den Glauben, daß die Toten ein besseres Gedächtnis haben als die Lebenden, daß sie sich einmischen wollen, und daß es unsere Aufgabe ist, ihnen in halbwegs geregelter Form dazu Gelegenheit zu geben, damit sie nicht schrecklich Rache nehmen[15] – das heißt in unserem Fall: damit wir Hubert Fichte vielleicht doch noch mit uns Wissenschaftlern versöhnen.

Die Ästhetik des Magischen

Das Magische, so stellt sich heraus, ist kein einseitiges Verhaltensrepertoire des Menschen, etwa eine Rezeptsammlung zur Beherrschung des Unbeherrschbaren, und deshalb ist auch das Verständnis von Magie als eine prä- oder pseudowissenschaftliche Methodologie abzulehnen. Magie ist vielmehr ein Kommunikationssystem, in dem es Subjekte und Objekte des Magischen gibt, ohne daß diese Seinsweisen festgelegt wären – und gerade die Fähigkeit zum Wechseln der Rollen macht das wesentliche Kennzeichen des magischen Systems aus. Der Schamane, der ›auf dem Grenzzaun lebt‹, steht dem Numinosen nicht bittend, fordernd oder abwehrend gegenüber. Er wird zum Numen, und das Numen wandelt sich in ihn hinein.[16] Auf diese Weise gestaltet der magische Akt ein Lösungskonzept von Konflikten: durch Anverwandlung der mächtigen und der ohnmächtigen, der aktiven und der passiven Elemente aneinander. Nicht in der einseitigen Beherrschung des Numens durch den Menschen, sondern in ihrer ›unio mystica‹ geschieht das Wunderbare, auf das Magie stets aus ist.

In der Welt der Magie scheint all das, was je aus dem gesellschaftlichen, religiösen und wissenschaftlichen Konsens ausgeklammert wird, also alles, was jenseits des jeweiligen Grenzzauns verwiesen wurde, seinen Platz zu finden. Aber nicht nur seinen Platz, sondern auch seine Gestalt, seine ästhetische Form. Darin ist das Magische kein umstürzlerisches Konzept, aber auch kein konservatives. Magie ist Darstellung und Inszenierung, sie ist erinnernde, aufdeckende und gestaltende Leistung. Karl Eibl weist auf die vergleichbare Funktion von Literatur in der bürgerlichen Gesellschaft seit dem 18. Jahrhundert hin: »Sie zielt auf die jeweils unbeleuchtete Seite der Wahrheit, auf das, was bei den Problemlösungen der jeweiligen Rationalität vernachlässigt, verdrängt, als irrelevant beiseite gestellt wurde. Ihr Spektrum ist so weit wie der Raum, der bei der jeweiligen Reduktion von Komplexität ausgeblendet wurde und gerade deshalb die Menschen beunruhigt.«[17]

Mit unseren ästhetischen und moralischen Postulaten überrennen wir allzu oft die heilsame Wirkung der Darstellung, während wir ungeduldig Aktion und Veränderung erwarten. Der magische Ritus jedoch ist eine darstellende Inszenierung. In ihm wird die Erfahrungs- oder Glaubenstatsache dramatisch in Szene gesetzt, daß Krankheit und Leid, werden sie durch den magischen Akt nun hervorgerufen oder geheilt, mit der sozialen Situation des Menschen, mit seinen Beziehungen zu tun haben. Leid, Krankheit und Tod entstehen und schwinden in und durch Beziehungen. Durch die aufdeckende und beschwörende Erinnerungsleistung wirken magische Riten heilsam. Die Unersetzbarkeit des Menschen als Medium der Heilungs- und Heilsgeschichten weist uns darauf hin, daß im magischen Akt ähnliche Wirkkräfte freigesetzt werden, wie sie die Psychoanalyse aus den Übertragungsbeziehungen kennt. Der indische Psychoanalytiker Sudhir Kakar, der die Schamanen und Magier seines Landes aufgesucht und ihrer Arbeit beigewohnt hat, macht jedenfalls diese interessante Beobachtung.[18] Nur die Dünkelhaftigkeit des kausalitätsbesessenen Positivisten kann die nichtquantifizierbare Heilsamkeit von Beziehungen als »Irrelevanz« oder als »scheinbare Kunst« verachten.[19] Ähnlich jedoch wie die Psychoanalyse auch mehr dem Bereich der Hermeneutik als dem der Medizin zugehört, so gehört Magie mehr in den Bereich der Künste als in den der Wissenschaften: »Der Schamanismus mit all seinen Hexen, Geistern, magischen Tricks und sandkastenhaften Bedeutungsspielen [...] ist [...] ein gewaltiges symbolisches System, das seine Wirksamkeit sicherlich nicht zuletzt aus dem wohlgefügten Zusammenhalt seiner aufeinander bezogenen Bedeutungselemente bezieht.«[20]

Nur wer der Kunst ihre leidenschaftliche, abgründige Dimension abspricht und sie lediglich für eine schmückende Arabeske unseres Lebens hält, kann magische Riten belächeln. Man brauchte kein ›new age‹ anbrechen zu lassen, um dem blinden Glauben der westlichen Zivilisation an die Kausalität eine Alternative entgegenzusetzen. Man müßte nur die Wirkkraft des Ästhetischen ernst nehmen und die Heilsamkeit der Darstellung, der Ausdrucksform neu entdecken.

Die Analogien zwischen Psychoanalyse und Magie, deren gemeinsame Wurzeln Thomas Mann mit genüßlicher Ironie im *Zauberberg* enthüllt hat,[21] sind evident. Gemeinsam ist beiden die Erkenntnis, daß sich die Inszenierung des Verdrängten und Verbotenen heilsam auswirkt, auch wenn die so aufgedeckte, wiedererlebte ›Wahrheit‹ schmerzt.[22] Nicht erst die Aufhebung von Leid und Unterdrückung gibt den Menschen Hoffnung und Kraft, sondern auch schon die sinnliche und wahrhaftige Gestaltung der hoffnungslosen Situation. Tödlich, versteinernd und erstickend ist allein die Leugnung. Gegen sie wenden sich Magie wie Psychoanalyse und benennen und gestalten den Schmerz. Sie bringen zur Anschauung, was wir lieber verdrängen würden.

Die Analogien enden dort, wo Magie sich mit der stets neuen Re-Inszenierung begnügt, während Psychoanalyse das Wiedererlebte ›durcharbeiten‹ und der rationalen Kontrolle durch das Subjekt zugänglich machen will. Während die psychoanalytische Kur die Herrschaft des Unbewußten über das Ich überwinden will, gestalten die magischen Riten das Unbewußte, dessen Herrschaft unbestritten bleibt. – Die Furcht vieler Künstler, sie könnten ihre ›Kreativität verlieren‹, wenn sie sich einer Psychoanalyse unterzögen, ist Ausdruck der Macht, die dem Unbewußten und den ihm zugesprochenen magischen Kräften auf die Lebenskraft und Produktivität zukommt. Aus ähnlichen Gründen ließe sich im tiefsten, gewiß überlagert durch reale schlimme Erfahrungen, die Abneigung vieler Homosexueller gegen die psychoanalytische Durcharbeitung ihrer Lebensgeschichte erklären.[23]

Priester, Schamanen und Homosexuelle

Künstler und Homosexuelle – und prototypisch also die homosexuellen Künstler – sind, so scheint es, besonders eng verknüpft mit der Tradition des Magischen. Sie sind die Schamanen der Neuzeit, nicht nur aus Gründen der psychischen Dynamik des homosexuellen Begehrens, sondern auch wegen der unbewußten Über-

nahme der gesellschaftlichen Funktionen des Schamanen, Magiers und Zauberers. Neben der innerpsychischen Affinität des Homosexuellen zum Magischen [24] gibt es auch eine ideengeschichtliche und soziale. So beobachtet Mircea Eliade bei einigen Volksstämmen, daß zur Zeit seiner Untersuchung Frauen den Schamanismus ausüben, während dies »früher [...] das Vorrecht der Homosexuellen« gewesen sei. Und für eine andere Gruppe ergänzt er: »Die meisten Schamanen sind Homosexuelle, sie nehmen manchmal sogar Männer [gemeint: Ehemänner, G. H.]; doch auch im Fall der sexuellen Normalität werden sie von den Geistern, die sie leiten, gezwungen, sich als Frauen anzuziehen.«[25]
Hubert Fichte teilt ein ähnliches Phänomen mit: »Vaudoupriester – Houngan – ist oft Synonym fuer homosexuell, Vaudoupriesterin – Mambo – fuer lesbisch.« (*HuL I*, 146) Ich kann hier den Gedanken nur kurz andeuten, daß in den unterschiedlichen Kulturtraditionen einige Existenzformen den herausgehobenen Status des Tabus innehaben, den ambivalenten Status des Heiligen und Schrecklichen. Aus den Ressourcen dieser Existenzformen gewinnen die sozialen Gruppen häufig ihre Priester, Magier und Schamanen, die heilenden und die tötenden Funktionäre des Über-Natürlichen.[26] Ausgefallene Lebensweisen, heilige Krankheiten und kultische Verstümmelungen prädestinieren einen Menschen für diese Rolle – Jungfräulichkeit gehört ebenso dazu wie kultische Kastration oder rituelle Transvestition.
Schamanismus ist nicht denkbar ohne die Erfahrung der »schöpferischen Krankheit«, einer psychose-ähnlichen Fragmentierung des Ich, aus der sich der Berufene durch »Selbstheilung« befreien muß. Nach dieser Zerstörungserfahrung erst, oft im Bild des Zerstückeltwerdens ausgedrückt, ziehen in den Erwählten die schamanistischen Fähigkeiten ein. Oft sei der »zum Schamanentum Auserlesene ein kränklicher, schwächlicher Mensch«, beobachtet Andreas Lommel, und die Kunst des Schamanen bestehe darin, die Erfahrung seiner (Selbst-)Heilung repräsentativ immer wieder darstellen und seiner sozialen Gruppe vermitteln zu können.[27]
In der magischen Vorstellungswelt, in der Ekstase, Außersichsein und Besessenheit gleichermaßen als Zustände verstanden werden, die den, der sie erlebt und erleidet, zum Objekt eines übermächtigen

Geschehens machen, können die sexuellen Konnotationen dieses ›Überwältigtwerdens‹ die Grenzen der Geschlechtsidentität ohne weiteres überschreiten. Was das Mannesbewußtsein üblicherweise als Verlust registriert, kann sich in der schamanistischen ›Berufung‹ durchaus in psychischen und sozialen Gewinn verwandeln, wenngleich es sich hier um eine wahrhaft existentielle Gratwanderung handelt.[28] Erst der, der sich gänzlich seiner Verobjektivierung unterwirft, wird mächtig, seinerseits den Geistern zu gebieten, sich ihnen und sie sich anzuverwandeln. In der Magie ist der Antagonismus von Subjekt und Objekt aufgehoben in die höheren Ordnungszustände der Vermischung und Verwandlung. – Die alte bildhafte Vorstellung, daß Hexen, Zauberer und Schamanen bei ihren spirituellen Luftreisen auf einem phallischen Instrument reiten – auf Besenstiel, Zaunlatte, Stab oder Schwirrholz – hält etwas von dieser Verwandlung des Subjekts in ein ›sexuelles Objekt‹ fest. Und viele der auf uns grausam wirkenden Initiationen sind ihrem Wesen nach nichts anderes als Darstellungsformen der zerrissenen menschlichen Existenz ›auf dem Zaun‹. Sie sind auf eine blutrünstige Weise Ästhetisierungen existentieller, gesellschaftlicher und seelischer Widersprüche.[29]

Homosexuelle – insbesondere homosexuelle Männer – wohnen seit alters auf dem Zaun, sie gehören in die Gruppe der exponierten Außenseiter. Gerade sie sind immer wieder gleichsam ›aufgeladen‹ worden mit allen möglichen Elementen der Besonderheit: wie Kastration, Zölibat und Jungfräulichkeit einerseits, Hermaphrodismus, Prostitution und sexueller Besessenheit andererseits – und diese Sammlung spiegelt die reale wie psychische Situation homosexueller Männer in vielen Kulturen und Epochen. Sie spiegelt zugleich die Menge jener Elemente, die in denselben Kulturen und Epochen als sozial unerwünscht gelten und an die exponierten Außenseiter delegiert werden. In seiner ›Warnung vor sich selbst‹ stellt Hubert Fichte diesen Zusammenhang provokativ her: »Ich bin ein Schriftsteller, der sich in seinem Leben mehr mit Strichjungen, Straßenmädchen und Vaudoupriestern herumgetrieben hat als mit den wichtigen Persönlichkeiten, mit denen man als Schriftsteller umgehen sollte.« (*HuL I*, 7)

So kokett dies klingt und ist, Fichte hat einen guten Grund für diesen Umgang. Es ist ein Umgang mit den Magiern der Moderne und zugleich ein Umgang mit seinesgleichen: »Ich glaube, daß Strichjungen, Straßenmädchen und Voudoupriester sehr wichtige und aufopfernde Tätigkeiten ausüben, künstlerische Tätigkeiten, wenn man sie recht betrachtete, hygienische, psychoanalytische, poetische, ich meine, sie gehören zu den letzten großen Wohltätern auf der Erde.« (*HuL I*, 7)[30]

Das verbindende Element zwischen den so unterschiedlichen Gruppen der Prostituierten, der Magier und der Poeten liegt in ihrer gemeinsamen Erfahrung, die sie eingebettet sein läßt ›ins Instinktive‹: es ist eine Erfahrung, die der ›Auserwählte‹ am eigenen Leib macht und danach nicht verdrängt, sondern immer wieder neu, inszenierend und stellvertretend, durchlebt. So wie der Neophyt die Initiationskrankheit als Zerrissen- oder Zerstückeltwerden erleidet, so erleben auch viele Homosexuelle ihr coming out als eine körperlich-seelische Zerreißprobe, in der ihre männliche Geschlechtsrollen-Identität zu Bruch geht. Diese Leibes-Erfahrung begründet und gestattet das Zugehörigkeitsbewußtsein zu den ›Opfern‹, zu denen, die ausgeschieden sind oder sich fühlen, zu den Personifikationen des Verdrängten. Von den Kräften der Magie und des Instinktiven scheinen nur die Opfer, nicht die Täter, nur die Unterdrückten, nicht die Unterdrücker deswegen zehren zu können, weil sich das Magische selbst aus den Sedimenten der Unterdrückung bildet. Die Geschichtsschreibung des Verdrängten ist Geschichtsschreibung von unten; Opferriten, so verstanden, sind Riten der Opfer, die ihre eigenen ästhetischen Kriterien gefunden haben.

Magie und homosexuelle Ästhetik

Nach diesen mehr theoretischen Überlegungen kristallisiert sich die Frage heraus, was die Spezifika der magischen Traditionen mit jenem nicht minder geheimnisvollen Phänomen zu tun haben, das wir versuchsweise als ›homosexuelle Ästhetik‹ bezeichnen. Dabei handelt es sich indes um keinen klar konturierten Begriff, sondern eher um eine Art Schibboleth, das sich die, horribile dictu, ›literarwissenschaftlichen Homoforscher‹ gern als zauberische Erkennungsformel zuraunen – und zwar nicht nur auf nächtlichen Schamanenreisen. Die Rede von ›homosexueller Ästhetik‹ verweist als sprachliche Leerstelle auf die erst in Ansätzen erkennbare Idee, daß sich möglicherweise in der Geschichte der Literaturen einige Merkmale herausarbeiten lassen, die die Texte von homosexuellen Autoren spezifisch kennzeichnen – was auch immer Homosexualität im jeweiligen historischen Kontext bedeutet. Mit anderen Worten: Der Terminus ›homosexuelle Ästhetik‹ bezeichnet die Frage, ob es einen sichtbaren und relevanten Zusammenhang zwischen der sexuellen Identität von Textproduzenten und ihren Werken gibt, und zwar nicht nur im Bereich des Produktionsanlasses und der (unbewußten) Motivwahl, sondern auch in der ästhetischen Gestaltung und Formung der Texte selbst, in der Poetik also.

Wenn dies so ist, dann müßten sich im Werk jener Autoren, die wir der homosexuellen Tradition zuordnen, Spuren dessen finden lassen, was ich hier hypothetisch über den Zusammenhang von Magie und homosexueller Ästhetik entwickelt habe. Ich begnüge mich mit einigen Bemerkungen. Von Hubert Fichte selbst stammt der produktive Hinweis, daß in den Versen August von Platens eine regelrecht kultische Rhythmik aufzuspüren sei. Die Insistenz der Spondäen gemahne an die Rituale der Rockmusik, deren Wirkung hauptsächlich im Beschwörungs- und Wiederholungscharakter des ›beat‹ liegt.[31] Von einer anderen Perspektive aus hat Jürgen Link in der Echo-Motorik und in der Metrik von Platens Gedichten die magische Beschwörung der verlorenen narzißtischen Harmonie entdeckt[32] – zu Recht, wie ich meine, dient doch die der homosexuellen Existenz verpflichtete Ästhetik auch der Erinnerung, Darstellung und Gestaltung dieses spezifischen Verlustes.

Und dann: Woher, wenn nicht aus den magischen Traditionen, beziehen die Riten des Hohenpriesters Stefan George, seine feierlich inszenierten Totenkulte, ihre Faszination? Auch Thomas Manns Neigung zum Mythos und sein Festhalten am magisch-zyklischen Geschichtsbild sowie seine apotropäische Stilistik sind überzeugend als magische Prozeduren beschrieben worden, als Akte der Geisterbeschwörung und -bannung.[33]

In größerer Nähe noch zu Hubert Fichte steht Hans Henny Jahnn mit seiner Körpermystik, die den magischen Ritus der Körperzerstückelung als Initiations- und Individuationsdrama tradiert und gestaltet. Die vielfältigen Formen der Kastration dienen auch hier der Rückverwandlung eindeutiger Körper in grenzgängerische, männlicher Körper in weibliche, was wie in Trance und in einer Art symbolischer und kultischer Transvestition geschieht. Es sind Initiationen des Mannes zum Liebesobjekt für den Mann.

Für Hubert Fichte selbst ließe sich die Frage nach dem Zusammenhang zwischen den ›Grenzphänomenen‹ Magie und homosexuelle Ästhetik auch so formulieren: Warum hat dieser Autor gewollt, daß seine literaturkritischen Essays, die nun in zwei Bänden vorliegen, unter dem Titel *Homosexualität und Literatur* versammelt werden, obwohl doch Homosexualität in ihnen keine dominante Rolle spielt oder zu spielen scheint?[34] Diese Fragestellung resultiert aus der Erkenntnis, daß dieser Autor sich wie kein zweiter ›auf dem Zaun‹ angesiedelt hat, auf der Schnittstelle zwischen Rationalität und Magie, zwischen Atavismus und Kultur – und daß er selber diese Schnittstelle, den Zaun, mit der Chiffre ›Homosexualität‹ bezeichnet hat.

Allerdings begegnet Fichte der Idee einer spezifisch homosexuellen Ästhetik mit Skepsis. Zwar spricht er in seinem Aufsatz über Henry James unbefangen von »schwuler Sprache«, die »uneigentlich« und »indirekt« sei. Aber zugleich verdächtigt er die Rede von »homosexueller Literatur«, sie sei »biologistisch« und lege die Spezifika von Homosexualität als Negativ des Heterosexuellen fest (*HuL I*, 457). Hubert Fichtes Poetik ist jedoch keine Methode des Schreibens, auch keine Stilistik der »schwulen Sprache«, sondern eine Haltung zur Welt: eine Haltung gespanntester Aufmerksamkeit, gilt es doch, den Schadenszauber ›Zivilisation‹ vom Zaun aus mit Schamanenaugen zu beobachten und wo immer möglich zu entmachten.

Charakteristisch für Fichtes Poetik ist dabei seine weder sentimentale oder idealisierende noch auch herablassende Umgangsweise mit dem Magismus und den ihn ausübenden Menschen. Es ist sicher kein Zufall, daß er nicht als Wissenschaftler, sondern als Künstler der fremden und irritierenden magischen Tradition mit einfühlsamer Neugier begegnet. Zugleich, und dies eben ist ausschlaggebend, ist Hubert Fichtes Darstellung und Adaption des Magischen auch eine ganz bestimmte charakteristische Verwirklichungsweise homosexueller Ästhetik:

»Wir sind die Sieger.
Wir treten auf mit der Haltung der Siegreichen.
Wissen ist Macht.
Das Weltbild der Physik ist das Weltbild siegreicher Physiker.
Der Ethnologe geht siegreich aus der Strukturenanalyse des Indianerstammes hervor.
Reportagen sind Trophäen aus Hunger, aus Hermaphroditen, aus Hingerichteten. [...]
Ich gehe aus Haiti nicht als Sieger hervor.
Meine Aufzeichnungen sind die Aufzeichnungen von Irrtümern, Fehlschlüssen, Kurzschlußhandlungen.
Gäbe es zwischen dem Wittgenstein'schen Schweigen und der Sprache unsrer Siegeranalysen und Siegersynthesen eine Sprache, in der die Bewegung sich abwechselnder und widersprechender Ansichten deutlich werden könnte, das Dilemma von Empfindlichkeit und Anpassung, Verzweiflung und Praxis – ich würde sie benützen.
Es wäre eine wesentlich andere Sprache.« (*Xango*, 119)

Drei Elemente dieser Sprachkritik aus Hubert Fichtes *Xango* sind für unseren Zusammenhang wichtig: Erstens das Verhältnis von Ohnmacht und Macht und ihrer Träger – auf der einen Seite Indianer und Haitianer, Hungernde und Hermaphroditen, Homosexuelle und Gehenkte; ihnen gegenüber Wissenschaftler, Journalisten und Schriftsteller. Zweitens die Zusammenstellung der Unterdrückten dieser Welt zu einer einzigen Gemeinde mit ihren eigenen geheimen Riten und Sprachformen. Und drittens die Idee, es könnte für ihn, den Schriftsteller Hubert Fichte, möglicherweise einen Ausweg aus der Verflechtung in die machtvolle und übermächtige Herrschaftssprache geben, in die ihn sein Beruf verstrickt, den Ausweg des Homosexuellen.
Was er als Schriftsteller und Ethnologe womöglich nicht kann, dazu wird er prinzipiell als Homosexueller fähig: sich auf das Abenteuer einer noch unbestimmten Sprache einzulassen, weil er die Widersprüche und Bewegungen, die die neue, andere Sprache ausdrücken soll, am eigenen Leib erfahren hat. Schließlich ist er mit dem coming out auf den Grenzzaun gezogen und lebt seither, wie die kluge Bauerntochter im gleichnamigen Märchen, weder drinnen noch

draußen und doch sowohl draußen wie drinnen –: nämlich weder innerhalb der männlichen und bürgerlichen Identität, noch außerhalb ihrer, und doch sowohl drinnen wie draußen. Auf dieselbe Existenzerfahrung verweist die oft beschworene, kaum variierte Misch- und Grenzchiffre, mit der Hubert Fichte sowohl biographisch sich selber als auch literarisch zahlreiche seiner Figuren charakterisiert: halb – halb – bi, nämlich Halbjude, Halbwaise, Bisexueller bzw. Schwuler.

Es ist gefährlich, von der Herrschafts- und Siegersprache abzuweichen, denn es kann zum Sprachverlust überhaupt führen. Die rituelle Anrufung Wittgensteins und seines »Schweigens«, das ja auch das Verstummen eines Homosexuellen sein soll, markiert an dieser Stelle die Gefahr des Absturzes ins Sprachlose. Das Ausbrechen aus der Herrschaftssprache ist aber auch deswegen gefährlich, weil es unmittelbar in Arroganz und Selbstbetrug führen kann, in die Täuschung nämlich, die Fremdheit sei zu überwinden, nicht nur darzustellen – und Hubert Fichte ist dieser Gefahr keineswegs immer entgangen. Doch die Hoffnung auf eine gemeinsame Sprachkultur der Außenseiter besteht zu Recht. Sie gründet auf einer Zusammengehörigkeitserfahrung, die die Unterschiede nicht leugnet und doch die Verwandtschaft herausstellt. Die Zusammengehörigkeit ist jeweils nur partiell, aber als existentielle Erfahrung ist sie umfassend: »die große Einbettung ins Instinktive« (*Pubertät*, 298).

Hubert Fichtes Poetik stellt die bewußte und artifiziell durchstrukturierte Verschränkung der magischen Idee mit dem Entwurf einer homosexuellen Ästhetik dar. Sie ist, genauso wie der Voudou Lateinamerikas und Westindiens, synkretistisch. Aus der Verschränkung von Homosexualität und Magie gewinnt Fichte nicht nur zahlreiche Motive seines Werkes, nicht nur die bekannten Stilelemente wie Fragmentierung, Beschwörung und Litanei. Aus der Verschränkung resultiert vor allem seine bis zum Äußersten gehende Bereitschaft, die Wahrheit aufzudecken, zu ent-decken.[35] Diese Obsession ist bei ihm nicht psychologisch motiviert, sondern magisch. Er interpretiert das Aufgedeckte nicht, sondern inszeniert es, entweder mit den Mitteln der zergliedernden Sektion oder mit den Mitteln der beschwörenden Wiederholung.

Neben Fichtes ethnopoetischem Engagement weisen auch seine

Vorliebe und Begabung für die einverleibende Frageform des Interviews einerseits und andererseits die Stileigentümlichkeit der bis ins Apokryphe reichenden Aufzählungsreihen in die Richtung des Magischen. Daß er Tote zu beschwören und »zauberige Männer« aus den Abgründen des Bewußtseins hervorzulocken versteht, demonstriert er nicht nur im *Versuch über die Pubertät*. Eine Litanei wie jene in *Detlevs Imitationen ›Grünspan‹* – »Steif, geil, starr, stramm, dick, rund, geil, prall, lang, breit, geil, geil, zerrissene Jeans.« (*Grünspan*, 137) – eine solche Litanei dient erst in zweiter Linie der Beschreibung des ›membrum virile‹. Sie beschwört vielmehr in magischer Trance dieses ›pars pro toto‹ eines »Freundes fürs Leben«: den Schwanz, von dem nur in der Schwebe bleibt, ob er als Totemtier oder als Sündenbock herbeigelockt werden soll.

In die homosexuelle Ästhetik Hubert Fichtes, seine ›Haltung‹ zu den Erscheinungen der Welt, geht sowohl die unsentimentale, mitleidlose Empathie des Schamanen mit seinem Klienten ein als auch das sexuelle Motiv des Eindringens, der unbedingten Teilhabe des begehrenden Subjekts am Objekt bis hin zu dessen Zerstörung. Dieses Motiv scheint in den Produktionen homosexueller Autoren stärker ausgeprägt zu sein als in anderer Literatur. Hubert Fichte legt selber diesen Zusammenhang nahe, wenn er die Ästhetik des Sadomasochismus in Pasolinis Filmen auf dessen Homosexualität zurückführt: »Man kann bei homosexuellen Verhaltensweisen ein häufiges, häufig irreversibles Schlittern von Bindungssuche zu Bindungslosigkeit, von Bindungslosigkeit zu Fetischismus und Sadismus beobachten. Es scheint, als brächen in sexuellen Randformen archaische Verhaltensmuster durch. [...] Heißt das: Gewisse sexuelle Verhaltensweisen regredieren, und zwar nicht nur auf frühkindliche Phasen, sondern vielmehr auf gesellschaftliche Formen, auf rituelle, magische?« (*HuL I*, 135 f.)

Hier, in der Nähe der Gewalt, der Regression und des Schreckens offenbart homosexuelle Ästhetik ihren tiefsten Sinn. Die Neigung der »sexuellen Randformen« zu »archaischen Verhaltensmustern« ist keine Rückkehr ins Kindlich-Niedliche, sondern eine Konfrontation mit dem Unerträglichen. Unerträglich nicht, weil homosexuelle Existenz ein bejammernswertes Schicksal wäre, sondern weil sie ein radikal wahrhaftiger Prozeß sein soll, die lebenslange und lebensbestimmende Auseinandersetzung mit der Begrenztheit männlicher Identität.

So radikal wird von Hubert Fichte dieser Prozeß gedacht, daß er, bei aller Neugier für die magischen Praktiken, doch deren Hilfsmittel zur Entgrenzung des Körpers für sich nicht akzeptiert. Das »Ich« in *Versuch über die Pubertät*, hinter dem der Autor Fichte erkennbar wird, stellt nach der Einnahme halluzinogener Drogen fest:

»Ich weiß jetzt:
– Das ist nicht mein Zustand.
Das ist eine Extrasituation, die mir mein Bedürfnis nach zärtlicher Auslöschung und blutiger Verdoppelung nicht ersetzen kann.
Das war Cocacola, Urinzucker, Besenstiel.« (*Pubertät*, 95)

Das Drama der Begrenztheit kann und soll nicht überspielt, sondern es muß ausgespielt werden. Für Fichte wäre der chemisch gesteuerte Besenritt Flucht in »eine Extrasituation«. Die schmerzliche ›Normalsituation‹ hingegen heißt: zärtliche Auslöschung und blutige Verdoppelung; sie kann in mann-männlicher Sexualität erlebt werden. Dem Zerbrechen der Identität in Auslöschung und Verdoppelung entspricht die Sprache der homosexuellen Ästhetik, die Metaphorik der Gewalt und des Todes. Hubert Fichte beschwört sie anstelle des realitätsflüchtigen Rauschs, weil sie verdeutlicht, daß die Brüchigkeit des Leibes und der Identität existentielle Grenzerfahrungen sind (*Pubertät*, 95).[36]

Nachsatz

Das geradezu klassische Vorurteil über homosexuelle Männer spricht von deren Neigung zum Narzißmus. Wie viele Vorurteile, so enthält auch dieses ein Gran Wahrheit. Natürlich geht der Narzißmus des Homosexuellen nicht in dem oft karikierten Hang zu Schmuck, schicker Kleidung und zierlicher Selbstbespiegelung auf. Aber das Vorurteil ahnt doch, daß die »Weichenstellung« in der homosexuellen Entwicklung[37] ursächlich mit der narzißtischen, der symbiotischen Phase zu tun hat, mit der imaginären Einheit des Ich im Spiegelstadium, in dem alle Erscheinungen als personal und beseelt erlebt werden. Narzißmus sei hier nicht verstanden im Sinn der unauslöschlichen Selbstliebe, sondern im Sinn der Erinnerung an einen Verlust. Die Erinnerung an den Zustand, an die Utopie – oder auch nur an die Illusion – einer unangewiesenen Ganzheit scheint bei vielen Homosexuellen lebendiger geblieben zu sein als bei den meisten heterosexuell Veranlagten.

Die Erinnerung an die Ganzheit ist zugleich Erinnerung an die Verwundung und Verletzung des Leibes bei seiner Differenzierung in einen männlichen und einen weiblichen Körper, in ein Ich und ein Du. Es ist jedoch auch die Erinnerung an die vor der Differenzierung liegende Einheit von Ich und Du, die sich im spiegelnden Blick, im glossolalischen Dialog verwirklichte – in magischen Verzauberungen und Beschwörungen also. Die Erinnerungsleistung, die homosexueller Ästhetik zugrunde liegt, ist eine körperliche Erinnerung, die in der psychosexuellen Androgynität ihr Bild gefunden hat. Homosexuelle Identität und Ästhetik, sofern von ihnen gesprochen werden kann, bewahren die Erfahrung der Zerrissenheit in ein männliches und ein weibliches Körperschema. Sie bestreiten, daß es nach der Verletzung je wieder Eindeutigkeit der Identität geben kann. Jeder Homosexuelle, er sei sich dessen bewußt oder nicht, übernimmt einen Teil der von der Mehrheit an ihn delegierten Trauer über diesen Verlust und seine allgemeine Verdrängung.

Beide Ideen, die der homosexuellen Ästhetik wie die der Magie, reiten auf dem Zaun. Beide inszenieren die Erfahrung unheilbarer Körperentzweiung, und beide suchen nach der ›bewegenden Sprache‹ für diese Erfahrung. – Es gibt ja in aller Farbigkeit und Heiterkeit so etwas wie eine Alltags- oder Handlungsästhetik des Homosexuellen. Sie wird personifiziert vom Kerl im Fummel, von der Trine in Leder und vom etwas kultivierteren Herrn, der sich seiner lebenslangen Identifikation mit Salome, Mimi und der Marschallin erfreut. Doch selbst unter und hinter diesen spielerischen Ausdrucksformen der homosexuellen Existenz liegt der Ernst des Trauerns.

Denn der Grenzgang ist eine Darstellungsform des Unmöglichen und nicht nur phantasievolles Spiel. Dies ist in neuerer Zeit mehrmals betont und beschrieben worden. Ich meinerseits habe für diesen Grenzgang die Metapher »Männerweiblichkeit« gebraucht und die mythologische Figur der Sphinx als Symbol des Analen, als Symbol der »Zerrissenheits-Erfahrung« des homosexuellen Mannes verwendet.[38] Mit der existential-ontologischen Vokabel »das Nichts« umschreibt Tomas Vollhaber die Grenzsituation der schwulen Existenz und ihrer Ästhetik.[39] Diese und ähnliche Bilder postulieren, das homosexuelle Begehren und seine Gestaltungsmöglichkeiten seien spezifisch durch ihr Ausgesetztsein, durch ihre radikale Selbstpreisgabe gekennzeichnet. Erst durch diese Voraussetzung sind Homosexuelle ebenso eingebettet »ins Instinktive« wie Hungernde, vom Tod Bedrohte und Magier. Sie können gemeinsam mit ihnen die an sie delegierten Rituale der Trauer über den Verlust der Freiheit, über die heillose Zerstörung der Einheit des Körpers und über das Versagen der Gefühle zelebrieren. Darin besteht ihre Vitalität und Kraft. Daß Trauer bisweilen sich aufschwingt zu wilden, ekstatischen Formen, ein andermal indes – und dies mag unsere Alltagserfahrung, auch schwule Alltagserfahrung sein – flügellahm am Boden hocken bleibt, grau und unheroisch: diese Einsicht warnt uns vor Selbstidealisierungen des Homosexuellen und verdeutlicht zuletzt, daß auch mit den Mitteln der homosexuellen Ästhetik die Einheit des Körpers und seiner Abbildungen nicht hergestellt, daß lediglich deren Verlust dargestellt werden kann.

Anmerkungen

1 Vgl. Henri Hubert und Marcel Mauss: *Soziologie und Anthropologie I. Theorie der Magie. Soziale Morphologie*, München 1974, S. 99f.

2 Allerdings erscheint Mircea Eliades Trennung nicht recht plausibel, derzufolge der weiße Schamanismus grundsätzlich der ältere und damit der eigentliche und klassische sei, während die schwarze Magie als spätere, ›dekadente‹ Verfallsstufe anzusehen wäre. Beide Formen bestehen neben- und ineinander. Mircea Eliade: *Schamanismus und archaische Ekstasetechnik*, Zürich 1957, S. 181, 465f.

3 »Mit jedem Schamanen, der rituell auf dem Lebensbaum geboren [...] wird, kommt auch eine Hexe zur Welt, als sein persönliches, negatives Double.« Michael Oppitz: *Schamanen, Hexen, Ethnographen*. In: *Der*

Wissenschaftler und das Irrationale, hrsg. v. Hans Peter Duerr, Frankfurt/M. 1985, Band 1, S. 41.

4 Henry F. Ellenberger: *Die Entdeckung des Unbewußten. Geschichte und Entwicklung der dynamischen Psychiatrie*, Zürich 1985, S. 75.

5 Kurt Hübner: *Die Wahrheit des Mythos*, München 1985, S. 345f.

6 »Magie ist ein in seiner eigentlichen Bedeutung und namentlich in seiner Abgrenzung zur Religion bes[onders] lebhaft umstrittener Begriff.« RGG[3], Bd. 4, Sp. 595.

7 Bronislaw Malinowski: *Magie, Wissenschaft und Religion. Und andere Schriften*, Frankfurt/M. 1983 (1948[1]), S. 71.

8 Vgl. Matthias Lexer: *Mittelhochdeutsches Handwörterbuch*, Leipzig 1872, Bd. 1, Sp. 1202; Gerhard Wahrig: *Deutsches Wörterbuch*, 1980, Sp. 1807f. Die Herkunft des Wortteils ›zussa‹ ist umstritten. Wahrig vermutet die indogermanische Wurzel ›dhu(o)s‹, die auf schadenbringenden »Dämon« verweisen würde. Die mögliche Verwandtschaft von ›zussa‹ mit dem mittelhochdeutschen ›zusse‹, »Hure«, scheint bisher nicht untersucht worden zu sein, obwohl der anklingende und in den Hexenprozessen so wesentliche sexuelle Doppelsinn des »Hexen-Ritts« dies nahelegt.

9 Ebd., Sp. 1143.

10 Vgl. auch *Lazarus*, 319: »Die Verhaltensforscher zeigen, daß schon bei Tieren zeremoniöse Handlungen existieren.«

11 »Die Frage nach dem Alter und Ursprung der Magie in ihrem Verhältnisse zur Religion ist im Sinne nicht einer naturalistischen Entwickelungstheorie, sondern gemäß der Annahme eines Herabsinkens der Menschheit von relativ reinerer zunehmend getrübterer und entarteter Religiosität zu beantworten.« (*Realencyklopädie für protestantische Theologie und Kirche*. Band 12, Leipzig 1903, S. 57.)

12 Malinowski, s. Anm. 7, S. 74. Zu Malinowskis Haltung den »Primitiven« gegenüber vgl. seine Tagebucheintragung: »Für mich ist das Leben der Eingeborenen ohne jegliches Interesse und ohne jede Bedeutung, so weit entfernt von mir wie das Leben eines Hundes.« Zit. nach Joseph Agassi: *Flüchtige Funken in der Welt des Blabla*. In: *Der Wissenschaftler und das Irrationale*, hrsg. v. Hans Peter Duerr, Frankfurt/M. 1985, Band 3, S. 145.

13 Hans G. Kippenberg und Brigitte Luchesi (Hrsg.): *Magie. Die sozialwissenschaftliche Kontroverse über das Verstehen fremden Denkens*, Frankfurt/M. 1978, S. 9.

14 Hans von Hentig: *Vom Ursprung der Henkersmahlzeit*, Nördlingen 1987, S. 264ff.

15 Ebd., S. 179–181.

16 Hans Findeisen und Heino Gehrts: *Die Schamanen. Jagdhelfer und Ratgeber, Seelenfahrer, Künder und Heiler*, Köln 1983; Gisela Bleibtreu-Ehrenberg: *Tabu Homosexualität. Die Geschichte eines Vorurteils*, Frankfurt/M. 1978, bes. S. 79–83.

17 Karl Eibl: *Sprachkultur im 18. Jahrhundert. Über die Erzeugung von Gesellschaft durch Literatur*. In: *Sprachkultur. Jahrbuch des Institutes für deutsche Sprache*, 1984, S. 121.

18 Sudhir Kakar: *Schamanen, Heilige und Ärzte. Psychotherapie und traditionelle indische Heilkunst*, München 1984. Vgl. Ellenberger, s. Anm. 4, S. 35.

19 Auch ein kritischer Rationalist wie Paul Tillich räumt ein: »Zunächst steht fest, daß diese magischen Formen des Heilens Erfolg haben und wahrscheinlich keine Form des Heilens ganz frei von magischen Elementen ist.« Paul Tillich: *Systematische Theologie*, Stuttgart 1978[2], Bd. 3, S. 319.

20 Oppitz, s. Anm. 3, S. 56. Vom Schamanen als dem »künstlerisch-schöpferischen Menschen« spricht Andreas Lommel: *Die Welt der frühen Jäger. Medizinmänner, Schamanen, Künstler*, München 1965, S. 168–173.

21 Thomas Mann: *Der Zauberberg. Gesammelte Werke*, Bd. 3, Frankfurt/M. 1974, S. 907–947.

22 Ellenberger, s. Anm. 4, S. 21–88.

23 Martin Dannecker: *Der Homosexuelle und die Homosexualität*, Frankfurt/M. 1978, S. 50–53.

24 Fritz Morgenthaler: *Homosexualität Heterosexualität Perversion*, Frankfurt/M. und Paris 1985[2], S. 104f. Gerhard Härle: *Männerweiblichkeit. Zur Homosexualität bei Klaus und Thomas Mann*, Frankfurt/M. 1988, S. 121–127.

25 Eliade, s. Anm. 2, S. 130, Anm. 15. Über die »Klasse von ›in Frauen verwandelten‹ Schamanen«: S. 248.

26 »Die Lamas raten den Verrückten, Schamanen zu werden...« Eliade, s. Anm. 2, S. 460.

27 Lommel, s. Anm. 20, S. 171.

28 Eliade notiert, daß »gewisse Schamanen [...] lieber Selbstmord begangen« haben, als den Geister-Befehl zur rituellen Geschlechtstransgression zu befolgen. Eliade, s. Anm. 2, S. 248.

29 Vgl. Bruno Bettelheim: *Die symbolischen Wunden. Pubertätsriten und der Neid des Mannes*, Frankfurt/M. 1982.

30 Vgl. Martin Dannecker: *Engel des Begehrens. Die Sexualität der Figuren*

in Hubert Fichtes Werk. In: *Der Körper und seine Sprachen*, hrsg. v. Hans-Jürgen Heinrichs, Frankfurt/M. und Paris 1985, S. 15–35, bes. S. 26f.

31 Den ersten Teil seiner Hörspiel-Trilogie über Platen nennt Fichte nach der Besetzungsliste eines Theaterstücks, das Platen als Zehnjähriger geschrieben hat, *Feen Hexen Nixen und Zauberer*.

32 Jürgen Link: *Nachwort*. In: *August von Platen: Werke*, München 1982, S. 968ff.

33 Vgl. Heinz Kohut: *Thomas Manns ›Tod in Venedig‹. Zerfall einer künstlerischen Sublimierung*. In: *Psychopathographien des Alltags*, hrsg. v. Alexander Mitscherlich, Frankfurt/M. 1982, S. 157.

34 Allerdings müssen auch die editionskritischen Hinweise beachtet werden, denen zufolge die Herausgeber entgegen Fichtes Wünschen alle literaturkritischen Essays in den beiden Bänden und unter diesem Titel zusammengefaßt haben. Vgl. Wolfgang Popp: *Hubert Fichte: Homosexualität und Literatur. Zur Herausgabe der Bände*. In: *FORUM Homosexualität und Literatur* 5, 1988, S. 95ff.

35 »Herodots Text (legt) nahe, daß, da man des Sex' wegen reist, Reisen ein sexuelles Bedürfnis sei – schreiben und aufdecken!« (*HuL I*, 384).

36 Fichte: »Ich bin heute nacht von einem Türken ermordet worden.« Zit. nach Tomas Vollhaber: *Das Nichts. Die Angst. Die Erfahrung. Untersuchung zur zeitgenössischen schwulen Literatur*, Berlin 1987, S. 239. Vgl. *Pubertät*, 93f., 96, 198. Auch Hans Henny Jahnn und Jean Genet vollziehen immer wieder die Gleichsetzung von Verstümmelung, Mord und (Homo-)Sexualität. – Zum existentiellen Ernst der Grenzerfahrung vgl. Hans Peter Duerr: *Über die Grenzen einer seriösen Völkerkunde oder: Können Hexen fliegen?* In: *Grundfragen der Ethnologie. Beiträge zur gegenwärtigen Theorie-Diskussion*, hrsg. v. Wolfdietrich Schmied-Kowarzik und Justin Stagl, Berlin 1981, S. 333.

37 Vgl. Morgenthaler, s. Anm. 24, S. 86, 94, 100f.

38 Härle, s. Anm. 24, bes. S. 105–139. Gerhard Härle: *Hinter-Sinn. Zur Bedeutung des Analen für die Ästhetik homosexueller Literatur*. In: *FORUM Homosexualität und Literatur* 1, 1987, S. 38–72.

39 Vollhaber, s. Anm. 36, passim.

RAINER GULDIN

Riten am Rande

Zu Hubert Fichtes ›Poetik menschlicher Verhaltensweise‹

»Doch beim abermaligen Hinsehen, geht es mir wie bei der Lektüre Prousts: Man glaubt, es handle sich um eine schicke Teestunde – plötzlich wird es zu einem Stenogramm der Entwicklungsgeschichte menschlichen Verhaltens und Abbildens, Schichten um Schichten, Zitat über Zitat werden deutlich [...] Dieses anthropologische Aufzeichnen, das an Prousts Vorgehen in der Recherche erinnert [...] dies genaue Verfolgen von picturalem Ausdrücken und menschlichem Verhalten von Cro-Magnon über Amarna [...].«

Hubert Fichte,
Eine versteinerte Zauberstadt.
Über Paul Wunderlich.

Das Werk Hubert Fichtes besitzt eine erstaunliche innere Konsequenz und Kohärenz. Die immer wieder betonten Momente des Bruchs, des Widersprüchlichen, die Kombination disparater Weltausschnitte, die Vermischung von Stilebenen, die ›dekonstruktivistische‹ Seite seines Schreibens kann dabei den Blick auf die wesentlichen Ordnungsprinzipien der Texte verstellen. Fichte praktiziert zwar das Aufbrechen des Festgefügten, die Zerstörung der einheitlichen Erzählperspektive, die Auflösung des ›Ichs‹, stellt bestehende Abgrenzungen wiederholt in Frage und kritisiert die einfachen irreführenden Gegensätze von Literatur und Leben, Kunst und Wissenschaft, ›Fiction‹ und ›Non-Fiction‹. Daneben aber, oder besser, zugleich damit verfolgt sein Schreiben die Erstellung eines totalisierenden Weltentwurfes, eine Art barocke Weltumarmung, wie es schon ein Teil der literarischen Moderne Europas versucht hat – namentlich die französischen Surrealisten – und wie es auch der afroamerikanische Synkretismus noch tut: »[...] keine Reinheit, kein Spezialistentum – sondern Vermischen und Allesumfassen.« (*Lazarus*, 255)

Es geht Fichte beileibe nicht um eine neue monolithische Ganzheit: Es ist der Versuch aus dem Steinbruch der Moderne, aus Bruchstükken, Fragmenten des Realen ein neues Bild des Menschen entstehen zu lassen. Im Laufe dieses Unternehmens hat er Momente aus der Geschichte der Menschheit, Elemente aus verschiedenen Kulturen, die zusehends durch die Entfaltung bürgerlicher Wertmaßstäbe an den Rand geraten sind, mit neuer Bedeutung aufgeladen.
Jean Baudrillards Verdikt über die Folgen der Neuzeit, so wie er es in seinem Buch »Der symbolische Tausch und der Tod« formuliert hat, soll hier den Rahmen abstecken. »Der Rassismus ist modern. Die frühen Kulturen oder Rassen haben sich ignoriert oder vernichtet, aber niemals unter dem Zeichen einer universellen Vernunft. Es gab kein Kriterium für den Menschen und keine Ausgliederung des Menschlichen, sondern nur Unterschiede, die einander bis in den Tod hinein gegenüberstanden. [...] unsere Kultur hat, indem sie ihre Rationalität vertiefte, nach und nach die unbelebte Natur, die Tiere und die niederen Rassen der Unmenschlichkeit ausgeliefert [...] Und wie viele andere ›Kategorien‹ gibt es, die eben nur im Zeichen fortschreitender Trennungen zu ›Kategorien‹ geworden sind, welche die Entwicklung der Kultur abstecken. Die Armen, die Unterentwickelten, die mit niedrigem I. Q., die Perversen, die Transsexuellen [...] – eine Volkskunde des Terrors, eine Volkskunde der Exkommunizierung auf der Grundlage einer zunehmend rassistischen Definition des ›Normal-Menschlichen‹. Die Quintessenz der Normalität: am Ende werden alle Kategorien aus einer endlich universell gewordenen Gesellschaft abgetrennt und geächtet, dort sind dann das Normale und das Universelle unter dem Zeichen des Menschlichen vereint.«[1]

Schichten

Eines der strukturellen Momente, von denen hier die Rede sein soll, wird programmatisch in *Versuch über die Pubertät* aufgerufen: »Schichten statt Geschichten, [...]«. (*Pubertät*, 294) Der Schichten-Begriff ist vieldeutig und wird an verschiedenen Stellen des Werks eingesetzt. Einmal um die Identität zu beschreiben.

Hubert Fichtes Konzeption der menschlichen Psyche ist eng mit Marcel Prousts Entwurf aus *Auf der Suche nach der verlorenen Zeit* verwandt. »Unser Ich«, hält Proust dort fest, »besteht aus der Schichtung aufeinanderfolgender Zustände. Doch diese Schichtenbildung ist nicht starr wie eine Gebirgsformation. Immer wieder führen Aufbrüche im Innern alte Lagen an die Oberfläche empor.«[2] Menschliche Identität ist vielschichtig. Die Lebensgeschichte jedes Einzelnen gestaltet sich als eine Reihe sukzessiver Ablagerungen. So auch bei Fichte. »Zeit – ein Riff aus den Schalen der gestorbenen Augenblicke?« (*Palette*, 35) Der schlafende Raschie aus der *Palette* sinkt tiefer und tiefer, in immer weiter zurückliegende Schichten seiner Person. Wie bei der schlummernden Albertine aus Prousts *Recherche* fällt Maske um Maske, entblättert sich Haut um Haut. Beim Aufwachen dann fügt sich, im Zeitlupentempo eines zurückgespulten Films, wieder eine Schicht auf die andere. (*Palette*, 177/8)

Es ist das Bild der Zwiebel: »Filme wie Zwiebelschalen übereinander, ohne Kern?« (*Pubertät*, 244) Fichtes Blick konzentriert sich auf Maskierungen, Schminke, auf Oberflächen: Nicht der harte Kern eines einheitlichen Ichs, sondern die Häute einer sich wandelnden Existenz: nicht die nackte Wahrheit hinter den täuschenden Schleiern, sondern das Buchstabieren des Wirklichen an der Oberfläche der Dinge.

Die Fichtesche Recherche bewegt sich auf der Ebene der persönlichen, autobiographischen Erinnerung, auf der überpersönlichen, mythischen und magischen Ebene und auf der zweifachen sprachlichen Aufschlüsselung dieser beiden Momente, die eng miteinander verknüpft sind und immer wieder aufeinander bezogen werden müssen. Anders ausgedrückt: Es geht nicht allein um das Kontingente individueller Lebensläufe; hinter den Masken des Alltäglichen und Vertrauten lagern archaische Verhaltensweisen aus der Tiefe der Menschheitsgeschichte. Das Ganz-Persönliche offenbart überindividuelle Verhaltenskonstanten, denen man schon in primitiven Gesellschaften begegnen kann.

Fichte betreibt eine »Archäologie menschlicher Verhaltensweisen«. (*Petersilie*, 125) Er unternimmt den Versuch, das innere Bergwerk der menschlichen Psyche auszuloten, die verschiedenen Existenzhäute menschlichen Daseins eine nach der anderen freizulegen – Maske, Haut, Schicht, Film, Oberfläche verraten den gleichen epistemologischen Grundgestus. Die Analyse des Fremden ist dabei immer auch Arbeit an der eigenen Person. Das Eintauchen in die eigene Vergangenheit, das Zurückfinden zu früheren Schichten der eigenen Person, wird zur Reise in die archaischen Schichten menschlicher Geschichte.

Peripherie

Fichtes Interesse fürs Periphere hat autobiographischen Ursprung – immer wieder ist er in die Rolle des Außenseiters, des am Rande Stehenden, gedrängt worden. Die daraus resultierende Perspektive gewinnt im Akt des Schreibens jedoch methodologische Konsequenz.

Die bürgerliche Gesellschaft konstituiert sich aufgrund einer Serie von Ausgrenzungen. Bestimmte Verhaltensweisen geraten ins soziale und existentielle Abseits. Die gesellschaftlichen Peripherien werden zu einem Reservoir archaischer, abwegiger Verhaltensweisen. Sie sind eine moränenhafte Ablagerung am Rande der industrialisierten Welt Europas und der USA. Damit aber avancieren diese Gebiete zugleich zu einem privilegierten Ort der Analyse. Es sind geschlossene Milieus, in denen, um einmal mehr Fichtes Nähe zu Proust zu dokumentieren, »die alten Manieren noch erhalten geblieben sind und uns [...] wie einem Altertumsforscher ein Bild davon geben können«[3], wie der Ursprung ausgesehen haben mag. Was Proust die quasi-fossile aristokratische Welt des Faubourg Saint-Germain, ist Fichte der Hamburger Kiez und später der afroamerikanische Synkretismus.

Je konsequenter Fichte sich den Riten von Prostituierten, Homosexuellen, Transsexuellen, Schamanen, Gläubigen, Besessenen und ihren sprachlichen Kodierungen zugewendet hat, desto tiefer ist er in frühzeitliche Schichten der menschlichen Psyche vorgestoßen. Zu Beginn sind es die Zuhälter und Stricher von St. Pauli, die Riten der homosexuellen Lederszene, die Theatralik von Tunten und Transvestiten. Davon zeugen die beiden Interviewbände *Interviews aus dem Palais d'Amour* (1972–1978), in erweiteter Fassung unter dem Titel *Wolli Indienfahrer* neu aufgelegt – und *Hans Eppendorfer. Der Ledermann spricht mit Hubert Fichte* (1977). Das gleiche Interesse, die gleiche Vorgehensweise findet man auch in den Romanen. Es folgen die ethnopoetischen Arbeiten über den afroamerikanischen Synkretismus: *Xango* (1976), *Petersilie* (1980), *Lazarus und die Waschmaschine* (1985). Zwischen der Welt der Reeperbahn, den Gesten von Ledermännern und Tunten, und den Zeremonien der Schamanen und Gläubigen Süd- und Mittelamerikas bestehen wesentliche Analogien, auf die Fichte immer wieder hingewiesen hat.

Zum Verhalten sexueller Randgruppen in der Konsumgesellschaft schreibt er: »[...] es scheint, als brächen in sexuellen Randformen archaische Verhaltensmuster durch. Die Flagellationen der S & M-Szene, ihre Kot- und Urinriten, ihre Fetische, ihre Mutilationen und Heavy Scenes werden nicht nur im Werk von Proust und Genet und Sartre vorweggespiegelt – sie finden eine genaue Entsprechung in Einweihungsritualen der ganzen Welt, vor allem der afrikanischen Geheimgesellschaften. [...] Heißt das: Gewisse sexuelle Verhaltensweisen regredieren, und zwar nicht nur auf frühkindliche Phasen, sondern vielmehr auf frühe gesellschaftliche Formen, auf rituelle, magische? Heißt das umgekehrt: Religiöse, magische Riten denaturieren in säkularisierten Gesellschaften, in der Konsumgesellschaft zu Randverhalten, Neurosen, Spaltungssymptomen?«[4]

Zum afroamerikanischen Synkretismus: »Ist afroamerikanische Kultur die Marotte von ein paar Escapisten, die sich in der eigenen Kultur nicht mehr zurechtfinden und deshalb ins Exotische fliehen und ins Pauvre? Sind afroamerikanische Riten Flicken, Abfall, Blindes, Taubes an den Rändern der USA – oder tauchen auch im afroamerikanischen Synkretismus Archai und Ur auf, Konstanten menschlichen Verhaltens und Bewußtseins, wie in der griechischen Tragödie [...]? Ich möchte [...] aufweisen, daß einige Riten, die wir heute noch in den afroamerikanischen Religionen beobachten, seit klassischer Zeit einen Platz in europäischer Kultur einnahmen, daß sie weder einen Verfall noch ein atavistisches Relikt bedeuten.« (*HuL I*, 407/8) Man muß sie »als Schichtwerk von Prozessen auffassen [...] als Ablagerung, Überlagerung von rituellen Fragmenten, die aus der Geschichte der Karibik, der Neuen Welt, Afrikas und Europas belegt werden könnten.« (*Lazarus*, 327) Hubert Fichte hat anhand einer umfassenden Beschreibung marginalisierter Verhaltensweisen so etwas wie ein System menschlichen Handelns und Denkens zu erarbeiten versucht. 1985, in einem Interview in der *Frankfurter Rundschau*, hat er darauf hingewiesen, daß er eine Zeitlang die Absicht hatte, ein großes Lexikon der Riten zu schreiben, in der Nachfolge von Frazers »The Golden Bough«.

Riten

Fichtes Haltung Riten gegenüber blieb zeitlebens ambivalent. Er hat die repressive, reaktionäre Seite, den totalitären Charakter marginaler Ritualisierungen durchaus gesehen. »Magie ist die große Einbettung ins Instinktive« (*Pubertät*, 298), steht am Ende von *Versuch über die Pubertät*. Und als Relativierung dieser Aussage sozusagen fügen wir hier eine Passage aus *Xango* an, die die Widersprüchlichkeit und Komplexität der Fichteschen Poetik andeuten soll. »Mein Problem: Das ›Natürliche‹ der Aufklärung und das ›Widernatürliche‹ des Rituellen.« (*Xango*, 248) Im Werk des Brasilianers Euclides da Cunha, der im *Lesebuch* als Vorbild angerufen wird, hauptsächlich in *Os Sertões* – um die Jahrhundertwende geschrieben, eine frühzeitige ›Non-Fiction-Novel‹, wie Fichte das Buch nennt –, findet man eine Reflexion über das Marginale, die in diesem Zusammenhang von Bedeutung ist. Es geht darin um einen messianisch inspirierten Bauernaufstand im Nord-Osten Brasiliens, der blutig niedergeschlagen wurde. Da Cunha war selbst einer der Offiziere des Expeditionscorps, das das Massaker verübte. Die junge laizistische und liberale brasilianische Republik empfand den Aufstand als Bedrohung, als gefährlichen Infektionsherd, den es galt auszumerzen, bevor er den ganzen Körper der Gesellschaft verseuchte. Hier brachen archaische Momente an die Oberfläche, die den neuen brasilianischen Staat in Frage stellten. Da Cunhas Urteil über die Aufständischen und ihre Motive ist prinzipiell ablehnend, lebt aber von einer gewissen Bewunderung und einer Form der

Selbstkritik der eigenen, im Nachhinein als widersprüchlich und fragwürdig empfundenen Rolle im Vernichtungskrieg.

Da Cunha benützt geologische Metaphern. Die Bewegung, die ihr Zentrum in der kleinen Provinzstadt Canudos hatte, im schwer zugänglichen Landesinnern, dem Sertão, nordöstlich von der damaligen Hauptstadt Brasiliens, Bahia, belebt primitive Verhaltensweisen; das Gebiet, in dem die Kämpfe stattfinden, ist aufgrund neuerer tellurischer Umschichtungen entstanden, durch das Auftauchen älterer geologischer Formationen; die Bewohner, die Sertanejos, haben die Verhaltensweisen von Wilden.

Das Buch kann als Kommentar zu analogen Vorgängen im Europa des 19. Jahrhunderts gelesen werden. Marginalisierung, Ausgrenzung, Vernichtung: in Brasilien sind es die religiösen Fanatiker, die rückständigen Bauern, in Europa die Vagabunden, die Arbeitsscheuen, die Perversen und die Wahnsinnigen.

Fichtes Urteil ist ambivalent. Die Riten der Lederszene beleben faschistoides Gedankengut; die Verhaltensweisen von Homosexuellen und Transvestiten weisen Formen der Selbstunterdrückung auf. »Die afroamerikanischen Religionen sind vielschichtig reaktionär und vielschichtig revolutionär. [...] Der Glaube wird zusammen mit der Unterdrückung geprägt.« (*Lazarus*, 354) In beiden Fällen handelt es sich um Überlebensstrategien. In beiden Fällen stößt man auf grundlegende Topoi menschlichen Denkens und Handelns. Damit kehrt Fichte die gewohnte Perspektive radikal um: Nicht mehr vom Zentrum her, wo ein von allen Schlacken des Unmenschlichen gereinigtes Individuum thront, vom Rande her, den Schattenzonen der bürgerlichen Gesellschaft wird der Mensch definiert. Die zunehmende Ausgrenzung abartigen Verhaltens ist von hier aus gesehen ein fortlaufender sozialer Verlust, eine Beschneidung menschlicher Potentialitäten.

Säkularisation

Fichte will zeigen, daß das Auftauchen archaischer Momente viel mehr bedeutet als Atavismus oder reaktionäre Verblendung. In diesem Sinne distanziert er sich deutlich von den Kulturtheoremen der

Psychoanalyse in der Nachfolge Freuds. Der Geschichtsbegriff der Psychoanalyse Freudscher Prägung ist durch die Idee der Progression und Linearität bestimmt. Ein teleologisches Denken, das bestrebt ist, die Entwicklung der Menschheit und die Entfaltung des einzelnen Menschen direkt aufeinander zu beziehen. Ontogenese und Philogenese sind parallel verlaufende Wege, die beide zusehends von einem ursprünglichen Naturzustand wegführen, hin zum ›bürgerlichen Ich‹, zur bürgerlichen Kultur, die als Höhepunkt der Geschichte verstanden werden. Diese Interpretation ermöglicht es, das Verhalten von wilden Völkerschaften, Kindern und sexuell Abartigen aufeinander zu beziehen, was Fichte übrigens auch tut, jedoch mit deutlich anders gesetzten Akzenten. Die Wilden sind auf einer tieferen Stufe der Entwicklung stehengeblieben, in frühkindlichen Phasen, auf die der Perverse regrediert. In *Totem und Tabu* bringt Freud diese Analogie auf den Punkt: »Wir urteilen so über die sogenannt wilden und halbwilden Völker, deren Seelenleben ein besonderes Interesse für uns gewinnt, weil wir in ihnen eine gut erhaltene Vorstufe unserer eigenen Entwicklung erkennen dürfen.«[5] Während nun im Freudschen Modell ein Urteil der Unreife und der Krankhaftigkeit über die sexuellen Randgruppen gefällt wird, entdeckt Fichte in den Riten von Strichern, Homosexuellen, Transsexuellen Spuren archaischer Verhaltensweisen, die magischen Ursprung haben und auf die grundlegende Kontinuität menschlicher Existenz verweisen. Es sind »sekundäre« oder »säkularisierte Riten«, wie er sie in einem Interview genannt hat.[6] Dort spricht er auch von einer »Theorie der Säkularisation«.

Am Anfang ist nicht das Urwüchsige, Einfache, Unvermischte. Dazu skizziert Fichte in einem Essay über den afroamerikanischen Kult der Maria-Lionza in Venezuela sein Geschichtsverständnis. »Geschichte. Schichten von Verwesung«, heißt es in *Petersilie* (*Petersilie*, 17). Tatsächlich vermeidet Fichte die einfachen Trennungen: es gibt ein Kontinuum von der Welt der Tiere, über die primitiven Völkerschaften, hin zu hierarchischen Gemeinschaften und industrialisierten Gesellschaften. »Wie entsteht Zauber? Wie entsteht Religion? Wie entsteht aus einer bruchstückhaft erlebten Wirklichkeit die Vorstellung von Ordnung, Power, Sinn, Logik, Gewissen,

übersinnlichen Gebietern, und wie entstehen daraus Anrufungen, Opfer, Tänze, Hilfe, Unterwerfung?
Die Verhaltensforscher zeigen, daß schon bei Tieren zeremoniöse Handlungen existieren:
Die Laubvögel umtanzen maibaumartige Gebilde, bauen Kreuzganglauben, die sie wie Kapellen ausschmücken, die Männchen bieten den Weibchen rote Früchte an.
Die höheren Affen kennen Vaterfiguren, Demutsgebärden, Strafhomosexualität und so etwas wie Vergebung.
Zwischen diesen quasi-religiösen und quasi-ästhetischen Handlungsweisen der Tiere und den ersten Zeugnissen menschlicher Religiosität liegt ein Land der Toten.
Vor 500000 Jahren, so bezeugen die Anthropologen, saugten Menschen bei Peking das Gehirn aus aufgelöcherten Menschenschädeln. Vor 60000 Jahren legten Trauernde den Toten Heilpflanzen ins Grab. Diese ersten Funde bedeuten sehr komplizierte Glaubensformen. Beweisen sie nicht, daß es vor jedem komplizierten Ur immer schon ein früheres kompliziertes Ur gab, daß sich Religion gar nicht aus uranfänglichen einfachen Tatsachen und Ideen entwikkelte, sondern daß komplizierte quasi-tierische Verhaltenshülsen mit zunehmendem Bewußtsein und zunehmender Angst umgedeutet wurden, stilisiert und erst sehr spät aufgefüllt mit Inhalten wie Seele, Liebe, Gewissen, Gott und Sinn und Nutzen? Fiele also der Beginn der Säkularisation mit dem Beginn der Religiosität zusammen?« (*Lazarus*, 319/20)
Bestimmte Riten, deren Wurzeln bis in den Anfang der Geschichte und noch weiter zurückreichen, haben sich in den Ritzen, in den Grenzbereichen der modernen Gesellschaft erhalten. Bei der Untersuchung pubertären Verhaltens stößt Fichte auf archaische Parallelen in afrikanischen und afroamerikanischen Einweihungsriten. Er entdeckt zudem, daß ältere Menschen unter bestimmten Drucksituationen auf pubertäre Verhaltensformen regredieren. Es geht um das Schminken von Novizen, um magische Handlungen, deren Substrat im Tanz der Aderflügler gefunden werden kann. Die verschiedenen Schichten werden durch ein Netz der ›Correspondances‹ miteinander verbunden, ein Begriff, den Fichte oft benützt und der aus Prousts *Recherche* entnommen ist.

Manierismus

»Rhetorische Figuren sind säkularisierte Zauberformeln.«[7] Die Kunst hat ihren Ursprungsort in der Magie. Diese Verbindung exemplifiziert Fichte anhand der barocken Literatur und der Ästhetik des afroamerikanischen Synkretismus. Caspar Daniel von Lohenstein ist hier die zentrale Figur.

Der Anhang zur Bearbeitung der *Agrippina* von Lohenstein – 1978 publiziert – ist eine wahre Fundgrube für den, der Fichtes ästhetischem Verfahren auf die Schliche kommen will. Das Lohensteinsche Barocktheater ist »ein spaeter, saekularisierter Nachhall«[8], früher magischer Trancezeremonien, heißt es da. Und weiter: »Magische, ekstatische Religionsformen, wie es sie im fruehen Griechenland gab, saekularisierten sich zur Tragoedie, zum Bocksgesang – halb Scala di Milano, halb Oberammergau.«[9]

Lange verschrien als schwülstig, langweilig, dem Ornamentalen verfallen, erlebte der Manierismus durch die Arbeiten eines E. R. Curtius und eines G. R. Hocke seine Renaissance. Die literarische Moderne hat diese verschüttete Tradition wiederentdeckt und wiederbelebt. Fichtes Aufarbeitung des deutschen Barockdichters gehört in diese Linie, ist jedoch mehr als bloß eine Huldigung eines zu Unrecht in Vergessenheit Geratenen. In Lohenstein, wie später in Herodot, schafft Fichte sich eine Wahlverwandtschaft.

Der europäische Manierismus ist das Verbindungselement zwischen asianischen Kunstformen im klassischen Griechenland, der Kunst der Moderne und dem afroamerikanischen Synkretismus. Es ist das »hermetische, subterrane Bewußtsein«[10] der europäischen Kultur. Eine Grundkomponente der europäischen Religiosität, »so daß die Riten, die wir heute in Afroamerika beobachten können, gar nicht so sehr verschieden sind von dem, was in unserer eigenen Kultur auch tradiert worden ist.«[11] Es sind rhizomatische, untergründige Wucherungen, die Europa, Afrika und Amerika miteinander verbinden.

Nirgends enthüllt Fichte sein poetisches Verfahren so sehr wie in seiner Lohenstein-Analyse. Hier finden wir auch einige der zentralen Begriffe seiner ›Poetik‹. Diese benützt zwar Materialien und Verfahren aus Ethologie und Ethnologie, bleibt aber letztlich ein poetisches Unterfangen. Es geht Fichte um Exaktheit, um poetische

Präzision, um ein genaues Einfangen menschlicher Verhaltensweise. In diesem Sinne will er seine ›Poetik menschlicher Verhaltensweise‹ als eine Reihe von Axiomen verstanden wissen, die mit mathematischer Genauigkeit und Knappheit als Gleichungen für menschliches Verhalten stehen sollen.

In *Versuch über die Pubertät* ist zum ersten Mal von einem »axiomatischen System der Seele« (*Pubertät*, 121) die Rede. Axiomatisch geht auch Lohenstein in seinen Theaterstücken vor. »Er setzt Gleichungen fuer menschliche Verhaltensweisen, die an immer neuen Orten, in immer neuen Kombinationen durch den rhetorischen Kodex schimmern. Verstellungen durch vieldimensional verstellte Woerter.«[12]

Dies ›axiomatische System der Seele‹ besteht aus einer Serie von Gleichungen und Vergleichen: Kombination von Analogem, Verbindung von Disparatem, nach den ästhetischen Prinzipien des Manierismus. Das ›Concetto‹ ist die extreme Komprimierung von Gegensätzlichem, sowohl formaler wie inhaltlicher Art. Die ›Concordia Discors‹ und die ›Coincidentia Oppositorum‹ bringen Divergentes zu einer explosiven, in sich brüchigen Einheit zusammen.

Lohenstein verbindet Entlegenes. Er entwickelt eine synkretistische Mythologie.

Der afroamerikanische Synkretismus stellt aus Abfällen, aus Zivilisationsschutt eine Flickenmythologie her.

Die moderne Kunst pflegt Collage und Montage.

»Die Gesten der Magie gleichen den Gesten der Manie und des Manierismus.«[13]

»Die Gesten des Manierismus sind wieder archaische Gesten. Niemand ist so ›geziert‹ wie der ›Wilde‹.«[14]

Prinzipiell verwendet Fichte Gleichungen und Vergleiche – das heißt Identifizierungen und Metaphern –, wobei die beiden Begriffe ineinander übergehen. Daraus entsteht eine kalkulierte Unbestimmtheit, die auf das Konstruierte hinweisen soll, Fragen provozieren und Festgefügtes hintergehen will. Die angebliche Objektivität in den Wissenschaften ist einer der Mythen der Moderne. Das hier angesprochene begriffliche Flirren ist nicht beliebig. Es ist Inszenierung von Zweifel, Brüchigkeit, Unabgeschlossenheit und soll auf die Unvollständigkeit jeglicher Analyse aufmerksam machen.

Verstellung ist ein Prinzip Fichtescher Ästhetik. Gleichungen und Vergleiche ziehen sich durch das gesamte Werk. Man kann einzelnen Assoziationsketten über mehrere Romane hinweg folgen, Querverbindungen ausfindig machen und damit die einzelnen Texte durch ein komplexes verästeltes System der Entsprechungen aufeinander beziehen. Damit würde man zugleich die textuellen Schichtenbildungen, die sich durch sein Werk ziehen, nachgezeichnet haben.

Verstellung ist auch das Prinzip der Lohensteinschen Ästhetik: »Nach Lohensteins vorfreud'schen und ueber Freud hinausreichenden Kombinationen koennte man fragen, ob Freud und seine Theorie nicht eigentlich auch Poetik sind und Poesie, Kombinatorik, Quacksalbaderei, psychologischer Vaudouzauber. Vergleiche hinken – was tut Oedipus andres? Was tut Freud andres, als eine neue Art des hinkenden Vergleichs fuer die Heilung von ›Seelenwunden‹ Hinkender zu benuetzen.«[15]

Die Gleichungsketten dehnen sich auf den verschiedensten Ebenen aus. Die einzelnen Organe werden aufeinander bezogen: Männliches und Weibliches, Orales und Anales wirbeln durcheinander: Vater wird zu Mutter, Mutterliebe zu Analverkehr, Sohnesmord zu Inzest mit dem Sohn. Barocke ›Ars Combinatoria‹. Hier sollen, stellvertretend fürs Ganze, einige dieser Gleichungen genauer untersucht werden: sie sind Teil der Fichteschen ›Poetik menschlicher Verhaltensweise‹.

Leopardenmänner

Die Tradition des Magischen, die barocke Kunst und der afroamerikanische Synkretismus gehen davon aus, daß Ritual, Theater, Aggressionen strukturieren und dämpfen, Ängste ausagieren und bewältigen helfen. Die fein strukturierten sprachlichen Ritualisierungen der Magie agieren wie Watte; sie bewirken ein »Verschwimmen des individuellen Bewußtseinsstroms«[16]. Es ist dies die Haltung der Asianischen Tradition, die Hocke im Manierismus wiederentdeckt hat. Im Gegensatz zur apollinischen Kunst der Attiker geht diese »den umgekehrten Moralweg: Nicht Imitation des Guten, also Naturalismus, Klassik, sondern Entaeußerung des Boesen, Concepts, Asianismus.«[17] Im ekstatischen Rausch der Selbstvergessenheit »rechnen die Glaeubigen mit ihren Zwaengen ab. Das Théâtre de la Cruauté von Antonin Artaud versprach den Parisern etwas Gleiches.«[18] Die enge Strukturiertheit magischer Riten, die Theatralik archaischer Zeremonien, die »Vermeidung sexueller Aggression durch karnevaleske Uebertreibung«[19] hat Fichte auch in den blutigen Riten der Ledermänner angetroffen.

1975 schreibt er das Hörspiel *Der blutige Mann*, eine Textcollage, die literarische Passagen, ethnographische Aussagen und Zitate aus einem Bericht über die amerikanische Lederszene ineinanderspiegelt. Zum gleichen Themenkomplex gehört der Interviewband mit Eppendorfer (1977), wovon ein Teil schon in *Versuch über die Pubertät* Eingang gefunden hatte.

Die Ausführungen Paul-Ernest Josets über die kongolesischen Geheimbünde finden eine frappante Entsprechung in Larry Townsends *The Leatherman's Handbook*. Sie exemplifizieren Fichtes Säkularisationstheorie, die besagt, daß bestimmte magische Riten am Rande der Industrienationen überlebt haben, hier allerdings in abgewandelter Form und mit unterschiedlicher, wenn auch verwandter Funktion. Ähnlichkeiten bestehen zwischen den Utensilien, aber auch was den Ablauf und die Struktur der einzelnen Riten betrifft.

Da ist einmal der Tanz mit den Tierhäuten bei den Totenfesten der Ekoi in Südkamerun. Es sind Maskenfeste, bei denen in früherer Zeit, so Joset, die Haut der erschlagenen Feinde getragen wurde. Ausgangspunkt dieser Riten ist das Menschenopfer und der Ritualmord, deren Funktion es war, die Kräfte der Geheimgesellschaft zu steigern. Die Faszination der Ledermontur, ihr Fetischcharakter in sexueller Hinsicht sind weit über die Grenzen der homosexuellen Lederszene von Bedeutung. Eppendorfer spricht von einem anthropophagischen Vorgang: »Leder ist wie eine atmende Haut [...] eine Art von Ueberhaut. Es hat wohl etwas vom Tier an sich. [...] Leder [ist] eine Art von Fell.« (*Ledermann*, 105) Sich in Leder stürzen ist, wie wenn man von einem Panther verschlungen und damit selbst zum Tier wird.

Townsend erwähnt ein »nagelbesetztes Hundehalsband« (*Schulfunk*, 134), das sich die sexuell ›passiv‹ Agierenden um den Hals binden, um sich als solche zu erkennen zu geben. Joset spricht vom Fetisch der Leopardenmänner Kongos: Es ist eine männliche Figur, die auf einem Piedestal steht und ein Halsband trägt, das mit »Leopardenzähnen bestückt ist« (*Schulfunk*, 135). Es gibt Kapuzen aus Tierfell und Lederhelme: Die Panthermänner tragen allesamt »eine Kappe aus Leopardenfell« (*Schulfunk*, 152), die sie unkenntlich machen soll. Sie tragen Eisenspitzen an den Fingern, »deren Form an die Klauen der Wildkatze erinnert« (*Schulfunk*, 152). Sie umzingeln den Novizen heulend und frenetisch ihre Krallen schüttelnd. Bei S & M-Riten kommt es vor, daß der sadistisch Agierende eine Augenbinde oder eine Kappe trägt, deren Funktion es ist, die Teilnehmer voneinander zu trennen: Augenkontakt kann den Verlauf des Rituals stören. Die Gleichung Novize = passiv Agierender (M), die übrigens von den Teilnehmern der S & M-Zeremonien bewußt eingesetzt wird, findet man auch in den folgenden Zeremonien wieder. »Männer im Kreis, denen die Rute raushing oder -stand, und ein M auf den Knien, der sich eine nach der anderen verpassen ließ. [...] Die Tätowierzeremonie heißt Mambela. Die Erwachsenen stellen sich mit langen biegsamen Ruten in zwei Reihen einander gegenüber. Die Jünglinge [...] warten auf ihre Pubertätsweihen. [...] Einer nach dem anderen gehen sie zwischen den Reihen der Alten hindurch, die auf die Brust und die Bäuche der Ausgelieferten einschlagen.« (*Schulfunk*, 127/8) Die Doppeldeutigkeit des Wortes ›Rute‹ – hier kommt das Prinzip der Verstellung zur Anwendung – und die Gleichung Penetrieren–Schlagen sorgen für die impliziten Verknüpfungen zwischen den beiden zeremonialen Abläufen.

Der rituelle Umgang mit körperlichen Ausscheidungen ist typisch für Übergangsriten. Townsend: »Die goldene Dusche, der Gebrauch von Pisse, ist eine der populärsten Ausdrucksmöglichkeiten, um den M zu erniedrigen. Für den S bietet es die Möglichkeit, seine Macht auf eine Weise zu demonstrieren, die weder schmerzhaft noch zerstörerisch ist.« (*Schulfunk*, 164) Der Novize muß sich seinem Meister unterwerfen, willenlos gehorchen. Dies gilt auch für die archaischen ›Rites de Passage‹. Joset: »Ein Nga Ngo klettert als erster das Netz hoch und richtet sich oben auf dem Ast ein. Er hält eine Schale in der Hand, die er mit dem Inhalt einer Kalebasse füllt. In der Kalebasse hat man Palmwein, Urin eines alten Nga Ngo [...]

gemischt. [...] Der Eingeweihte klettert wie eine Eidechse hoch. Ist er oben angekommen, läßt ihn der Nga Ngo den Inhalt der Schale trinken.« (*Schulfunk*, 165)
Der brutalste Teil der S & M-Rituale sind die Verletzungen an den Genitalien. Ein fest genähter lederner Stift wird dem M vorne in den Penis eingeführt. Joset: »Der Fetischmeister ergreift eine Nadel von fünf bis sieben Zentimeter Länge und führt sie in den Penis des Bewerbers ein. Die Nadel bleibt für eine Viertelstunde darin. Es bedarf zur Heilung zweier Monate.« (*Schulfunk*, 154)
Hodenoperationen. Nadelstiche. »Der M reagiert nicht. Seine Haut ist empfindungslos, abgestorben durch den Spray. [...] [Der Doktor] nähert die Klinge dem enthaarten Hodensack und macht einen Einschnitt. Der Doktor sucht und findet die Hoden [...]. Der Doktor schneidet die dünnen Gefäße durch, welche die Testikel mit dem Körper des M verbinden. Er hebt die Hoden hoch und steckt sie dem M in den Mund.« (*Schulfunk*, 171/2) Bei den Hottentotten wird anläßlich der Kriegerinitiation vom Medizinmann der linke Hoden des Novizen herausoperiert.
Fichte schließt assoziativ eine weitere Gleichung an: Die Leopardenmänner kämpfen mit geschlossenen Augen. Das kommt davon, daß sie ihren Opfern meist die Augen herausreißen und daraus eine Flüssigkeit zubereiten, in die sie dann die Scheiden ihrer Messer tauchen. Es wird hier mit einer weiteren Gleichung gespielt, die Georges Bataille schon in der kurzen Erzählung *Histoire de l'œil* virtuos eingesetzt hat: Die Augen und die Hoden, das Ausreißen der Augen, das Herausoperieren der Hoden.
Die Zeremonien der geheimen Männerbünde Afrikas spielen sich innerhalb einer noch weitgehend intakten, in sich geschlossenen Welt ab. Die Handlungen der Ledermänner finden in einem fragmentierten, in viele Wirklichkeiten zerfallenen Universum statt. Trotzdem dienen sie einem vergleichbaren Zweck, beschwören sie die gleiche uralte Angst. Es ist das »Entzücken an blutigen magischen Szenen [...]. Die Lederszene und ihre extremen, quasi-magischen Riten sollen Angst bannen [...] Wir tun das kleinere Schreckliche und hoffen dadurch – instinktiv – dem größeren Schrecklichen zu entgehen [...] Wenn ich eine Puppe mit Nadeln durchsteche, um meinen Feind zu töten, stirbt er nur in den seltensten Fällen. Prak-

tisch habe ich meine Aggression abgelenkt und keinen Menschen getötet, sondern eine Puppe mit Nadeln durchstoßen. Du bringst deinen Partner nicht um«, – so Fichte im Interview mit Eppendorfer –, »sondern fickst ihn mit der Faust.« (*Ledermann*, 174/5)

Gillette

Sprache ist ein überschichtetes Gebilde, so etwas wie das Gedächtnis der historischen Entwicklung. Dies gilt im Besonderen vom Argot der Stricher, vom Rotwelsch der Prostituierten und vom Jargon der Gläubigen des afroamerikanischen Synkretismus. Diese Sprachen sind vieldeutig, vielschichtig wie ein Palimpsest. Sie haben die Verve und den kreativen Impetus der Poesie.

Jean Genet hat den Argot zur Kunstsprache erhoben. »Toiletteninschrift und Racine, Tuntengeschrei und Ronsard, werden in einem ungeheuerlichen Kunstgriff verbunden. Das Argot erhält eine Poetik [...].« (*HuL II*, 10) Fichte sieht sich in der Nachfolge Genets: Er sucht in der Sprache des Untergrundes Elemente für seine ›Poetik‹. »[...] Freudenmädchen und Stricher«, hält er in *Versuch über die Pubertät* fest, »benützen in ihren Sinnsprüchen das Mallarmé'sche Verfahren, zwei Bedeutungen oder vier in einer einzigen grammatischen Konstruktion auszudrücken.« (*Pubertät*, 201) Gemeint ist hier der Ausdruck: »Ma pièce de dix sous est pour les croques-morts.« (*Pubertät*, 200) Den er folgendermaßen aufschlüsselt: »Das Geld für den Acheron gebe ich Baron Sonnabend. [...] Mein Zehnerl ist für die Totengräber. [...] Mein Arschloch ist für die Schwulen. [...] Ich habe nur ein Zehnerl für die Schwulen übrig.« (*Pubertät*, 200/1)

Die Schwulen sind des Todes. Homosexualität und Analität, Geld und Kot gehören zusammen, nicht nur im Märchen vom goldscheißenden Esel und dem Knüppel aus dem Sack. Acheron ist der Fährmann der Unterwelt. Er nimmt sich als Bezahlung für die lange Fahrt ins Reich der Toten das Geldstück, das dem Verstorbenen unter die Zunge gelegt wurde. Der Baron Samedi ist einer der Haitianischen Totengötter.

Im mittelalterlichen Karneval ist der Anus das Tor zur Hölle. Im griechischen Mythos läßt sich Dionysos von Polymnios den Weg in die Unterwelt zeigen. Als Dank dafür wird er sich seinem Führer anal hingeben. Als Polymnios kurz darauf verstirbt, schnitzt sich Dionysos einen hölzernen Phallus, den er in die Erde rammt. Er setzt sich darauf, um seinem Versprechen nachzukommen.

Die Assoziationsverknüpfung ist nicht beliebig. Sie folgt den Gesetzen magischen Denkens, der Ars Combinatoria des Manierismus.

Fichte läßt die Organe tanzen. In der folgenden Passage könnte ein Bild des französischen Surrealisten Hans Bellmer Pate gestanden haben: Die Augen sind Hoden sind Brüste, die Nase ist Mund ist Vagina. »Das Himmler'sche Symbol ist aufgedunsen unter der Asche – der Totenkopf als ein extremitätenloser Frauenrumpf, die Brüste sind die leergefressenen Augen, der Nabel die entknorpelte Nasenöffnung, die Fotze ist der abgelippte Knochenmund [...] die Halbstarken von Eimsbüttel verzaubern die Knochen des Tausendjährigen Reiches in zwei riesige Nillen.« (*Pubertät*, 145) René Magritte hat 1934 ein Gemälde unter dem Titel *Le viol* – die Vergewaltigung – gemalt: Ein Frauenkopf. Die Brüste sind die Augen, die Vagina ist der Mund.

Fichte hat dieses Verfahren sprachlicher Entschlüsselung auf exemplarische Art in einem kurzen Essay, das den vielsagenden Titel *Der Hermaphrodit und die Rasierklinge* trägt und im Photoband *Xango* publiziert wurde, angewandt. » – Você è Gillette, sagen die männlichen Prostituierten von Bahia de Todos os Santos, wenn sie einen Freier bezeichnen wollen, der sich aktiv und passiv gibt. – Sie sind eine Gilletteklinge. – Sie schneiden nach beiden Seiten. Und diese Aussage schließt als selbstverständlich ein: Mit Männern und Frauen.«[20]

Der Hermaphrodit, medizinisch eine Anomalie, ein eigentliches Neutrum sexuell gesehen, ist eine magische Chiffre: er verkörpert die Barocke ›Coincidentia Oppositorum‹, vereint er doch zugleich Weibliches und Männliches, Aktives und Passives.

Der doppelgeschlechtliche Xango, Gott des Donners und des Regens, im afrobrasilianischen Synkretismus eine ambivalente Figur, wirft Donnerkeile und Steinäxte. Die Doppelaxt ist sein Zeichen. Die Doppelaxt, wie eine Rasierklinge, schneidet nach beiden Seiten.

Zweigeschlechtliche Mythen tauchen in anderen Religionen auf und in verschiedenen Epochen. Im klassischen Griechenland war die Doppelaxt das Zeichen des Zeus Labrandeus, eine bartlose Gottheit mit vier Reihen von Brüsten. »Der junge Yoruba«, folgert Fichte, »der, um seine Männlichkeit zu bestätigen und um sich etwas Taschengeld zu verdienen, Gläubige und Priester der afroamerikanischen Religionen begattet, weiß nichts vom Donnerer Zeus, von Zeus Labrandeus [...], wenn er einen von der Norm abweichenden Freier als ›Gillette‹ bezeichnet; ob ihm die Doppelaxt des Donnergottes Xango als Muster diente? Auch die Bezeichnung ›Gillette‹ verschwimmt [...] an den Rändern.«[21]
Die Gleichungen, mit denen dieses Bild operiert, sind vielgestaltig und in sich widersprüchlich. Es sind Vergleiche, die hinken. Das Bild der Rasierklinge ruft die Gleichung Messer–Phallos in Erinnerung, die Idee des Sexualaktes als Verletzung, die Jean Genet in seinem Essay ›L'enfant criminel‹ erwähnt. Der Passive ist der Geschnittene. Der Aktive der Schneidende. »Nach beiden Seiten schneiden soll es wohl heißen. Rückwärts und vorwärts. Männer und Frauen.«[22] Ist Schneiden mit dem Sexualakt gleichzusetzen, »so schneidet der Androgyn, der sich aktiv und passiv gibt, nicht nach beiden Seiten, sondern nur nach einer, vorwärts, und wird auf der anderen, rückwärts, vom ›Messer‹ erfüllt – also nicht ›Gillette‹, sondern Messer und Scheide in eins. Der zweite Sinn: Männer und Frauen schneiden, schwingt mit; hier unterläuft die Ungenauigkeit, daß zwar verschieden beschaffene Partner geschnitten werden, aber nur von einer Schneide aus. Die doppelte Aussage dieses Ideogramms kann nur zustande kommen, wenn man beide Fehler in Kauf nimmt: Bin ich als Mann aktiv und passiv, ist hier in den Rücken geschnitten werden gleich mit der Vorstellung der zweiten, in entgegengesetzter Richtung schneidenden Klinge; schneide ich aber Mann und Frau, benütze ich dazu meinen Rükken wie meine vordere Klinge. So geschieht das Kuriose: In einer starr in Sexualriten und in geschlechtliches Rollenspiel gefangenen bikontinentalen Gesellschaft fallen bei der Bildung des Concettos ›Gillette‹ die Gegensätze ›Mann‹ und ›Frau‹, ›Klinge‹ und ›Scheide‹, ›vorn‹ und ›hinten‹, ›aktiv‹ und ›passiv‹ durcheinander und zusammen.«[23] Zur Doppeldeutigkeit des Begriffes ›Gillette‹

gesellt sich noch die Idee der Bikontinentalität, die Vermischung afrikanischer und amerikanischer Kultur, die Vermischung von Schwarz und Weiß.

»Wie Reime, Metaphern, Leitmotive tauchen ähnliche Gegenstände, ähnliche Symbole, ähnliche Ensembles an den Rändern auf und kippen durcheinander zu einer Poetik menschlicher Verhaltensweise.«[24]

Die Fichtesche Poetik kennt viele Verästelungen. Es gibt mehrere Gleichungsketten, die sich von *Der Aufbruch nach Turku* über *Die Palette* bis hin zu *Xango* und *Petersilie* schichtenartig ausbreiten: Das Bild der Zerstückelung in seinen vielen Facettierungen, das vielgestaltige Bild des Fluges, die Schamanen-Figuren von Cartacalo/Ia über Testanière und Pozzi bis hin zu Campos aus Bahia. Die verschiedenen Schichten propagieren sich nach dem Prinzip der Verstellung, durch Gleichungen und Vergleiche.

Fichte selbst hat sein Programm nicht zu Ende geführt und wenn überhaupt nur in Ansätzen zustande gebracht. In der zur Zeit erscheinenden *Geschichte der Empfindlichkeit* stößt man weiterhin auf Fragmentarisches, Angedeutetes, nicht zu Ende Geführtes, ja man hat manchmal den Eindruck, Fichte habe sich von seinem ursprünglichen Projekt einer ›Poetik menschlicher Verhaltensweise‹ distanziert. Was vorliegt, sind Splitter, viele Querverweise, die auch in ihrer Gesamtheit nur einen Teil dessen ausmachen, was Fichte vorgeschwebt haben muß.

Schon im Interview von 1985 nimmt er sozusagen Abschied von der Idee eines Gesamtkunstwerks, einer enzyklopädischen Darstellung der Realität, indem er die Idee eines Lexikons der Riten in die Vergangenheit verweist.

Tatsächlich ist das Offene, Unabgeschlossene ein kalkulierbares Versagen, bewußter Verzicht auf ein geschlossenes, wohlgeordnetes Weltbild inmitten einer mehr und mehr in sich zerfallenden, langsam implodierenden Welt, die ein solches Projekt obsolet und höchst fragwürdig macht. Im Gegensatz zu Prousts *Recherche*, dessen Ende auf den Anfang zurückverweist und somit eine quasi-mythische Globalität suggerieren will, hat Fichte dem Bruchstückhaften den Vorzug gegeben und ein Werk geschaffen, das sich immer wieder in Frage stellt, selbst überholt und zurückläßt. Ein Werk, das sich selbst auflöst und verschlingt, um sich immer wieder neu zu artikulieren.

Anmerkungen

1 Jean Baudrillard: *Der Tod tanzt aus der Reihe* (Kapitel V von: *Der symbolische Tausch und der Tod*), Berlin 1979, S. 8 ff.
2 Marcel Proust: *Auf der Suche nach der verlorenen Zeit*, Frankfurt/M. 1979, S. 3483.
3 Ebd., S. 2150.
4 Hubert Fichte: *Zur Gewalt*. In: *Tintenfisch* 11, 1977, S. 81.
5 Sigmund Freud: *Totem und Tabu*, Frankfurt/M. 1971, S. 102.
6 Interview mit R. Wischenbart: *Ich schreibe, was mir die Wahrheit zu sein scheint*. In: *Text und Kritik* 72: *Hubert Fichte*, München 1981, S. 76.
7 Hubert Fichte: *Lohensteins ›Agrippina‹*, Köln 1978, S. 166.
8 Ebd., S. 164.
9 Ebd., S. 169.
10 Interview mit R. Wischenbart, s. o., S. 84.
11 Ebd.
12 Fichte: *Agrippina*, s. o., S. 135.
13 Ebd., S. 170.
14 Hubert Fichte: *Psyche. Anmerkungen zur Psychiatrie in Senegal*, Frankfurt/M. 1980, S. 12.
15 Fichte: *Agrippina*, s. o., S. 166–167.
16 Ebd., S. 165.
17 Ebd., S. 164.
18 Ebd., S. 116.
19 Ebd., S. 163.
20 Hubert Fichte: *Die Rasierklinge und der Hermaphrodit*. In: Leonore Mau: *Xango. Die afroamerikanischen Religionen I*, mit Texten von Hubert Fichte, Frankfurt/M. 1976, S. 53.
21 Ebd., S. 60.
22 Ebd.
23 Ebd., S. 60–61.
24 Ebd., S. 61.

SIMO

Interkulturalität und Intertextualität oder ethnographische Erfahrung und Polyglosie

Der Schreibprozeß ist für Fichte kein Unternehmen, das von einer ein für allemal abgesteckten Position immer wieder an verschiedenen Themen und Sachverhalten erprobt wird. Der Schreibende verändert sich schreibend, aber auch durch andere Erfahrungen. Und diese Veränderungen haben Rückwirkungen auf die Schreibpraxis. 1974 meint er dazu in einem Interview: »Ich möchte sehr deutlich die Veränderungen im Stil, in der Auffassung von Literatur, in der Kenntnis der Psychiatrie, Anthropologie und so weiter, [...] in die verschiedenen Romane einfließen lassen, so daß sich also zwei Entwicklungen dokumentieren: einmal die Geschilderte und einmal die des Schildernden.«[1]

Fichte betont aber andererseits die Kontinuität in seinem Werk. Die biographischen Veränderungen bewirken also nicht notwendigerweise Zäsuren und Verwerfungen in der Schreibweise, sondern ebenso eine Erweiterung, eine Akzentuierung oder einen bewußteren und konsequenteren Rekurs auf bestehende poetische Kalküle. Dies muß man vor Augen behalten, wenn man sich der Frage nach der Auswirkung der Beschäftigung mit der afroamerikanischen Kultur auf die Schreibpraxis Fichtes nähert.

Als er 1968 mit der Erkundung der afroamerikanischen Welt anfing, hatte Fichte durch seine Untersuchungen in der *Palette* und durch die Arbeit am Roman bereits Erfahrungen mit der Annäherung an eine fremde Welt und ihrer anschließenden Beschreibung gesammelt. Er thematisiert zwar den Prozeß der Annäherung, die Palette beschreibt er aber schließlich von innen: er schildert die Palette als gewordener Palettianer. Der Blick ist nicht distanziert. Die Distanz zwischen dem Beschriebenen und dem Text der Beschreibung ist vor allem durch die Gesetzmäßigkeit der Übersetzung einer

Erfahrung in Wörter bedingt. Erst in Brasilien, in Haiti, in Venezuela usw. prägen sich ihm die ethnographische Situation und die ethnographische Erfahrung auf als besondere und entscheidende Erlebnisse. Die Erlebnisse erweitern nicht nur das Feld der Stoffe und Themen seiner Bücher, sie schärfen auch sein Bewußtsein für fremdkulturelle Realitäten und Problematiken.

Der Roman, den Fichte nach seiner ersten Brasilienreise veröffentlicht, ist *Detlevs Imitationen*. Hier stellt er bewußt zwei Bewußtseinsebenen, d. h. die Manifestationen zweier verschiedener Mentalitäten, gegenüber. Das Diskrepante wird als ästhetisches Kalkül eingesetzt. Der Roman erhält somit eine dialogische oder polyphone Struktur. Auch wenn in diesem Roman der ethnographische Stoff kaum verwendet wird, möchte ich behaupten, daß sich hier schon eine Auswirkung der ethnographischen Erfahrung (wahrscheinlich unbewußt) manifestiert.

Die ethnographische Erfahrung ist ein dialogischer Prozeß par excellence: Zwei Bewußtseinsebenen stehen sich gegenüber. Der Ethnologe befragt die Informanten und versucht dadurch, Einblicke in ihre geistige und materielle Welt zu gewinnen. Die Informanten beantworten die Fragen und gewinnen in diesem Prozeß auch Einblicke in die Denkweise des Fragenden. Die Erkenntnisse des Informanten drücken sich in dem mimetischen Versuch aus, die Rolle zu spielen, die der Ethnologe von ihm erwartet, und somit seinen Wünschen, seinen Erwartungen zu entsprechen. Diese dialogische Struktur der ethnographischen Erfahrung wird in den anthropologischen Abhandlungen getilgt und in einen monologischen Diskurs überführt. Wenn Fichte dagegen die Fundierung der Wissenschaft und speziell der Anthropologie durch die Poesie fordert, so intendiert er u. a. die Darstellung der ethnographischen Erfahrung in ihrer tatsächlich erlebten Struktur.

Ausgehend von der Romantheorie Bachtins stellt die französische Semiotikerin Julia Kristeva fest, daß in dem wissenschaftlichen Diskurs, genau wie in anderen monologischen Diskursen, nämlich dem historischen und dem epischen, das Subjekt die Rolle von Gott übernimmt und sich ihm dadurch unterwirft.[2] Der in jedem Diskurs immanente Dialog wird unterdrückt. Durch poetische Mittel will Fichte diesen immanenten Dialog freilegen.

Über die ethnographische Situation hinaus, die Fichtes Bewußtsein für den Dialogismus jeder Erfahrung stärkt, erweist sich die untersuchte afroamerikanische Kultur als ein Beispiel für die gelungene Gegenüberstellung von unterschiedlichen Elementen, die nicht synchronisiert werden, sondern in ihrer Diskrepanz weiterbestehen, auch wenn sie synkretistisch integriert sind.

In *Versuch über die Pubertät* steht die vielzitierte Aussage: »Allmählich entwickelt sich in mir die Freiheit, das Diskrepante zu schreiben, das ich früher in der Lockstedter Einheitlichkeit sorgsam wegstrich; meine Niederlage fixieren, Sprünge, Widersprüche, das Unzusammenhängende nicht kitten, sondern Teile unverbunden nebeneinander bestehen, mit zwei falschen, übertriebenen Aussagen die Tatsachen anpeilen. [...]

Schichten statt Geschichten.« (*Pubertät*, 294).

Die ethnographische Erfahrung hat sicherlich die Entwicklung dieser Freiheit entscheidend mitbestimmt. Sein ständiges Bestreben nach einer Kongruenz zwischen Form und Inhalt mußte Fichte dazu bringen, die dialogische Struktur der Erfahrung in die Beschreibung dieser Erfahrung zu übernehmen.

Nach Bachtin entstand der Roman erst durch einen wichtigen Bruch in der europäischen Kulturgeschichte, nämlich die Überwindung einer sozial und kulturell abgekapselten semipatriarchalischen Gesellschaft und ihre Überführung in einen internationalen und interlingualen Kontext. Verschiedene Sprachen, Kulturen und Epochen wurden den Europäern zugänglich, und dies wurde zu einem entscheidenden Faktor für das Leben und das Denken. Im Gegensatz zur Epik, die die Gattung einer geschlossenen, auf sich bezogenen Kultur ist, ist der Roman die Gattung einer multikulturellen Welt, das Zeichen dafür, daß fremde Sprachen, fremde Kulturen wahrgenommen und rezipiert werden. Mit dem Begriff Polyglosie bezeichnet Bachtin dieses Phänomen der Multisprachlichkeit. Für ihn ist die Sprache, im Gegensatz zu modernen Linguisten, kein abstraktes Zeichensystem, sondern vor allem der Ausdruck eines Bewußtseins, einer Kultur. Multisprachlichkeit bedeutet also Multikulturalität und Dialog zwischen Kulturen. (Dialog innerhalb derselben Makrokultur zwischen Subkulturen und Dialog zwischen verschiedenen nationalen Kulturen.)

Der Roman, den Bachtin sich nur als polyphone Gattung vorstellt, ist der Ausdruck der Neugierde in einer multikulturell gewordenen Welt.[3]

Nach seiner Erfahrung der afroamerikanischen Kulturen entwickelt Fichte eine Literaturauffassung, deren Nähe zur Romantheorie Bachtins unverkennbar ist. In seinem 1980 verfaßten Rimbaud-Aufsatz stellt er bedauernd fest, daß die Dritte Welt für die europäische Literatur nicht stattfindet, und fragt sich, ob ein avantgardistischer Schriftsteller nicht danach beurteilt werden müsse, wie er sich mit den Grundbedingungen seiner Gesellschaft sprachlich auseinandersetzt: »Schon für das Frankreichs Rimbauds, noch immer für das Frankreich Rimbauds waren diese Grundbedingungen die Rohstoffe der dritten Welt.« (*HuL* I, 284) Frankreich ist hier nur ein Paradigma für die Industrienationen. In einem Interview, das Peter Laemmle 1980 mit ihm führte, meint er noch klarer: »Ich glaube, die Wirtschaft der Bundesrepublik zwingt uns, über die Herkunft von Rohstoffen, über Absatzmärkte und über Arbeitskraft nachzudenken und über die Auswirkungen unseres zweiten oder dritten Rokoko in der Dritten Welt. Transportation von Umweltverschmutzung, Auspowerung von Landstrichen, Verseuchung mit Abfällen von Atommüll und dergleichen.«[4]

Aufgrund der ökonomischen Verflechtungen und trotz oder gerade wegen der Asymmetrie in ihren Beziehungen zur Dritten Welt müßte eine Auseinandersetzung mit den Grundbedingungen in den Industrieländern notwendigerweise eine Auseinandersetzung mit der durch diese Länder in der Dritten Welt verursachten Situation implizieren. Für Fichte ist die moderne Welt multikultureller und multisprachlicher denn je, und er stellt sich eine avantgardistische Literatur vor allem als eine polyglotte Literatur vor. Die von ihm beanstandete Neugierdelosigkeit in der heutigen europäischen Literatur ist nicht nur ein ideologisches Defizit, sondern auch ein ästhetisches.

Die Kritik an der Ausklammerung der fremden Wirklichkeit, trotz anfänglicher Neugierde bei Hekataios und Herodot, bedarf einer Präzisierung. In den *Ketzerischen Bemerkungen für eine neue Wissenschaft vom Menschen* nennt Fichte immerhin vierzehn Autoren, in deren Werken er Beispiele einer multikulturellen Darstellung findet und in deren Tradition er seine eigene Schreibpraxis stellt. Unter diesen vierzehn Autoren sind allerdings nur zwei Deutsche. Von Georg Forster bis zu Hans Christoph Buch findet sich in Deutschland eine ungebrochene und intensive Tradition der Verwendung exotischer oder gar ethnographischer Stoffe zu literarischen Zwekken. Die meisten dieser Schriften, die manchmal selbst beobachtete, doch oft nur angelesene ethnographische Daten verarbeiten, gehören aber eher zur Trivial- bzw. Jugend- oder Kinderliteratur. Auch von der anspruchsvollen Reiseliteratur scheint Fichte sich zu distanzieren, wahrscheinlich aufgrund ihrer monologischen Struktur, der Synchronisation des Beobachteten mit der Perspektive des Bewußtseins des Reisenden. Bei der Bestimmung der Tradition, in die er sich selbst stellt, berücksichtigt Fichte also nicht nur die Verwendung eines Stoffes, sondern auch die Haltung diesem Stoff gegenüber und den Modus seiner schriftstellerischen Verarbeitung. Er verlangt: »Sich den Königshäusern des Kongo in der gleichen Haltung nähern wie Schiller Philipp dem Zweiten.« (*Petersilie*, 364)

Wenn er sich zur Tradition von Artaud, Defoe oder Döblin bekennt, so wird verständlich, welche Haltung hier verlangt wird. Das ethnographische Material wird bei diesen Autoren als Quelle einer anderen Lebensweise betrachtet, die größere und intensivere Entfaltungsmöglichkeiten für den Menschen bietet. Das Fremde wird mithin idealisiert (was immer eine Verfälschung durch Selbstprojektion impliziert) und als Alternative zum Europäischen behandelt. Fichte selbst hat sich zu lange mit der afroamerikanischen Kultur befaßt, um ihre Widersprüche nicht zu merken. Diese Widersprüche wirken ernüchternd, und so distanziert er sich von einer solchen Idealisierung, würdigt aber anscheinend in dieser Haltung die Tatsache, daß die Kultur der fremden Völker nicht schulterklopfend paternalistisch abgefertigt wird, sondern mit Respekt und sogar als Quelle der geistigen Bereicherung für den Beobachter betrachtet wird. Die Namen von Dos Passos, aber auch von Artaud und Döblin, markieren aber noch einen anderen Aspekt, nämlich die bewußte ästhetische Verarbeitung des Stoffes.

Wie realisiert Fichte die so gestellte Norm einer avantgardistischen Literatur, die sich mit einer multikulturellen Welt sprachlich auseinandersetzen soll, in der eigenen schriftstellerischen Praxis?

Nach eigenen Aussagen Fichtes sind *Xango, Petersilie, Lazarus und die Waschmaschine, Das Haus der Mina* usw. Vorstudien für sein großes Romanprojekt, nämlich die *Geschichte der Empfindlichkeit.*[5] Damit erweckt er den Eindruck, als wären sie etwas Vorläufiges, Nebensächliches und Unfertiges, die nur Zwischenstufen darstellen zu etwas Wichtigerem und Fertigerem. Diese scheinbar abwertende Bemerkung Fichtes soll aber nicht über die Bedeutung dieser Bücher hinwegtäuschen. Er beläßt sie ohne Genrebezeichnung und markiert somit ihren Unterschied zu den anderen Werken, die er Romane nennt. Sie sind aber durchaus Romane im Sinne Bachtins, d. h. Werke, die keine kanonischen generischen Züge aufweisen, sich sogar subversiv zu allen kanonischen Formen verhalten, und dadurch stets lebendig bleiben und offen für neue Wahrnehmungen und die Darstellung einer widersprüchlichen, sich noch formierenden Welt.

Auch wenn Fichte seine ethnopoetischen Feldstudien als Vorstudien zur *Geschichte der Empfindlichkeit* betrachtet, so ist doch festzustellen, daß außer *Explosion* und *Der Platz der Gehenkten* oder *Forschungsbericht*, die ethnographische Situationen zum Thema haben, die meisten fertiggestellten Romane vom Leben der Kunstfiguren Jäcki und Irma in der Bundesrepublik erzählen. Doch sind in diesen Romanen die Spuren der aus der Beschäftigung mit der afroamerikanischen Welt gewonnenen Erkenntnisse unverkennbar, am deutlichsten im Roman *Die Geschichte der Nanã.* Dieser Roman ergänzt in vieler Hinsicht den *Versuch über die Pubertät.* Bevor wir uns am Ende diesen beiden Romanen zuwenden, wollen wir zunächst die Probleme der ethnopoetischen Feldstudien analysieren.

Die genannten Bücher weisen eine vielschichtige dialogische Struktur auf. Sie organisieren einen Dialog unter den Informanten, zwischen Informanten und Zeitungsartikeln, zwischen beiden Quellen und eigenen Beobachtungen des Autors. Andererseits sind sie eine Auseinandersetzung zwischen den verschiedenen Ichs des Autors und den Anderen und zwischen seinen Ichs und dem Wir.

Der Dialog zwischen den Informanten ist ein inszenierter Dialog. Nur selten reproduziert Fichte tatsächliche Gespräche, d. h. eine unmittelbare und wechselseitige Kommunikation zwischen Personen. Die Aussagen von Informanten werden erst im Nachhinein zu einem Dialog montiert. Die Collage verfolgt verschiedene Strategien. Manchmal sollen sie durch das poetische Kalkül der Häufung die Intensität oder die Komplexität eines Erlebnisses demonstrieren. Sehr oft heben sich die Informationen durch ihre Konfrontation gegenseitig auf, weil sie sich widersprechen. Sie bilden dann ein Ideogramm der unterschiedlichen Bewußtseinsebenen zwischen den Informanten und der Verifikationsarbeit des Forschers, der die Wahrheit nicht unmittelbar aus dem Gesagten schließen kann, sondern sie erst rekonstruieren muß.

In der Regel sind die Aussagen der Informanten Antworten auf Fragen des Ethnographen. Die Fragen brauchen nicht ausdrücklich formuliert zu werden. Allein die Anwesenheit des Forschers kann die Informanten an ihre Rolle als Befragte erinnern und spontane Antworten auf vermutete Fragen provozieren. Manchmal rekonstruiert Fichte den Gesprächskontext und notiert sowohl Fragen als Antworten. Meistens aber klammert er den Gesprächskontext aus. Durch diese Ausklammerung verliert die Aussage ihre ursprüngliche illokutionäre Kraft des Beantwortens und Informierens, oder zumindest tritt diese in den Hintergrund. Die Sprechakte werden also zunächst auf quasi phatische Akte (Austin) oder propositionale Äußerungen (Searle) reduziert. Diese propositionalen Äußerungen können somit in einen anderen Sprechakt verwandelt werden mit einer anderen illokutionären Kraft (der des Zitierens). Aus den Aussagen werden also Zitate. Sie verlieren ihre ursprüngliche Intentionalität und integrieren sich in eine neue. Aus ihnen wird ein Material, das der Autor in einen neuen Zusammenhang einbaut und ihnen dadurch eine neue Aussagekraft verleiht. Dies gilt auch für den Zeitungsartikel u. ä. Im Zitieren manifestiert sich am klarsten die Ungleichheit zwischen dem Forscher und dem Informanten. Auf dem Feld ist der Informant der Lehrer, derjenige, der dem Forscher erklärt, was ist. Aber im Akt des Schreibens werden die Rollen umgekehrt: der Forscher verfügt über die Aussagen des Informanten nach seinem Ermessen. Die Auseinandersetzung ist hier einseitig, es gibt keine Möglichkeit der Rückkoppelung. Der Informant hat nicht die Möglichkeit, auf ein ironisierendes oder ein distanzierendes Zitat zu antworten. Die Montage von Aussagen ist ein Kommentar über die Aussage. Durch sie zeigt der Autor die Ergänzungsbedürftigkeit oder die Unzuverlässigkeit des Zitierten. Auch wenn Fichte die asymmetrische Beziehung zwischen anderen Anthropologen und ihren Informanten kritisiert, zeigen seine eigenen Schriften, daß diese Asymmetrie zwar in ihrer Bedeutung und Schärfe reduziert werden kann, dem ethnographischen Schreiben aber immanent bleibt.

Gewiß, das Zitat kann auch eine andere Funktion haben, nämlich aus der Perspektive der dargestellten Kultur informieren. Dies zeigt sich vor allem an den Lebensläufen, die Fichte montiert, zum Beispiel in *Lazarus* und in *Psyche*. Hier wird, wie der Anthropologe Radin anstrebt, »the inside view of their culture from their own lips and by their own initiative«[6] gezeigt. Im ersten Teil von *Lazarus* mit den Lebensläufen der Anthropologin, Wilma und der Eingeweihten Silbergarten versucht der Ethnograph, aus dem Text zu verschwinden, oder genauer, er versucht, nur die Rolle des Vermittlers zwischen den Figuren und dem Leser zu spielen, da er als Übersetzer im Text präsent bleibt. Durch die Titel (*»Die Anthropologin sagt:«*, *»Wilma sagt:«* [...]) wird die Illusion erzeugt, als sprächen die Betroffenen ohne die organisierende und deutende Intervention des Ethnographen. Im Grunde aber sind diese Äußerungen, die scheinbar spontan gemacht wurden, Reaktionen auf eine ethnographische Befragung. Sie wurden durch den Wunsch des Ethnographen hervorgerufen und verraten durch die Akzentuierung mancher Aspekte auch seine Forschungsinteressen. Die gedruckten Lebensläufe gehen auf Interviews zurück und wurden erst durch Fichte in ihre narrative Form gebracht. Außerdem wurden die Aussagen der Informantinnen unabhängig voneinander gemacht; im Buch werden sie aber zu einem Ganzen zusammengefügt. Sie treten so in einen Dialog zueinander, der nicht von den Betroffenen beabsichtigt war, aber von Fichte gezielt organisiert wird. Das Zitat ist also nur begrenzt eine direkte Aussage über eine Kultur durch Mitglieder dieser Kultur.

Diese Darstellungsform hat jedoch gegenüber dem klassischen ethnographischen Text einige Vorteile. Im Gegensatz zu den Wissenschaften, die mit schriftlichen Dokumenten arbeiten, muß der Ethnologe Sprachverhalten und gesellschaftliches Handeln analysieren, die nur flüchtig beobachtet werden können und sehr oft im Verschwinden begriffen sind. Sein Material ist also prekär und nicht immer überprüfbar. Durch das Zitat wird es möglich, das einmalige Dokument verfügbar zu machen, und somit dem Leser die relative Möglichkeit zu geben, die Analysen zu überprüfen und zu kritisieren.

Das ethnographische Schreiben bleibt aber gerade in dieser Form problematisch. Rituelle Worte wie Litaneien, Gesänge, Beschwörungen usw. sind performative Sprechakte im Austinschen Sinne. Wenn sie schriftlich fixiert werden, also außerhalb ihres gewöhnlichen Kontextes und Mediums gebraucht werden, dann verlieren sie ihren performativen Sinn und werden zu säkulären Aussagen, die eine andere Bedeutung erhalten. »In einer besonderen Weise«, so schreibt Austin, »sind performative Äußerungen unernst oder nichtig, wenn ein Schauspieler sie auf der Bühne tut, oder wenn sie in einem Gedicht vorkommen, oder wenn jemand sie zu sich selbst sagt. […]. Jede Äußerung kann diesen Szenenwechsel in gleicher Weise erleben. Unter solchen Umständen wird die Sprache auf ganz bestimmte, dabei verständliche und durchschaubare Weise unernst gebraucht, und zwar wird der gewöhnliche Gebrauch parasitärer Gebrauch. Das gehört zur Lehre von der Auszehrung der Sprache.«[7] Gerade dieses geschieht in der Verwendung von Aussagen von Informanten als Zitate, und vor allem in der schriftlichen Fixierung von rituellen Aussagen.

In *Xango* schreibt Fichte:

»Mein Problem:
Das ›Natürliche‹ der Aufklärung und das ›Widernatürliche‹ des Rituals.« (*Xango*, 248).

In diesen Zeilen drückt Fichte die Tatsache aus, daß er in der ethnographischen Forschung zwischen zwei entgegengesetzten Bewußtseinsebenen zu vermitteln hat. Auf der durch die Aufklärung geprägten Bewußtseinsebene wird das Religiöse aus seiner übernatürlichen, metaphysischen Bindung gelöst und in das Natürliche zurückgeführt. Die Wissenschaft und die Dichtung ist heute in Europa dieser säkularisierten Bewußtseinsebene verpflichtet. Auch Fichte betont seine Zugehörigkeit zu dieser Tradition. Das ethnographische Schreiben ist ein Akt der Säkularisierung des religiösen Sprachverhaltens.[8]

Diesen Akt der Säkularisierung will er aber nicht zu einem Ausdruck der Geringschätzung werden lassen, wie das meistens der Fall ist. Gerade in den ethnographischen Schriften wird, aus der Perspektive der Aufklärung, das religiöse Bewußtsein der außereuropäischen Völker als ein Ausdruck der Primitivität gedeutet und so vom religiösen Bewußtsein der Europäer unterschieden, das in seiner christlichen Ausprägung zwar ein falsches Bewußtsein darstellte, aber ein höheres, tieferes, komplexeres. Primitivität wird konnotiert mit nicht entwickelt, nicht gereift, oberflächlich und ontogenetisch mit dem kindlichen Zustand vergleichbar.

Fichte distanziert sich von solchen Einstellungen. In seinem Aufsatz über die *Ewe-Stämme von Jakob Spieth* lobt er die Tatsache, daß der Autor die Aussagen von ausgepichten Persönlichkeiten, die auf Ewe geäußert wurden, nicht in eine heuchlerische, anbiedernde Primitivität übersetzt, sondern in das Deutsch der Gebildeten. Eine solche Übersetzung trägt dem Faktum Rechnung, daß das Sprachverhalten ein gesellschaftliches Verhalten ist, das den sozialen Status des Sprechenden widerspiegelt. Eine Übersetzung, die diesen sozialen Status im Sprachverhalten wiedergeben will, muß auf den Soziolekt rekurrieren, der in der Zielsprache einen vergleichbaren Status verrät. Daher wird die Sprache der Würdenträger der Ewe in ein Deutsch der Gebildeten übersetzt. Eine Übersetzung in eine anbiedernde Primitivität wäre eine Geringschätzung des Sprechenden und der Aussage und zugleich eine ethnozentristische Verfälschung der dargestellten Kultur, da die Bedeutung und das Gewicht der Aussagen für die Mitglieder dieser Kultur dadurch nicht sichtbar wäre. Eine Übersetzung, die wie bei Jakob Spieth Parallelen zwischen den Soziolekten der Ausgangs- und der Zielkultur herstellt, bleibt aber dennoch problematisch, weil die Gefahr der ethnozentrischen Reduktion einer fremden Wirklichkeit auf eine bekannte besteht. Für Fichte scheint diese Gefahr ideologisch akzeptabler als die Reduktion der fremden Kultur auf eine phylogenetische Primitivität. Nach Fichte erreicht die Übersetzung Spieths etwas Doppeltes: »Einmal Takt, Verständnis, Klarheit der ethnologisch zu erfassenden Situation gegenüber, zum anderen zweifelt der Leser alle

Aussagen viel heftiger an, weil sie ihm ja in seinem eigenen Jargon angeboten werden; man fühlt sich auch in die Erzählung der toten Frau hinein und stellt sie ganz in Frage – der Text steht so in einer psychoanalytischen Perspektive, ohne der Realität und dem Leser Gewalt anzutun.« (*HuL I*, 297).

Auch Fichte scheint ein ähnliches Ziel erreichen zu wollen, aber er benützt nicht dieselben Mittel wie Spieth. Zwar werden die Suren des Korans in das, wie er meint, ›Lutherdeutsch‹ übersetzt, aber die Aussagen der Priester der synkretistischen Religionen werden nicht in eine auffallend christlich-klerikale deutsche Sprache übersetzt. Sie sind vielmehr in eine in kurze Sätze kleingehackte Fichtesche Sprache umgeschrieben; gleichzeitig behält er die Metaphorik und die Metonymie bei, sowie viele taxinomische Wörter der afroamerikanischen Kultur. Dadurch versucht er einerseits, der Realität keine Gewalt anzutun, und andererseits die Aussagen in einen Text zu überführen, der vom Leser in seinem religiösen Gehalt in Frage gestellt wird. Die Aussagen werden somit säkularisiert, ohne ihre ursprüngliche poetische Kraft und ohne ihre Bedeutung als komplexen Ausdruck eines Bewältigungsversuches der Realität einzubüßen.

Wenn Fichte in seiner Auseinandersetzung mit der Mentalität seiner Informanten das Spezifische seines eigenen Bewußtseins hervorhebt und sich dabei mit der Tradition der Aufklärung und der theoretischen Neugierde seiner Kultur identifiziert, so heißt dies aber nicht, daß er sein individuelles mit dem vermeintlich souveränen Subjekt des Diskurses gleichsetzt. Im Gegenteil. Gerade in seinen Werken über den afroamerikanischen Synkretismus ist er stets bemüht, seine Distanz zu verschiedenen Gruppen und Traditionen in der europäischen Kultur zu markieren. In diesem Sinn führt er seine Auseinandersetzungen nicht nur mit der traditionellen Ethnographie, sondern auch mit anderen Schriftstellern.

Aus dieser Analyse wird klar, daß die Interkulturalität, die in jeder ethnographischen Erfahrung impliziert ist, bei ihrer sprachlichen Verarbeitung in eine Intertextualität[9] übersetzt wird, die verschiedene Bewußtseinsebenen und Sprachschichten zueinander in Beziehung setzt, ohne sie durch ein transzendierendes Bewußtsein synchronisieren zu wollen. Daß die anscheinend so verschiedenen

Bewußtseinsebenen Berührungspunkte haben, stellt Fichte aber gleichwohl fest.

Die Schreibpraxis Fichtes fingiert also zweierlei:

1. Die mimetische Wiederholung des Erlebten. Schreiben wird als Trance inszeniert. Nicht der Autor spricht, sondern andere Personen benutzen seinen Mund, genau wie in den Trancen der afroamerikanischen Kulturen. Schreibend wird die Erfahrung der Trance-Riten also verdoppelt. Auch das Nicht-Verstandene kann auf diese Weise zum Ausdruck gebracht werden. Die Kongruenz von Erfahrung und ihre schriftliche Fixierung scheint perfekt. Der hermeneutische Prozeß des Verstehens wird anscheinend zugunsten einer Poetik der Erfahrung aufgehoben. Der Stoff scheint die Form zu bestimmen. Aber haben wir es hier wirklich mit einem poetischen coming out zu tun, d.h. einer reinen sprachlichen Übersetzung eines Stoffes in die Poesie der Darstellung? Dies anzunehmen hieße, daß der Stoff immer gegeben ist, d.h. auch unabhängig von einem Bewußtsein existiert. Der Stoff läge also nur in irgendeiner Dunkelheit und bräuchte nur erblickt zu werden. Phänomenologen und Erkenntnistheoretiker haben aber gezeigt, daß das Objekt der Erfahrung erst durch die Tätigkeit eines Bewußtseins konstruiert wird. Und diese Tätigkeit ist eine strukturierende, organisierende, sinngebende Beziehung zum Objekt. Der Stoff kann also die Form nicht bestimmen, weil er erst durch die Form gegeben ist. Vielleicht ist es die Stärke Fichtes, die Trance so zu simulieren, daß die Illusion entsteht, sie wäre echt. Im Grunde ist die mimetische Wiederholung des Erlebten aber eine fingierte Wiederholung, ein poetisches Kalkül. In seiner Ethnopoesie simuliert Fichte durch eine Konstruktion einen Dialogismus, der die ethnographische Erfahrung widerspiegeln soll. Seine Konstruktionen der Wirklichkeit sind also poetische Konstruktionen, d.h. die bewußte Arbeit eines poetischen Bewußtseins.
2. Die Schreibpraxis Fichtes simuliert nicht nur die mimetische Wiederholung des Erlebnisses, sondern auch die Bewegung der Annäherung. *Das Haus der Mina* und *Platz der Gehenkten* sind in dieser Hinsicht Paradigmen. Fichte vergleicht seinen Text

über den *Platz der Gehenkten* mit dem Koran und stellt fest: »Die Texte des Koran werden kürzer von Sure zu Sure. / Die Texte des *Platzes der Gehenkten* werden länger.« Der Gegensatz in der Struktur deutet auf einen Unterschied in den Absichten und in dem Selbstverständnis der Verfasser. Der Koran übermittelt eine heilige Botschaft, die von einem vollkommenen Wesen inspiriert wurde. Der *Platz der Gehenkten* ist dagegen ein Abbild des Prozesses der ethnographischen Erfahrung. Am Anfang stehen nur flüchtige Impressionen, unzusammenhängende Wahrnehmungen, die sich erst langsam zu sinnvollen Einheiten und gar zu vollständigen beschreibenden oder erzählenden Sequenzen zusammenfügen. Deswegen fängt die Rekonstruktion des Platzes mit einem Buchstaben an, vergrößert auf der folgenden Seite zu einem lakonischen Wort, das sich auch zu einer Nominalphrase und dann zu einem vollständigen Satz erweitert. Die Sätze fügen sich langsam zu einem längeren Text zusammen. Ähnlich geht es auch dem Ethnographen in einer fremden Kultur. Er nimmt zunächst Laute, Körperbewegungen wahr, die erst langsam als Zeichen identifiziert in einen Zusammenhang integriert und verstanden werden. Im *Platz der Gehenkten* gelangt der Reisende nur bis zur Rekonstruktion von kurzen Geschehnissen, übersichtliche Handlungen, die sich nicht zu einer Totalität summieren. Die Arbeit des Ethnographen besteht in der Regel darin, aus den identifizierten Mosaiksteinen ein kohärentes allgemeines Bild der erfahrenen Kultur zu bauen. Dabei geht die ethnographische Erfahrung in die wissenschaftliche Analyse über. Den Prozeß dieser wissenschaftlichen Analyse simuliert Fichte in *Das Haus der Mina in São Luiz de Maranhão*. Dieses Buch versucht, die Geschichte des ersten Kultortes der brasilianischen synkretistischen Religionen zu rekonstruieren. Fichte nähert sich dieser Aufgabe auf zwei Gleisen: Einerseits studiert er die schriftlichen Quellen, und andererseits sammelt er durch Interviews die mündlich überlieferten Informationen. Alle diese Quellen sind natürlich widersprüchlich, und Fichte muß das tun, was in einer wissenschaftlichen Arbeit getan wird, nämlich Quellenkritik durch ihre Konfrontation. Aber statt wie gewohnt nur das Ergebnis der Analyse zu liefern, zeichnet er vielmehr

> den Prozeß der Analyse nach. Er führt vor, wie analysiert wird. Das Buch ist also eine Collage von verschiedenen Dokumenten und Interviewfetzen, die so angeordnet sind, daß sie sich gegenseitig in Frage stellen, ergänzen oder bestätigen. Die Collage wird auf zwei Achsen komponiert, der temporalen und der thematischen. Die temporale verrät die Geschichte der Forschung und die thematische den Prozeß der Analyse. Das Material wurde offensichtlich gesammelt, um konkrete Punkte zu klären. Diese Punkte nennt Fichte »bestehende Kategorien«. Für *Casa das Mina* wird nach dem Muster der experimentellen Physik verfahren. Nicht das Ergebnis des Experiments wird geliefert, sondern die Phasen des Experiments, die die Glaubwürdigkeit der Ergebnisse garantieren sollen. Hier wird nicht allein eine Kongruenz zwischen Form und Inhalt angestrebt. Die Form selbst wird zum Inhalt. In diesen Versuchen, Erfahrungen und Prozesse poetisch zu simulieren, nähert sich Fichte dem mimetischen und analogischen Prinzip, das ihn in den Ideogrammen besonders fasziniert.

Die Romane *Versuch über die Pubertät* und *Die Geschichte der Nanã* repräsentieren dagegen eine andere Form der Darstellung von Interkulturalität. Nicht mehr die Darstellung einer ethnographischen Erfahrung steht hier im Mittelpunkt, sondern der Prozeß einer Ethnopsychoanalyse. Der ethnopsychoanalytische Prozeß ist nach Mario Erdheim jener Vorgang, der durch die Regelmäßigkeit der Gespräche in der ethnographischen Erfahrung in Gang gesetzt wird, und der dadurch charakterisiert ist, daß man sich mit der Vergangenheit in ihrem Bezug zur Gegenwart auseinandersetzt.[10] Diese Auseinandersetzung schärft die Selbstreflexion und die Selbstbeobachtung. Das Verstehen fremden Lebens wird nicht nur zu einem Teil des eigenen Lebens, sondern vollzieht sich auch unter fortwährendem Bezug auf die bisherige Erfahrung und drängt zur Erhellung mancher bis dahin verdrängter Momente der eigenen Vergangenheit. »Tauchen nun während der Feldforschung Situationen auf, die gerade diese verdrängten Anteile der Persönlichkeit des Forschers ansprechen, dann wird er unbewußt versuchen, solche Erfahrungen zu verleugnen (er nimmt sie dann einfach nicht wahr), ins

Gegenteil umzukehren (etwa als Ausdruck exotischer Freiheit), oder als barbarisch oder unzivilisiert zu entwerten. Andererseits wird der Ethnologe auch dazu neigen, das, was er nicht ist, aber gerne sein möchte, auf die fremde Kultur zu projizieren.«[11] Es kann nicht geleugnet werden, daß bei Fichte auch solche Vorgänge zu beobachten sind, aber es entstehen daraus auch ethnopsychoanalytische Prozesse, die sich u. a. dadurch ausdrücken, daß Phasen seines Lebens, durch die fremdkulturelle Erfahrung angeregt, einer intensiven Revision unterzogen werden. Sie werden dadurch in ein neues Licht gerückt und neu interpretiert.

In *Versuch über die Pubertät* untersucht Fichte die Pubertätszeit und ihre Einflüsse auf die Konstituierung seiner Persönlichkeit, während in *Die Geschichte der Nanã* die Rolle der Mutter für seinen Werdegang beleuchtet und kritisiert wird. Es ist kein Zufall, wenn gerade diese beiden Momente der Lebensgeschichte so eingehend untersucht werden. Sie repräsentieren nach Freud die wichtigsten Pole im Sozialisationsprozeß. So schreibt er in *Das Unbehagen in der Kultur*: »Wir haben bereits erraten, daß es eine der Hauptbestrebungen der Kultur ist, die Menschen zu großen Einheiten zusammenzuhalten. Die Familie will aber das Individuum nicht freigeben. Je inniger der Zusammenhalt der Familienmitglieder ist, desto mehr sind sie oft geneigt, sich von den anderen abzuschließen, desto schwieriger wird ihnen der Eintritt in den größeren Lebenskreis. Die phylogenetisch ältere, in der Kindheit allein bestehende Weise des Zusammenlebens wehrt sich, von der später erworbenen kulturellen abgelöst zu werden. Die Ablösung von der Familie wird für jeden Jugendlichen zu einer Aufgabe, bei deren Lösung ihn die Gesellschaft oft durch Pubertäts- und Aufnahmeriten unterstützt.«[12]

Im *Versuch über die Pubertät* wird die Ablösung von der Familie als vollzogene Tatsache stillschweigend angenommen. Der Roman setzt sich daher vor allem mit den Pubertätsriten auseinander. *Die Geschichte der Nanã* entlarvt diese Verharmlosung der Familie, und zwar besonders der Mutter, für die Konstituierung der Persönlichkeit der erzählenden Figur Jäcki als Verdrängung und unternimmt die lang versäumte Abrechnung mit der Mutter.

In beiden Fällen liefert die ethnopoetische Erfahrung sowohl den

Anlaß als auch die Kategorien der Auseinandersetzung. Nicht mehr zwei Kulturen werden hier konfrontiert, sondern die eigene Kultur aus der Perspektive der fremden neu gedeutet. Das Erlebnis der Multikulturalität löst einen Prozeß der Erinnerung und Sinngebung aus, der die Bahn des weiteren Lebens bestimmt. Die Persönlichkeit wird neu strukturiert. Aus der anfänglichen empathischen Übersetzung des Erlebten in schon Bekanntes ist eine Pendelbewegung zwischen den Kulturen entstanden, die zum entscheidenden Instrument des Erkennens wird. Das Leben hier und dort ist, wie Mario Erdheim schreibt, das Laboratorium, in welchem im ethnopsychoanalytischen Prozeß das Fremde und das Unbewußte verstanden werden.

Im *Versuch über die Pubertät* und in der *Geschichte der Nanã* werden die Interkulturalität und Intertextualität durch klare Markierungen signalisiert. Diese Markierungen sind Begriffe wie ›Ritus‹, ›Zauber‹, ›Verwandlung‹ oder Ausdrücke wie ›Göttin Nanã‹, ›Voudou‹, usw.; sie sind auch erzählte Szenen aus der fremden Kultur, die neben Szenen aus dem deutschen Kontext stehen, wodurch sich beide wechselseitig erhellen. Die Interkulturalität ist aber nicht immer durch Signale markiert. Sie zeigt sich auch in dem Erzählmodus, wie z. B. die Litanei, die Vorgänge im säkularisierten deutschen Kontext als Ritualisierungen sichtbar macht und dadurch eine Analogie mit der afroamerikanischen Kultur herstellt.

Die Darstellung der Polyphonie und Polyglosie einer multikulturellen Welt nimmt also bei Fichte verschiedene Formen an. Er war sich der Schwierigkeiten bei der Annäherung und Darstellung einer fremden Kultur bewußt. Als Schriftsteller konnte er aber nicht mit dem Diktum Wittgensteins kokettieren, wonach über das, worüber nicht geschrieben werden kann, man schweigen muß. Alle diese Formen sind Versuche, »zwischen dem Wittgenstein'schen Schweigen und der Sprache unserer Siegeranalysen und Siegersanthesen eine Sprache, in der die Bewegung sich abwechselnder und widersprechender Ansichten deutlich werden könnte [...]« (*Xango*, 119), zu erarbeiten.

Anmerkungen

1 Hubert Fichte im Gespräch mit Ekkehart Rudolph. Unveröffentlichte Sendung des Süddeutschen Rundfunks; gesendet am 8. Februar 1974 in der Reihe *Autoren im Studio*.

2 Vgl. Julia Kristeva: *Recherches pour une sémanalyse. Essais*, Paris 1969, S. 158f.

3 Vgl. Mikhail M. Bakhtin: *The Dialogic Imagination*, hrsg. v. M. Holquist, Austin, 1981. Darin vor allem: *Epic and Novel*, S. 3–40; *From the prehistory of Novelistic Discourse*, S. 41–83; *Discourse in the Novel*, S. 259–422.

4 Hubert Fichte im Gespräch mit Peter Laemmle. Unveröffentlichte Sendung des Norddeutschen Rundfunks. Zum ersten Mal gesendet am 28. Oktober 1980.

5 Vgl. Gisela Lindemann: *Zärtlichkeit ordnen, Notizen zur Planung und Entstehung der ›Geschichte der Empfindlichkeit‹*, in dem Heft des S. Fischer Verlages zur Ankündigung des Veröffentlichungsplanes der *Geschichte der Empfindlichkeit*.

6 Zit. nach Kevin Dwyer: *The Dialogic of Ethnology*. In: *Dialectical Anthropology* 4, 1979, S. 208.

7 John L. Austin: *Zur Theorie der Sprechakte*. Deutsche Bearbeitung von Eike von Savigny, Stuttgart 1972, S. 41f.

8 Vgl. auch die Analyse von Ronald Kay, die als Editorische Notiz in *Das Haus der Mina in São Luiz de Maranhão* erschienen ist (*Mina*, 391ff.).

9 Der Begriff Intertextualität wird in der Literaturwissenschaft in zwei verschiedenen, aber sich nicht ausschließenden Bedeutungen gebraucht. Der erweiterte Gebrauch geht auf Kristeva (*Recherches pour une Sémanalyse*) und Riffaterre zurück. Riffaterre definiert ihn wie folgt: »L'intertexte est la perception, par le lecteur, des rapports entre une œuvre et d'autres qui l'ont précédée ou suivie« (*La trace de l'intertexte*. In: *La pensée*, Okt. 1980). Die Intertextualität wird hier von der Perspektive des Lesers realisiert und setzt einen geschriebenen Text in Verbindung zu einem oder mehreren schon existierenden Texten. Der engere Gebrauch wurde von Genette bestimmt. Er reduziert die Intertextualität auf klar markierte Verweise auf einen oder mehrere Texte. Die Intertextualität wird also als bewußte Absicht des Autors verstanden. Julia Kristeva, die den Begriff in die literaturwissenschaftliche Diskussion einführte, entwickelte ihn aus dem dialogischen Prinzip bei Bachtin. Mein Gebrauch des Begriffs weicht von dem engeren und erweiterten Gebrauch ab und knüpft am Dialogischen Prinzip Bachtins an. Die Intertextualität ist also

die Konfrontation oder das Inbeziehungsetzen von verschiedenen Bewußtseinsebenen, also von verschiedenen Sprachschichten in einem Text.

10 Vgl. Mario Erdheim: *Die gesellschaftliche Produktion von Unbewußtheit. Eine Einführung in den ethnopsychoanalytischen Prozeß*, Frankfurt/M. 1984.

11 Ebd., S. 21.

12 Sigmund Freud: *Das Unbehagen in der Kultur*. In: GW XIV, S. 462f.

HANS-JÖRG CLEMENT

Poetischer Realist statt Ecrivain engagé

Anmerkungen zur Ethnologie bei Hubert Fichte

In seiner kleinen Schrift *Über den Dichter* erinnert sich Rainer Maria Rilke 1912, ein Jahr nach seiner Ägyptenreise, an den Steuermann, der eine Barke von Philae zu den Staudämmen geführt hatte. Der Text mag als Motto eines Plädoyers für den Poeten Hubert Fichte gelten, der bekannt hat: »Es gibt fuer den Dichter keine zweite Ausweichsprache außerhalb der poetischen – oder er luegt.« (*HuL I*, 191)

»In ihm kam der Antrieb unseres Fahrzeugs und die Gewalt dessen, was uns entgegenging, fortwährend zum Ausgleich, – von Zeit zu Zeit sammelte sich ein Überschuß: dann sang er. Das Schiff bewältigte den Widerstand; er aber, der Zauberer, verwandelte das, was nicht zu bewältigen war, in eine Folge langer schwebender Töne, die weder hierhin noch dorthin gehörten, und die jeder für sich in Anspruch nahm. Während seine Umgebung sich immer wieder mit dem greifbaren Nächsten einließ und es überwand, unterhielt seine Stimme die Beziehung zum Weitesten, knüpfte uns daran an, bis es uns zog.«[1]

Die von Rilke beschriebene Figur, in der er »[...] die Lage des Dichters, seinen Platz und seine Wirkung innerhalb der Zeit« zu erkennen glaubte, erhält ihre Signifikanz nicht durch die ausbalancierende und steuernde Wirkung, die Widerstände harmonisiert, um die Barke voranzutreiben.[2] Vielmehr ist es ein Singen, das sich weder der Kraft der Ruder noch des widerstrebenden Wassers zuordnen läßt, sondern einem gleichsam überhöhten Bereich verbunden ist – einem ›Überschuß‹, der durch den sich ihm anverwandten Gesang schließlich an-ziehende Wirkung ausübt. Diese hier umschriebene poetische Spezifik spiegelt sich in Hubert Fichtes Werk nicht nur wider, sondern darf als entscheidendes Movens seines Schreibens bewertet werden, das es genauer in den Blick zu nehmen gilt.

Wer diesen Versuch unternimmt, kämpft mit einer erheblichen Schwierigkeit. Bislang scheinen noch keine poetologischen Verfahrensweisen entwickelt, die diese poetische Spezifik tatsächlich exakt beschreiben und definieren könnten, um über das Aufzeigen von Parallelen und Abgrenzungen hinauszukommen. Insofern bleibt jede strukturanalytische Untersuchung, jede Um- und Beschreibung des Poetischen auch bei Hubert Fichte eine Annäherung. Nicht umsonst präsentiert sich Fichtes Romantheorie, die eine Antwort auf die poetische Frage zu geben versucht, als eine gestaltete Theorie: in der Form eines *Forschungsberichts*, der in der Gattung des Romans geschrieben ist. Es wird also eine Herausforderung und Aufgabe für die Forschung bleiben, den Teufelskreis zu durchbrechen, das poetische Moment nicht wiederum poetisch zu beschreiben – wenn es überhaupt möglich sein wird, die Unsagbarkeit des Poetischen zu überwinden.

Über die Person Hubert Fichtes ist viel gesagt, geschrieben und gemutmaßt worden; eine zweifelhafte Auszeichnung, die Fichte gerade mit solchen Autoren teilt, deren Werk nie aufmerksam gelesen wurde. Die von Fichte selbst ausgesprochene Forderung, »[…] die Literaturen Europas im Text zu verfolgen – von den Literaturen der dritten Welt gar nicht zu reden«, blieb unvernommen, der Dichter damit ignoriert. (*HuL I*, 248)

Die Perspektiven, aus denen Fichtes Œuvre betrachtet wurde und wird, haben sich darum seit den ersten Veröffentlichungen, spätestens aber seit der *Palette* nicht wirklich verändert. Erst in jüngster Zeit lassen sich Umorientierungen erkennen, für die vor allem Torsten Teichert steht. Einen Schwerpunkt, der bis heute wissenschaftliche Arbeiten und feuilletonistische Rezensionen zum umfassenden und disparaten Werk maßgeblich prägt, bildet das Thema ›Homosexualität‹. Die Aufmerksamkeit, die dem Autor an jener Stelle geschenkt wird, nährt sich primär aus einem biographischen, im schlimmsten Falle voyeuristischen Interesse, das sich – wird es verabsolutiert – im Bereich literarischer Kategorien und Debatten als unbrauchbar erweisen muß und zu einem beträchtlichen Maße dazu beiträgt, Fichte mißzuverstehen. Was eigentlich ist unter homosexueller und – dann ja auch – heterosexueller Literatur zu verstehen? Wird dieser Fixpunkt schließlich im Kontext vermeintlicher Schreibstrategien Fichtes diskutiert und bemüht, droht die Interpretation in ein Fahrwasser zu geraten, das am Autor, genauer: an dessen Literatur vorbeiführt. Fichte selbst hat gesagt: »[...] wenn ich eine Methode gefunden hätte, dann müßte ich sie schnell zerschlagen.«[3] Eine spezifisch homosexuell motivierte Schreibweise – wie auch immer diese dann zu definieren wäre – muß für Hubert Fichte abgelehnt werden.

Wenn in diesem Rahmen hingegen von der Erforschung fremder Kulturen die Rede ist, so vor allem deshalb, weil sich zeigt, daß Fichte in seiner Literatur viel mehr am Fremden als intentional am ›Ich‹ interessiert ist und damit der ›Ich‹-zentrierten Literatur, die gerade die siebziger Jahre bestimmte, den Rücken kehrt. Diese ethnologische Neugier am anderen begründet sich nicht allein inhaltlich, sondern erweist sich von dezidiert poetischer Relevanz. Zu entdecken bleibt darum der Poet Hubert Fichte. Jean-Paul Sartre hat treffend konstatiert, man sei nicht Schriftsteller, weil man gewählt habe, bestimmte Dinge zu sagen, sondern, weil man gewählt habe, sie auf bestimmte Weise zu sagen.[4] Genau diesen Anspruch stellt Hubert Fichte an sich selbst und an sein Schreiben: Die bestimmte Weise, das ist bei Fichte die poetische. In dem Band *Petersilie* heißt es darum: »Warum dürfen die Wissenschaften vom Menschen gerade das vernachlässigen, was den Menschen – wenn man vom Feuermachen absieht – vom Tier unterscheidet: die poetisch komponierte Aussage.« (*Petersilie*, 363) An dieser poetisch komponierten Aussage arbeitete Fichte bis zuletzt. Ihre ethnologische Dimension dokumentiert sich schon in den ersten Veröffentlichungen, gewinnt dann in den thematisch ethnologischen Schriften besondere Brisanz, um sich dem Leser in dem Roman *Forschungsbericht* endlich in ihrer ganzen Dialektik und poetischen Tragweite zu präsentieren.

Nachdem Hubert Fichte bis zum Beginn der siebziger Jahre seine ersten Erzählungen und Romane vorgelegt hatte und die Kritik – nach anfänglicher Irritation durch einen scheinbar provozierenden Duktus des Autors – Fichte in eine griffige Rubrik eingeordnet zu haben glaubte, überraschten die 1976, 1980 und 1985 vorgelegten Bände erneut: *Xango. Die afroamerikanischen Religionen*, die Fortsetzung *Petersilie* und schließlich die kleine Einführung in die afroamerikanische Kultur, *Lazarus und die Waschmaschine*. Die ersten beiden Bände wurden ergänzt durch die Fotografien von Leonore Mau. Auch für diesen Vorstoß des Hamburgers fand sich eine Kategorie, die nachhaltig von Helmut Heißenbüttel lanciert wurde und schnell durch unkritische Übernahme, aber auch durch die theoretische Ausarbeitung von Hans-Jürgen Heinrichs Eingang in die Sekundärliteratur fand: ›Ethnopoesie‹. Die Tatsache, daß sich der Terminus so schnell etablieren konnte und auch heute noch ganz selbstverständlich in den Rezensionen aufgegriffen wird, erweist sich dabei als nicht ungewöhnlich. Er scheint sich reibungslos in eine primär autobiographisch orientierte Interpretation des Œuvres von Hubert Fichte einzufügen, die sich – wie das erste Echo auf die *Geschichte der Empfindlichkeit* zeigt – beharrlich gibt. Zu unrecht und vor allem: zu Lasten des Schriftstellers.

Die Vereinnahmung Fichtes als engagierten Autor, der sich in seinen Romanen als Outcast zu erkennen gibt, verdeckt oder offen über Intimes spricht und in seinen thematisch ethnologischen Büchern nur biographische Recherche in fremden Kulturen betreibt und dabei noch seinen politischen An- und Einsichten Ausdruck verschafft, führt in Einseitigkeit, die dem Autor als Schriftsteller nicht gerecht wird, den Poeten ignoriert und damit zu einem allmählichen Desinteresse der Leser an der Literatur Hubert Fichtes beitragen muß. Sie verkennt die ›ars poetica‹, die selbst Sigmund Freud dem Schriftsteller als dessen spezifische Leistung zugestand, einen explizit poetischen Entwurf, der sich als eine Absage an ein empirisches Wirklichkeitsverständnis und an realistische, abbildende Literatur begreift. Nirgends nämlich spricht ein auktoriales ›Ich‹ mit der Stimme des Autors Hubert Fichte im Sinne der Autobiographie, um etwa dem Bild eines politischen écrivain engagé, der sogenannte realistische Literatur vorlegen möchte, zu entsprechen. Jäcki ist nicht Hubert Fichte und auch das Hubert-›Ich‹ sollte nicht als Lautsprecher Fichtes mißverstanden werden.

Darüber hinaus geht es in den ethnologisch-poetischen Schriften schließlich um mehr als um die bloße Entsprechung von Inhalt und Form, eine thematisch-formale Verschmelzung aus religiösem Synkretismus und textlicher Collage, eine ästhetische Adaption.

Dies allein würde Fichtes Intention verkürzen und ihn aus dem Kreise anderer Autoren nicht herausheben. Auch die Reduktion endlich auf eine Position, die besonders intensiv – weil poetisch – politische Wirklichkeit vermitteln möchte, wird Fichtes Ansatz nicht gerecht. Gerade in diesem Sinne ist Fichte kein politischer Autor. Es geht, wie er selbst gesagt hat, um »[...] mehr, als nur lyrisch oder poetisierend in Zusammenhänge zu führen«.[5]

Der poetische Entwurf, von dem gesprochen werden soll, gründet auf einem Wahrheitsverständnis, das schon die ersten drei ethnologischen Bände nicht als exotisch-modische Ausflüge im Zuge einer Voudou-Welle erscheinen läßt, sondern als Stationen einer konsequenten Entwicklung, die in ihrem Keim allerdings schon von Anfang an festgelegt ist. Angepeilt wird nicht die schrittweise Konstruktion einer Biographie, vielmehr läßt sich ein durchgängiges poetisches Interesse herauskristallisieren, das noch die kleinsten Strukturen der Literatur Fichtes bestimmt und sich schon im *Waisenhaus* manifestiert. Fichte hat betont, daß sich sein Schreiben seit den Anfängen nicht verändert habe, es sei immer »Hinwendung zur Welt« gewesen.[6] In dieser Hinwendung zur Welt zeigt Fichte das, was er an anderer Stelle mit der Umschreibung »poetische Ereignisse« markiert, und entwirft damit eine Poetik, die sich als eine ethnologische definiert und eine ganz eigene Antwort auf ein klassisches Problem der Weltliteratur und ihrer Geschichte – der Frage nach Wahrheit – formuliert.

Vor dem Hintergrund der Wissenschaftsgeschichte der Ethnologie knüpft Hubert Fichte an ein Verständnis an, das erst im 19. Jahrhundert und dessen kolonialem Imperialismus schwindet. Bis dahin nämlich begreift sich Ethnologie ausdrücklich als Anthropologie. Diese nähert sich dem Fremden zwar mit klaren Interessen, aber auch mit Achtung und Respekt. Der Fremde, der Primitive, gilt als gleichwertig, in der Literatur bis zur Mitte des 18. Jahrhunderts gar als ein Ideal, da der primitive Mensch noch authentisch und wahr scheint. Solange alle Kulturen als einander ebenbürtig, in derselben Natur und Vernunft gründend anerkannt werden, besagen die Erkenntnisse über die fremde Kultur auch immer etwas über die eigene: Rückschlüsse auf das ›Ich‹ also als Anthropologie, nicht als Autobiographie. Der Historismus aber macht aus der Wissenschaft

vom Menschen per se die Kunde der Völker, aus dem durchaus auch idealisierten Primitiven den minderwertigen Primitiven, der von der historisch-evolutionären Entwicklung überholt worden ist.[7] Die amerikanische Wissenschaft, die von dieser Geschichte abgekoppelt blieb, versteht die ›Cultural Anthropology‹, als einen Zweig der amerikanischen Anthropology, auch heute noch kulturrelativistisch, wertfrei, ganz im Sinne der frühen europäischen Anthropologie.[8]
An dieses grob skizzierte Wissenschaftsverständnis schließt Hubert Fichte an und führt doch weit darüber hinaus, wenn er von ›Dichterischer Ethnologie‹ oder ›Poetischer Anthropologie‹ spricht. Ethnographie, die aus der Feldforschung resultierende Beschreibung, scheitert für den Autor, weil die teilnehmende Beobachtung zum Scheitern verurteilt ist: 1981 beschließt Fichte den Versuch einer Kompilation der afrobrasilianischen Religion und läßt auch seinen Helden Jäcki 1980 im bis dahin noch nicht zur Publikation freigegebenen Roman *Forschungsbericht* wissen: »Forschung gescheitert.« (*Forschungsbericht*, 127) Die drei ethnologischen Bände – man darf sie, auch wenn sie nicht als solche konzipiert waren, als ethnologische Trilogie bezeichnen – werden gemäß Fichtes Editionsplan der *Geschichte der Empfindlichkeit* als Vorstudien begriffen, und das *Haus der Mina in São Luiz de Maranhão. Materialien zum Studium religiösen Verhaltens* erscheint nicht als selbständige Station im Hauptstrang des großen ›roman fleuve‹. Der prägende Grundzug aber, die Adhäsion von Ethnologie und Poesie, wird deutlicher, erhärtet sich. Dies führt gerade die zu dieser Zeit (1980) gesendete *Poetische Anthropologie* vor, die engagiert, teils polemisch die poetisch-ethnologische Fragestellung bei Arthur Rimbaud, Claude Lévi-Strauss und Jakob Spieth analysiert und für Fichtes Literatur- und Forschungsverständnis besonders aufschlußreich ist.
In diesen Portraits lenkt Fichte das Augenmerk wiederholt auf das Sprachverhalten der Autoren, das bei Rimbaud und Lévi-Strauss einerseits wertende Ignoranz enthüllt und damit eine Annäherung an potentielle Wahrheit verbaut, andererseits – ausgerechnet bei dem Missionar Jakob Spieth – von Respekt und Achtung zeugt. Das nur scheinbare Sachbuch Spieths über die Ewe-Stämme wird für Fichte zu einem poetischen Buch; durch vorsichtige, die eigene Optik zurückdrängende Sprache, eine Sprache, die ganz so von der

femden Kultur spricht, als spräche sie von der eigenen. Fichte bewundert Spieths »stupende Sprachbeherrschung«, die »Kenntnis angrenzender Gebiete« und die zeitlich ausgedehnte »Praxis der Erforschung«. (*HuL I*, 309–311) Damit entwickele Spieth – »ohne es zu wissen«, wie Fichte einräumt – eine poetische Anthropologie. (*HuL I*, 290)

In diesem Sinne fungiert auch die ethnologische Trilogie, die der moralischen Verpflichtung des frühen anthropologischen Selbstverständnisses entspricht. Sie bildet in der sich zunehmend poetisch sensibilisierenden Empfindlichkeit des Autors eine wichtige Etappe, nicht aber, wie man vermuten möchte, den Höhepunkt der poetischen Ethnologie. Dieser Teil des Œuvres, der nach dem *Waisenhaus*, der *Palette*, den *Imitationen* und dem *Versuch über die Pubertät* die Gattungsbezeichnung ›Roman‹ nicht mehr führt, präsentiert sich dem Leser als provozierende Assemblage diverser Genres. Über das *Waisenhaus* bis zum *Versuch über die Pubertät* hat Fichte sein ethnologisches Interesse – und auch das seiner Helden – weiterentwickelt. Fichte erzählt nun nicht mehr von einer Biographie, nicht mehr eine Ge-schichte, sondern zeigt Schichten auf; Schichten der Empfindlichkeit – auch der poetischen Empfindlichkeit des Autors. Während der Versuch des kleinen Forschers Detlev in der fremden Welt des katholischen Waisenhauses scheiterte, durch ein An-einanderfügen von Weltfragmenten eben Welt zu konstruieren – so wie es auch der Erzähler des Romans versuchte –, so trifft der Leser in der ethnologischen Trilogie nun auf in-einander gefügte Versatzstücke der Welt. Was der *Versuch über die Pubertät* schon ankündigte, wird jetzt besiegelt: die Absage an eine stringente Handlungsführung entlang der Geschichte einer Person.

Besonders deutlich wird dies an den drei Biographien des Bandes *Lazarus und die Waschmaschine*, den Lebenskurven der Anthropologin Madame C., der Novizin Wilma und Silbergartens, die aus Interviews entstanden sind und in denen sich kein Erzähler kommentierend und kein Autor informierend einschalten. Allein die Kontrastierung der unterschiedlichen, sich auch berührenden Leben bricht Oberflächenrealität auf und zeigt in der »Heftigkeit des Blicks« die Abhängigkeit der Wirklichkeit von je individueller Perspektivität. (*Lazarus*, 214)

In einer ausgeklügelten Textplanung, die den Rezipienten an die Erzählperspektive bindet, führt Fichte anschließend unauffällig durch mehrere Textsorten in zentrale Themenkomplexe ein, von denen das ›Zerbrechen des Bewußtseins‹ eine besondere Rolle spielt; Biographien, scheinbare Sachtexte, Erzählung, Appendix. Bewußt legt der Autor nicht das vor, was sich manche Kritiker zum besseren Verständnis der afroamerikanischen Kultur gewünscht haben: eine knappe und sachliche Einleitung in das Thema. Der Wunsch allein entlarvt das Mißverständnis. Gerade die Komposition macht trotz biographisch verbürgter Details deutlich, daß Fichte einen poetischen Text vorlegen möchte und aus diesem Grunde von einem erzählenden ›Ich‹ zu sprechen ist. In seinen *Ketzerischen Bemerkungen für eine neue Wissenschaft vom Menschen* erklärt Fichte: »Antinomien können nur poetisch ausgedrückt werden.« (*Petersilie*, 359) Auf diese Antinomien stößt der Schriftsteller gerade in der Welt des religiösen Synkretismus. Der Prozeß der dichterischen Arbeit und nicht zuletzt seine erkenntnistheoretischen Implikationen werden von dieser antinomischen Grundstruktur unmittelbar berührt. Das Statement »Mein Problem: Das ›Natürliche‹ der Aufklärung und das ›Widernatürliche‹ des Rituellen« spricht auch diese Erschwernis an. (*Xango*, 248)

Hubert Fichte versteht sich als Skeptiker und mißtraut positivistischer Ratio wie transzendentaler Sicht von vermeintlicher Wirklichkeit, Empirismus wie Sensualismus. In der poetischen Konstruktion überhöht er die antinomische Basis und deren unterschiedliche Realitäten. Die konventionellen Grenzen – Gottfried Benn sprach 1930 von dem Wissenschaftler als dem genuinen Gegenspieler des Dichters – werden von Fichte gesprengt. Dies geschieht nicht in einer die Verve der Aufklärung prägenden Synthese, sondern einer barock kontrastierenden Assemblage, die Perspektivenvielfalt garantiert, vorzeitige Identifikation und ausschließende Abgrenzung verhindert und doch, wie in den stärker erzählenden Passagen der Trilogie deutlich wird, den Leser erzählperspektivisch vereinnahmt.

Damit läßt sich in den drei ethnologischen Bänden eine Entscheidung ausmachen, die den poetischen Entwurf des ›roman fleuve‹ nachhaltig bestimmen wird und die Annäherung an das Fremde am

Ende nur noch in der Gattung des Romans möglich erscheinen läßt. Das Wissen um die Relativität jeglicher Wirklichkeit, um ihre perspektivische und temporale Bedingtheit, ihre Widersprüchlich- und Widerborstigkeit dem sich nähernden ›Forscher‹ gegenüber, wird die offene, sich auf Herodot rückbeziehende Schreibperspektive prägen. Handlungs- und Gedankenführung werden zunehmend ineinander verflochten und schließlich nicht mehr voneinander zu lösen sein. Das Erzählen selbst wird zur Bewußtseins- und Erlebnisform, die Fichte schon während des Erzählens problematisieren und vermitteln möchte. Sie wird allein durch die ethnologische Perspektive getragen, einer permanenten, neugierigen Annäherung, die ihren zweifelnden Gestus im Wissen um ihre Relativität nicht mehr verliert. Wie sehr vor dem Hintergrund eines solchen Unterfangens, das Autor und Leser gleichermaßen fordert, die eigentliche Handlung zurücktritt, zeigt sich im *Forschungsbericht*, in dem der Ethnologe und Schriftsteller – diese Doppelbezeichnung ist auch die Berufsbezeichnung Jäckis – Realität nur noch im Hinblick auf ihre sprachliche Umsetzung sondiert und damit freilich manipuliert. Vorgefundene Welt allein sagt noch nichts über das Sein der Welt aus. Sie wird vielmehr zum Material einer poetischen Annäherung, die das Sein im dichterischen Prozeß zu konstituieren versucht. »Dichterische Sprache (...) entsteht im Augenblick der Aussage neu, zusammen mit dem Gegenstand der Aussage selbst.« (*Petersilie*, 364)

So zeigt sich die Literatur Hubert Fichtes seit ihren Anfängen bestimmt durch einen Impetus des Aufbruchs und des Erkennens, welches nicht zu einer definitiven Theorie werden will. »Wenn ich mich zurechtfinden kann, möchte ich weg«, hat Fichte gesagt; und gleichsam als Motto seines großen ›roman fleuve‹: »Ich glaube uns kann nichts retten, es sei denn, der sorgsame Versuch, uns und andere kennenzulernen.«[9]

Damit sind entscheidende Momente der ethnologischen Weltumarmung Fichtes angesprochen, die längst auch etwas über das Verhältnis des Menschen zur und in der Welt aussagen und darum auch die poetische Ethnologie als eine Anthropologie definieren. Dieses vorsichtige Entdecken der fremden Kultur ist die primäre Triebkraft von Fichtes Literatur. Sie formt den poetischen Blick, prägt das Bewußtsein um die Relativität und Vorläufigkeit dessen, was wiedergegeben wird, und trägt zudem der Auffassung Rechnung, daß Worte »Verhaltensweisen« sind. (*Petersilie*, 359) Das Wort sagt immer auch etwas über den, der es spricht. Aus Wörtern werden Worte. Alles aber bleibt im Fluß; Sätze, Kapitel, Bücher, das ganze kühn angelegte Werk – ein Kontinuum von Aufbruch und Reise. Das Provisorium und das Fragment sind so nicht länger tragischer Zufall, sondern notwendige Entscheidung. Fichte – immer unterwegs. Dies gilt auch für seinen Helden Jäcki. »Ich wollte auch wohin. Ich wollte in die Welt«, sagt dieser im Roman *Hotel Garni*. (*Garni*, 10) Der Aufbruch nach dem Frühstück ist schon anvisiert, und auch für Jäcki gilt: Die Reise ist zielgerichtet. Ziel ist die Fremde und die fremde Kultur. Gerne läßt Hubert Fichte Erzählungen und Romane mit dieser gleichsam ›ansteigenden‹, weiter- und fortführenden Bewegung enden. Der Ruhepunkt bleibt aus; für den Erzähler, den Helden und den Leser.

In der Beurteilung seines Wahlverwandten Herodot verbindet Fichte diese Elemente: die Behutsamkeit, die Vorläufigkeit, die Inkohärenz. »Aber da ist nicht nur so etwas Anekdotisches, das mich mit ihm verbindet, sondern vor allem diese Behutsamkeit in der Annäherung an die Wirklichkeit.«[10] An dem antiken Ethnologen schätzt Fichte den zurückhaltenden, poetischen Blick. Herodots Forschungsbericht, *Histories apodexis*, gilt dem Autor als poetisches Werk, das souverän poetische und journalistische Formen ineinander aufgehen läßt. Das Geschichtsbuch des Griechen peilt vermeintliche Realität an: die griechisch-persischen Kriege. Wahrheit aber scheint erst dort auf, wo die Texte »(...) ins Poetische zurückgeholt« werden, wie Fichte in seinem Herodot-Essay erklärt. (*HuL I*, 393) Dies zeichnet den Ethnologen aus, und es ist dieses Moment, das Fichte umtreibt und seine Arbeit motiviert: der poetische, unausgesprochene Überschuß. Das poetische Verfahren kehrt die nur scheinbar realistische Vorgehensweise um, die an das Faktum glaubt, einen realen Kern, den es zu entschälen und zu analysieren gilt. Statt aber auf Wirklichkeit baut Fichte auf die Wahrhaftigkeit dieses unausgesprochenen Überschusses, den das poetische Werk mittels der Assemblage freizusetzen vermag und das damit die Wirklichkeit poetisch ›überholt‹.

Die Assemblage, die der von Fichte beschriebenen »poetisch-häufenden Komposition« nahekommt, enthält weit mehr Möglichkeiten als eine Text-Collage und widerspricht einer – dem Autor oft zugeschriebenen – sezierenden Beobachtung und Schreibweise.[11] Da Hubert Fichte eine sichere Basis, von der aus es sich gelassen betrachten und urteilen ließe und eine Analyse von Gegebenem möglich wäre, fehlt, holt er zu einer gegenläufigen Bewegung aus. Er nimmt nichts auseinander, dringt nicht etwa nach der Sicht eines Ganzen in die Details, sondern er sammelt, er fügt zusammen, verschichtet und verwirft – und dies im doppelten Sinne: Er nimmt zurück und häuft erneut, bis eine Verschichtung, eine Verwerfung entsteht. Nie aber erkennt der Leser ein geschlossenes Bild, ein Motiv, das sich nach einer bündigen Erklärung schließen würde. Es bleiben nicht nur Kanten, Brüche und unverkittete Lücken. Vielmehr bietet sich dem Leser eine mehrdimensionale, über sich hinausweisende Zusammenstellung, die selbst in Bewegung bleibt und auch den Leser in Bewegung hält. Fichte transportiert keine Erkenntnis, sondern den Prozeß des Erkennens. Dies ist auch der Grund, warum er trotz intensiver Forschungen keine im engen Sinne ethnologischen Ergebnisse vorzuweisen intendiert. Eine theoretische Verallgemeinerung der (ohnedies schon angezweifelten) ethnographischen Beschreibungen erscheint dem Poeten Hubert Fichte unmöglich.

Mit dem Postulat einer häufenden Komposition, die im Dienste des poetisch-ethnologischen Anliegens steht, stellt sich Fichte in eine Tradition, die den Roman seit seinen Anfängen beherrscht – nämlich das Verhältnis von Realität und Wahrheit, bzw. die Frage nach der Wahrhaftigkeit des Erzählens. Fichtes Faible für das Zeitalter des Barock ist spätestens seit seinem *Lesebuch* bekannt, und Eichendorffs 1857 ausgesprochenes Urteil, die Barockromane seien tollgewordene Realenzyklopädien, wirft auch ein Schlaglicht auf Fichtes Versuche, ein großes Lexikon der Riten zu erstellen. Nicht umsonst sprach Fichte 1985 in diesem Zusammenhang von Resignation.[12] Die Assemblage, die Fichte schon in den ethnologischen Versatzstücken zum Lexikon unabdingbar schien, deutet bereits an, daß Fichte sich erneut dem Roman zuwenden wird, um das ethnologische Anliegen voll zu entfalten. Mit dieser Entscheidung nimmt Fichte zum einen die Frage nach der Legitimation der Gattung wieder auf. Zum anderen knüpft er die Gattungsentscheidung an die Diskussion um den realistischen Gehalt von Literatur. Beide Komplexe sind in der Geschichte des Romans und seiner Theorien eng miteinander verbunden. Hubert Fichte nimmt einige wesentliche Fäden auf.

Friedrich Schlegel denkt in seinem *Brief über den Roman* im Jahre 1800 an eine Romantheorie, die – um ihrer Dialektik gerecht zu werden – selbst ein Roman sein müsse.[13] In dieser Romankonzeption spielt die Arabeske eine herausragende Rolle, die Schlegel als eine elementare Form und Artikulationsmöglichkeit der Poesie versteht. Zwar kommt in der Konzeption Schlegels dem Selbstbewußtsein und der Selbstreflexion des Autors herausragende Bedeutung zu, doch schlägt sich in der Arabeske, der Betonung des Witzes und des Grotesken das Bewußtsein nieder, daß in der Theorie (in der Form des Romans) die Differenz von Anspruch und literarischem Resultat vor allem dann berücksichtigt werden muß, wenn sie die nicht mehr erfahrene Synthese doch immerhin noch vorgeben will – ein Problem, das auch den Roman des sogenannten ›Poetischen Realismus‹ im 19. Jahrhundert beschäftigt. Es ist fast erstaunlich, daß sich Fichte erst so spät mit dem Klassiker des ›Poetischen Realismus‹, Theodor Fontane, der das Problem von Mimesis und Poiesis besonders aufschlußreich abhandelte, beschäftigt hat. Eigenwillig und mit genuinen Konsequenzen führt Fichte hier einen Strang weiter, der verkannt zu werden droht.

Spätestens mit Richard Brinkmanns Beitrag zur Diskussion um den realistischen Gehalt der Literatur des 19. Jahrhunderts hat sich herausgestellt, daß einer normativen Forderung nach Realitätsabbildung, etwa im Sinne von Georg Lukács, nicht nachgekommen werden kann. Wirklichkeit muß als solche erst interpretiert, durch einen Wahrnehmungsfilter wahr-genommen werden und wird darum endlich durch Erfahrung ver-mittelt. Demnach geht es um die poetische Konstituierung von Wirklichkeit. Fichte radikalisiert das Problem noch dadurch, daß er schon dem mißtraut, was erst subjektiv sondiert werden will. Die Assemblage ist dafür erstes Indiz, der am Ende vorgelegte Roman als Forschungsbericht ein Lösungsversuch.

Darüber hinaus erkennt Fichte, daß der Erzähler nicht mehr als legitimer Sinngeber von Wirklichkeit auftreten und auch Realität nicht mehr anschaulich in den Roman eingebracht werden kann. Der Romantiker Schlegel denkt an einen Roman, in dem Cervantes und Shakespeare miteinander sprechen. Fichte schreibt einen Roman – den *Forschungsbericht* –, in dem der Held, der als Erzähler den vorliegenden Roman ja erst noch schreiben wird, eine Zusammenkunft von Sophokles und Herodot, einen Umzug, bei welchem Sartre, Freud und andere teilnehmen, imaginiert. Im Unterschied zu Schlegel liegt für Fichte der Sinn der Poesie nicht in der Verwandtschaft mit der Sensibilität des Dichters für Weissagung, aber doch darin, das, was poetische – und deshalb mehr als faktische – Wahrheit sein könnte, annähernd, nämlich reisend zu formulieren und schon in der Formulierung die Widersprüchlichkeit transparent werden zu lassen.

Wie Fichtes Konsequenzen aus der so beschriebenen Lage des Dichters aussehen, dokumentiert in all seinen Verstrickungen der Roman *Forschungsbericht*, der bewußt in den hinteren Teil der *Geschichte der Empfindlichkeit* plaziert ist. Fichtes Sprache halluziniert hier keine potentielle Wirklichkeit, er entwirft auch nicht mehr Projektionen im Kinostil Einsteins oder des frühen Döblin und baut auch nicht auf eine flankierende Wirkung der epischen Haltung, die sinngebend fungiert. Der *Forschungsbericht*, der ein Roman ist – die Gattungsbezeichnung entwickelt sich damit zu einem Teil des Titels – wird zum Paradigma der Fichteschen Dialektik und erweist sich als quasi ›vorläufige‹, weil am Ende wieder zu verwerfende Klimax, die Fichtes Sprachgefühl und Sprachverständnis meisterhaft dokumentiert. Der Bericht einer Forschung in Dangriga scheitert als Bericht. Jäcki und Irma werden nicht einmal mehr über eine einzige Zeremonie berichten können. Dieses Scheitern aber ist konstitutiv für den Roman und seine poetische Wahrhaftigkeit. Weil der Forschungsbericht in seiner Form als Bericht scheitert, wird er ein Roman. Mit diesem Roman zeigt Fichte, wie problematisch das Vorgeben einer Fabel – der fadentechnisch simulierte Ablauf von elf Tagen – und das Vorhaben einer panoramatischen oder auch nur auf das Detail zielenden Erfassung von Wirklichkeit ist. Des Helden Alptraum, Wirklichkeit zu sondieren, läßt Fichte durch akribische

Entwicklung eines hypothetischen Erzählstils zum Interpretationsdilemma des Lesers eskalieren, indem er Erzähl- und Perspektivfigur aneinander fesselt. Erst im entstehenden poetischen Bild des beobachteten Bildes kann Wahrhaftigkeit sichtbar werden. Das Werk proklamiert keine Wahrheit, sondern verweist auf diese und über sich hinaus. Jäcki wird einen Roman schreiben, der den Titel *Forschungsbericht* tragen darf und den Fichte schon geschrieben und der Leser schon gelesen hat.

Der *Forschungsbericht* ist damit zu einem Parameter einer poetischen Ethnologie geworden, die einen engagierten Realismus für obsolet erklärt. Der Ethnologe und Schriftsteller Jäcki wird einen Roman als ›Bericht‹ vorlegen, der ›écrivain engagé‹ aber – von Fichte im Roman konterkariert –, der mit dem Privatjet des gestürzten Somoza nach Nicaragua fliegt, der Lächerlichkeit preisgegeben. Formal und inhaltlich legt Fichte mit diesem Roman ein Bekenntnis ab. Der *Forschungsbericht* darf als gestaltete Romantheorie Hubert Fichtes gelten.

Am Ende des *Forschungsberichts* begegnet sie dem Leser wieder: die aufsteigende, nach vorne verweisende Bewegung. Jäcki und Irma brechen auf, das nächste Ziel schon im Auge. Die Annäherung eines neu zu verstehenden poetischen ›Realisten‹ an das Fremde findet kein Ende, und diese Annäherung allein kann etwas über das Sein sagen. »Der ganze Roman faßt sich selbst unten an die Seite und blättert um«, schreibt Fichte im Editionsplan und signalisiert damit: Die nächste Station, neue Verwandlungen und Anverwandlungen warten schon.[14] Fichtes Grabspruch entstammt den *Katharmoi* des Empedokles, der im *Forschungsbericht* eine Schlüsselstellung zugeteilt bekommt. Der Vers »Schon irgendeinmal nämlich war ich Knabe und Mädchen und Baum und Raubvogel und auch Salzwasser (...) ein stummer Fisch« gibt nicht nur die Quelle für den ursprünglich von Jäcki geplanten Romantitel des Forschungsberichts ab, sondern verweist auf die große Reisebewegung und (An-) Verwandlungsbewegung des Empedokles, der wußte: Nur die Welt als ganze ist als das Sein zu verstehen, in der Umarmung der Weltkugel erst wird es erlangt, erkennend begriffen.

Ziel bleibt also die Welt, der andere, draußen. »Forschung. Aufdekken. Es ist ein zerstörerischer Reflex«, erklärt Fichte. (*HuL I*, 383)

Zerstörerisch muß dieser Reflex gerade deshalb wirken, weil im großen ›roman fleuve‹ mit Empfindlichkeit auch die Empfindlichkeit des Erzählers gemeint ist: »Reisen ist Wissen.« (*HuL I*, 383) Dieses Wissen nämlich ist ein Wissen um die Bedingtheit jeglicher Forschung und zugleich ein Wissen um die einzige Möglichkeit, die Relativität auszuhalten: in der ethnologischen Annäherung an die Welt, im Sinne eines neuen, nämlich poetischen Forschungsverständnisses.[15] Wenn der zerstörerische Reflex auch Wirklichkeiten auflöst, so konstituiert er damit Wahrheit. Fichte wußte: »Ohne ihn höre ich auf zu existieren« – und umreißt so sein Selbstverständnis als Erzähler. (*HuL I*, 383) Geschichten lassen sich unter solchen Bedingungen schlecht erzählen, und so erweist sich das Werk Fichtes als eine große Assemblage aus Schichten der poetischen Empfindlichkeit ihres Autors.

Fichtes Sprache, seine Texte sind von so ausgeprägter Präzision, daß uns eine mehr beschreibende als deutende Lektüre gut anstünde. Philologie und Literatentum entstanden mit den Sophisten, die bezeichnenderweise die Dichtung selbst, die erziehende Wirkung des Originals zurückdrängten. Die Wiederentdeckung eines Ethos und eines Gehalts von Dichtung wird gerade durch die Lektüre des Skeptikers Hubert Fichte ermöglicht. Fichte fordert in seinem Rimbaud-Essay, die Literaturen im Text zu verfolgen – so darf er im doppelten Sinn beim Wort genommen werden. Der Leser trifft dann auf das, was Fichte bei Senghor so umschreibt: »Es gibt im Poetischen eine Ethik, die sich bis auf den Satz, bis auf jedes Wort erstreckt.«[16] Bei Fichte ist dies die Ethik des poetischen Ethnologen.

Anmerkungen

1 Rainer Maria Rilke: *Über den Dichter*. In: R. M. Rilke: *Werke*, Bd. 6, Frankfurt/M. 1980, S. 554.

2 Ebd.

3 Peter Laemmle: *Peter Laemmle im Gespräch mit Hubert Fichte. Ich weiß nicht was uns noch retten kann*, Interview des NDR vom 28. 8. 1980.

4 Jean-Paul Sartre: *Was ist Literatur?* In: J.-P. S.: *Gesammelte Werke*, Bd. 2, Reinbek bei Hamburg 1986, (Paris 1948), S. 28.

5 Peter Laemmle: *Peter Laemmle im Gespräch mit Hubert Fichte. Ich weiß nicht was uns noch retten kann*, Interview des NDR vom 28.8.1980.

6 Ebd.

7 Gérard Leclerc: *Anthropologie und Kolonialismus*, München 1973, S. 14 u. S. 163.

8 So etwa Frank Robert Vivelo: *Handbuch der Kulturanthropologie. Eine grundlegende Einführung*, hrsg. v. Justin Stagl, Stuttgart 1981.

9 Peter Laemmle: *Peter Laemmle im Gespräch mit Hubert Fichte. Ich weiß nicht was uns noch retten kann*, Interview des NDR vom 28.8.1980.

10 Gisela Lerch/Claus-Hinrich Bielefeld: *Gisela Lerch u. Claus-Hinrich Bielefeld im Gespräch mit Hubert Fichte. ›Freiheit kann ja nur Ritenlosigkeit bedeuten‹*. In: *Frankfurter Rundschau*, 23.3.1985.

11 Peter Laemmle: *Peter Laemmle im Gespräch mit Hubert Fichte. Ich weiß nicht, was uns noch retten kann*, Interview des NDR vom 28.8.1980.

12 Gisela Lerch/Claus-Hinrich Bielefeld: *Gisela Lerch u. Claus-Hinrich Bielefeld im Gespräch mit Hubert Fichte. ›Freiheit kann ja nur Ritenlosigkeit bedeuten.‹* In: *Frankfurter Rundschau*, 23.3.1985.

13 Siehe etwa in: Otto F. Best u. Hans-Jürgen Schmitt (Hg.): *Romantik I*, Stuttgart 1974, S. 244–246 u. S. 248–253.

14 Ludwig Arnold (Hg.): *Text und Kritik* Nr. 72. *Hubert Fichte*, München 1981, S. 9.

15 Siehe Hans-Jörg Clement: *Schichten der Empfindlichkeit*, Bonn 1989.

16 Hubert Fichte: *Hubert Fichte im Gespräch mit Léopold Sédar Senghor. Politik aus der Seele*. In: Die Zeit Nr. 46, 1976, S. 48.

REINOLD WERNER

Möglichkeiten und Unmöglichkeiten einer (Auto-)Biographie

> »Der Mensch kann nicht ohne Rechtfertigung leben und er findet in seinem Bewußtsein immer die Mittel und die Möglichkeit, sich vor sich selbst zu rechtfertigen.«
>
> *Jean Genet im Gespräch mit Hubert Fichte*

In ihrer editorischen Notiz zu Fichtes Roman *Forschungsbericht* schreibt Gisela Lindemann: »Wie in allen bisher erschienenen Bänden der ›Geschichte der Empfindlichkeit‹ [...] beschränkte sich die editorische Arbeit [...] auch bei diesem Band auf einige wenige orthographische und Interpunktionskorrekturen und die Reduktion der Anführungszeichen, die der Autor in allen seinen Büchern wo irgend möglich vermieden, in diesem Typoskript aber in ungewöhnlicher Häufung verwendet hat, auf das unverzichtbare Minimum.« (*Forschungsbericht*, 157) Hat Fichte mit der Einführung von Anführungszeichen in seinen *Forschungsbericht* ein Zeichen setzen wollen, das über seine konventionelle Markierungsfunktion im allgemeinen Schriftverkehr hinausweist? Oder – anders gefragt: ist der Verbannungsgeste, dem unbedingten Vermeiden von Anführungszeichen, eine Bedeutung zuzumessen? Wenn ja, welche und welche Möglichkeit ihrer Erschließung bietet sich an?

Die unmittelbare Aussageebene ist von der Anwesenheit oder Abwesenheit von Anführungszeichen nicht betroffen. Dennoch hat Fichte sie vermieden und damit einen signifikanten Akt begangen, dessen ganze Bedeutung ihm selber vielleicht nicht bewußt war. Man kann davon ausgehen, daß solche Blindstellen in jeder gegebenen Praxis, auch in der Textpraxis, unvermeidlich, wenn auch aufspürbar sind, insofern menschliche Praxis notwendigerweise sprachlich vermittelt ist. Der Ort, von dem aus jemand spricht, schreibt oder handelt und der kein gänzlich verfügbarer ist, sondern ein im weitesten Sinne begehrender und interessierter, verbirgt dem subjektiven Bewußsein einen Teil des Beweggrundes, der ihn sprechen, schreiben oder handeln läßt. Die Psychoanalyse hat diesen Ort als das Unbewußte identifiziert. Auf sie gehen die folgenden Ausführungen nur insoweit ein, als individualgeschichtliche Aspekte, die immer schon familienstrukturale Aspekte einschließen, das Thema der möglichen bzw. unmöglichen Autobiographie berühren.

Ansonsten werden theoretische Prämissen ins Feld geführt, die eher einer linguistischen Kulturanthropologie und Kultursemiotik verpflichtet sind. Ziel ist, Fichtes umfangreiches Werk, das als eine Textgeschichte, also als offene Einheit begriffen wird, im Lichte biographischer Vorgaben zu sehen, die immer auch kulturelle Vorgaben sind und als solche vom textenden Subjekt auf der Aussageebene bekräftigt, bestritten oder aber verschwiegen werden. In eine solchermaßen gefaßte Optik, deren Blick auf die *Geschichte der Empfindlichkeit* gerichtet ist, werden an hervorragender, weil symptomatischer Stelle, die ganz bestimmten ästhetischen, poetischen und textstrategischen Ausprägungen des Fichteschen Œuvres miteinbezogen. Sein Werk wird damit in das Licht einer anderen neuen Kohärenz gestellt, die den Blick auf die »Logik *hinter* dem Bewußtsein« (Hegel) lenkt, einen Ausblick, den die unmittelbare Aussageebene eher verstellt.

Was unter diesen Voraussetzungen ans Licht kommt, wirft zwangsläufig Schatten auf die expliziten Absichtserklärungen des Textsubjekts, das sich seiner selbst im Entwurf eines Œuvres, einer *Geschichte der Empfindlichkeit* vergewissern wollte. Nicht daß das Lautere der erklärten Absichten durch diese Schatten in Frage gestellt würde – vielleicht war kein deutscher Nachkriegsautor lauterer als Hubert Fichte –, wohl aber drücken die Schatten dieser Textgeschichte einen Stempel auf, der in der Frage münden könnte: was konnte oder was mußte einen westdeutschen, halb-jüdisch-halb-christlichen, halb-heterosexuell-halb-homosexuellen Autor in das Abenteuer eines Ganzheitentwurfes katapultieren?

Es gibt in unserer Kultur der späten Moderne Tendenzen, die auf eine gewisse Müdigkeit an der Erblast dualistisch unterhaltener

Denk- und Ordnungssysteme und ihrer manichäistischen Verlängerungen schließen lassen – Systeme, die sich allesamt der Tradition eines hypostasierten und in der Folge verdoppelten oder gespaltenen oder gespiegelten oder verworfenen Eins verdanken. Die angesprochene Müdigkeit bildet Symptome in allen möglichen Bereichen aus: in der Weltpolitik gehört das Blockdenken schon der Vergangenheit an; in der Psychiatrie wird als eine qualitativ völlig neue Abart der Schizophrenie das Krankheitssymptom des Multiple Personality Disorder, kurz MPD-Syndrom genannt, diagnostiziert; den Naturwissenschaften werden neue Dimensionen durch die fraktale Mathematik eröffnet.

Die sicher vielfältigen und komplexen Gründe für dieses Phänomen, das auf jeden Fall eine Krise des Monotheismus im Okzident zum Ausdruck bringt, sollen hier natürlich nicht erörtert werden. Es handelt sich lediglich darum, die Textgeschichte Hubert Fichtes unter den Vorzeichen dieses kulturellen Phänomens zu sehen. Sie stellt eine Lebensgeschichte unter vielen dar, allerdings eine äußerst signifikante; aus ihrer Bewegung von einem gespaltenen Einen auf eine Vielheit zu läßt sich der Spielraum ablesen, in dem ein intentional schreibendes, sich entwerfendes und organisierendes Subjekt trotz aller Transgressionen von historischen und kulturellen Vorgaben sozusagen in Schach gehalten wird, in dem die Autobiographie als Biographie mitgeschrieben wird, in dem also ein Spannungsverhältnis zwischen Individuum als Geschichte und seiner Schichtung durch die Geschichte besteht, dessen Dynamik aufgezeigt werden soll.

Roman Jakobson hat mit Nachdruck auf die zwei grundlegenden Operationen bei der Erzeugung von Sprech- bzw. Sprachakten hingewiesen, nämlich auf die der Kombination sprachlicher Einheiten, d. h. der Kontextbildung auf der sogenannten syntagmatischen Achse einerseits und auf die der Selektion bzw. Substitutuion von Wörtern auf der sogenannten paradigmatischen Achse. Jakobson schreibt über diese fundamentalen Operationen: »Bei normaler Sprechtätigkeit sind beide Prozesse ständig in Aktion, aber eine aufmerksame Beobachtung wird zeigen, daß unter Einfluß von Kultur, Persönlichkeit und Stil einem dieser beiden Prozesse ein gewisser Vorzug gegeben wird.«[1] Jakobson betont ausdrücklich: »Das Vorhandensein des einen oder anderen dieser beiden Prozesse ist keineswegs auf die Wortkunst beschränkt. [...] Die hier behandelte Dichotomie scheint von erstrangiger Bedeutung und Konsequenz für das gesamte sprachliche Verhalten und das menschliche Verhalten im allgemeinen zu sein.«[2]

Explizit heißt es über diese Dichotomie: »Jedes sprachliche Zeichen gehört zwei verschiedenen Systemanordnungen an: 1. KOMBINATION. Jedes Zeichen ist aus konstituierenden Zeichen zusammengesetzt bzw. kommt nur in Kombination mit anderen Zeichen vor. Das heißt, daß jede sprachliche Einheit zugleich als Kontext für einfachere Einheiten dient bzw. ihren eigenen Kontext in einer komplizierteren sprachlichen Einheit findet. Somit vereinigt also jede Gruppe von linguistischen Einheiten diese Einheiten zu einer höheren Einheit: Kombination und Kontextbildung sind zwei Erscheinungsformen derselben Operation. – 2. SELEKTION (Auswahl, Entscheidung). Eine Entscheidung zwischen zwei Möglichkeiten setzt voraus, daß die eine Möglichkeit für eine andere, welche der ersten in einer Hinsicht gleichwertig und in einer anderen Hinsicht nicht gleichwertig ist, eingesetzt werden kann. Selektion und Substitution sind zwei Erscheinungsformen derselben Operation.«[3]

Wenn die sprachlichen Einheiten im Lichte der ersten, der kombinierenden Operation in einem Verhältnis der Kontiguität zueinander stehen, so unterhalten sie im Lichte der zweiten, der substituierenden Operation ein Verhältnis der Similarität. Den ersten Weg bezeichnet Jakobson als den »metonymischen«, den zweiten als den »metaphorischen«, da »diese Wege durch die Metapher bzw. die Metonymie am besten zum Ausdruck kommen.«[4]

Die Psychoanalyse ihrerseits hat zur Erhellung unbewußter Vorgänge den metaphorischen Weg als ›Verdichtung‹, den metonymischen als ›Verschiebung‹ in ihr Begriffsvokabular aufgenommen. So würde jede Symptombildung, aber auch jede Traumbildung, die Verdichtung verschiedener, durchaus heterogener Elemente sein: Eines würde für Vieles stehen und dieses Vieles repräsentieren. Gleichzeitig aber läßt sich unter dem Gesichtspunkt der Substitution, des Ersetzens des Einen durch ein gleichwertiges Anderes, ähnlich der metaphorischen Logik, eine Austauschbarkeit zwischen zwei gleichen Größen begreifen, die zwar nie dasselbe sind, aber aufgrund eines gemeinsamen Zuges Repräsentanten derselben Vorstellung sein können. Die Verschiebung ihrerseits, längs der syntagmatischen Achse, meint in der Psychoanalyse das Gleiten von einer Assoziation zur anderen, wobei sich die Besetzungsenergien jeweils verlagern und Bahnungen entstehen. Unter dem Gesichtspunkt der Kontextbildung und Kombinatorik, also unter einem eher numerischen Blickwinkel, wäre die Verschiebung der offene, tendenziell nie abgeschlossene Weg der Erweiterung und Vervielfachung des Einen.

Trägt man diesen fundamentalen, signifikanten Vorgängen als textkonstituierenden Rechnung, so artikuliert sich Fichtes Textgeschichte in ihnen und durch sie hindurch, und er selbst, sein Selbst, geht als eine symbolische Größe unter anderen in die Textur seiner Geschichte mit ein. Die Verschiedenheit literarischer Gattungen, textueller Formen in seinem Werk, die virtuelle Widersprüchlichkeit, welche durch die Vielzahl seiner Texte hindurchscheint, sich in diesem oder jenem Werk auch offen manifestiert, wird zusammengehalten durch das eine Individuum Hubert Fichte, das die Erfahrung einer existentiellen Teilbarkeit machen mußte (Hans Henny Jahnn hatte ihn zu einem traumatischen »fifty-fifty« verdonnert) und sich bekenntnisreich in der Vielfalt versucht, mitgeteilt und dargestellt hat. Monolog, Dialog und Polylog stellten in seinem Werk unterschiedliche Ausrichtungen dar in dem Maße, wie sie unterschiedliche, doch aufeinander bezogene Funktionsträger seiner Textgeschichte sind, in der die Mitteilungsfunktion nur eine unter anderen Funktionen ist.

So gesehen läßt sich die Logik des Monologs ausgerechnet, doch nicht nur, in den Interviews orten, die Fichte geführt hat. Aufschlußreich in diesem Sinne ist eine Auskunft, die Fichte im Abschnitt 77 in *Der kleine Hauptbahnhof oder Lob des Strichs* gibt. Es heißt dort:

»– Beim Interviewen gibt es ein Moment, da ist es stärker als du. Du schreibst ein Interview nicht selbst, es wird mit dir gemacht. (...)

– Du fragst. Aber daß du zum Fragen bereit bist, das wird mit dir angerichtet.« (*Kleiner Hauptbahnhof*, 193) Man kann diese Auskunft in Hinblick auf das, was weiter unten zum Interview als symbolischem und imaginärem Austausch ausgeführt wird, durch eine Bemerkung ergänzen, die Jean Genet in seinem Gespräch mit Fichte macht, der ihm zustimmt. Genet sagt: »Wir haben also eine

Kommunikation zwischen uns hergestellt. Gut. Es gibt also wenigstens zwei Arten von Kommunikation. Eine feststellbare, kontrollierbare und eine, die nicht kontrolliert werden kann.« (*Genet*, 33)
Zwei Haltungen können die Fragestellungen in einem Interview determinieren: entweder – extrem gedacht – begibt sich der Fragesteller zum Befragten in ein ausschließendes, quasi antinomisches Verhältnis, wie das bei den SPIEGEL-Interviews etwa üblich ist; auch dazu gibt es eine Anmerkung im *Kleinen Hauptbahnhof*: »Jäcki haßte die Masche der Spiegel-Interviews (...)« (*Kleiner Hauptbahnhof*, 186); in diesem Fall findet die Transgression im Schlagabtausch zwischen Frager und Befragtem statt, mit anderen Worten: der Frager setzt sich über ungeschriebene, konventionelle Gebote der Höflichkeit, der Schicklichkeit, der Diskretion hinweg; notfalls schlachtet er sein Gegenüber und stellt es der Öffentlichkeit als sein Opfer hin, dessen identitätsstiftende Funktion sich meistens in der Befriedigung voyeuristischer Erwartungen erschöpft.
Oder aber die Transgression hat schon stattgefunden, und zwar diesseits des Interviews, weil der Gesprächspartner schon Opfer war oder schon das Gesetz übertreten hatte, noch bevor er sich befragen ließ. Diesem Typus können die Gespräche, die Hubert Fichte geführt hat, zugerechnet werden; zwischen beiden Arten besteht bei der konkreten Durchführung eines Interviews natürlich die Möglichkeit einer Verschränkung. Fichte hatte es mit seinen Fragen an die ›Outsider‹, ›poètes maudits‹, an Stricher und Huren ohne Zweifel darauf angelegt, beispielhaft an ihnen die gesellschaftlichen Mechanismen des Ausschließens, also die Mechanismen der Opferung und der Sündenbockschaffung vorzuführen.
Gleichzeitig aber und, könnte man sagen, wesentlicher ist bei Fichte die Interview-Situation die der westeuropäischen Moderne entsprechende Variante dessen, was in anderen und von ihm beschriebenen Kulturkreisen die Besitzergreifung eines Eingeweihten durch einen Gott qua Trance ist. Die Person des Fragestellers und die Person des Antwortenden treten in ein Verhältnis der Gleichwertigkeit, das sie bis zu einem gewissen Grad austauschbar werden läßt. Ihre Gleichwertigkeit – hier sei an Jakobsons Definition des metaphorischen Vorgangs mit Hilfe der Substitution erinnert – definiert sich durch die Abwesenheit einer antinomischen dritten Größe: ›die‹ Gesell-

schaft die ›Herrschenden‹, die ›Spießer‹, die ›Normalen‹ – einer Größe, die ihrerseits von den zwei sich im Akt des Interviews vereinigenden und verdichtenden Kräften, dem Fragenden und dem Antwortenden, ausgeschlossen wird.

Wenn Hubert Fichte etwa mit dem Ledermann spricht, bedeutet seine diskursive Geste als solche, den Repräsentanten eines signifikanten Großteils des eigenen, begehrenden Selbst zu Worte kommen zu lassen: der Ledermann, dessen antinomische Dimension durch die Winzigkeit eines Konsonantenphonems bezeichnet werden kann – Ledermann gegen Jedermann –, dieser Ledermann verkörpert auf der einen Seite die verdrängte Gewalt der Jedermänner einer gegebenen Gesellschaft, auf der anderen Seite und in weiterem Sinne auch das aus christlich-protestantischen Lebensentwürfen verbannte oder wegrationalisierte und wegästhetisierte Tierisch-Bestialische menschlicher Sexualität.

Was für das Gespräch mit dem Ledermann gilt, gilt grundsätzlich auch für alle anderen Gesprächssituationen. Doch der archaische Raum, den der Ledermann eröffnet und in den Fichte eintaucht, symbolisiert explizit den Raum der symbolischen Kastration. In ihm vollzieht sich imaginär und symbolisch, d. h. durch die Worte des Frage-Antwort-Rituals hindurch, noch einmal der Trennungsvorgang, der einst die Fusion mit der Mutter unterbunden hatte. Solchermaßen als Ritual betrachtet, stellt das Interview eine symbolische Fusion mit dem Anderen her; es stellt einen Pakt dar, der unter anderen Voraussetzungen ebensogut ein Blutpakt hätte sein können, ein Pakt jedenfalls, mit dessen Hilfe sich Fichte seiner Integrität und seiner Identität im Spiegel des Anderen versichert. Die symbolische Kastration, die sich dem Bewußtsein in der Erinnerung verstellt, taucht in der Textgeschichte Fichtes auch als eine Narbe auf, die das Zeichen »bi« trägt (»bi ist zwei«, heißt es zum Schluß in *Der kleine Hauptbahnhof*); sie ist gekennzeichnet durch den Einschnitt, den Trennungsstrich zwischen dem einen »fifty« und dem anderen »fifty«. *(Kleiner Hauptbahnhof*, 226)

Es sieht so aus, als bezeichne dieser Einschnitt, auf dem Fichte insistiert hat, auch selbstironisch gelegentlich, die Stelle der durch die symbolische Kastration eingeleiteten Trennung von der Mutter. Nur ist diese Trennung, trotz des wiederholten Hin und wieder Weg von

Hamburg und trotz »Irma« nie ganz, sondern nur halb gelungen, eben: fifty-fifty. Mit anderen Worten: die Spaltung in eine hetero- und eine homosexuelle Hälfte, wie sie durch die Formel »fifty-fifty« von Hans Henny Jahnn nahegelegt wurde, wäre gleichzeitig zum Indiz einer nur halb gelungenen Trennung vom Begehren der Mutter geworden, wofür die Komponente der Homosexualität ja ohnehin spricht.

Die Textpraxis des Interviews mit ihren genannten Implikationen wäre der stetige Versuch einer neuerlichen Fusion, allerdings unter umgekehrten Vorzeichen: Fusion und Pakt mit der dem mütterlichen Universum abgekehrten Welt, mit dem, was sich der kleinbürgerlichen, protestantischen, anthropologischen Sphäre der Mutter am aggressivsten entgegenstellt, – keine körperliche ödipale Fusion, sondern symbolische Fusion über die Verständigung und Selbstverständigung mit Worten und mit Hilfe eines gleichwertigen Repräsentanten, der Mutterferne verkörpert und Vaternähe, ohne Vater zu sein.

Was das Interview in dieser Optik zu einer Art Selbstgespräch, zu einem Gespräch mit dem Selbst macht, leistet Fichtes Prosa als Textbewegung und -bewegtheit mit anderen Mitteln. Noch in *Der kleine Hauptbahnhof oder Lob des Strichs* evoziert der Autor Absetzbewegungen des Sohnes von der Mutter und der Mutter vom Sohn, die sich als Schreibbewegungen wie Wiederannäherungsversuche an die Zeit bzw. Zeiten der Trennung von der Mutter lesen lassen – ›Zeiten‹ im Plural, weil die einmalig traumatisch erfahrene Trennung in der Kindheit sich in jede weitere Trennung mehr oder weniger dramatisch wiedereinschreibt.

»Jäcki hätte so gerne gesagt: – Komm Mutti! – Los! – Finkenwerder. [...] – Es stimmt nicht. Auch wenn sie nicht schon alles vorwegnähme und einteilte, ich möchte nicht gerne mit ihr nach Finkenwerder fahren«, heißt es in der 38. Passage von *Der kleine Hauptbahnhof* (113f.), und in der 81. steht: »Sie wollte ihn los sein, sie mußte damit rechnen, daß sie als Rassenschänderin verladen würde.« (*Kleiner Hauptbahnhof*, 200) Andererseits lautet Detlevs Wunschtraum am Ende derselben Passage: »Detlev rennt schneller, schneller, schneller, schneller, schneller zwischen die Arme, in den weichen, flatternden Mantel hinein. Die Mutter kommt ihm einige

Schritte entgegen. Laß die Teufel doch kommen.« (*Kleiner Hauptbahnhof*, 200) In späteren Lebensjahren werden die so beschworenen Teufel unter den Vorzeichen einer Verkehrung in Jäckis Leben treten: nicht die Nazis, vor denen Detlev seine Mutter und sich verteidigt hätte oder denen er und seine Mutter um den Preis einer Wiedervereinigung sich ausgeliefert hätten, sondern die der mütterlichen Welt entgegengestellten Engel mit schwarzer Haut oder in schwarzem Leder, denen sich Jäcki brüderlich anverwandelt.

Im selben 81. Abschnitt erläutert Fichte Irma gegenüber seine poetologische Konzeption in Hinblick auf die Niederschrift von *Das Waisenhaus*. Es fallen die bemerkenswerten Sätze: »Die Einheit von Zeit, Raum, Handlung auf die Spitze getrieben. Die einste Einheit, schon fast das Nichts [...] Alles was geschieht ist nur noch Zitat. Das letzte Zitat. Das Zitat explodiert, diese einzige Einheit [...] Das Auseinanderfallen aller Zeiten im Augenblick.« Das Bemühen der klassisch-französischen Dramaturgie, in Tragödie und Komödie die Einheit von Zeit, Raum und Handlung zu wahren, war auch der Reflex auf die absolutistische Stellung des Königs. Für die zweite Hälfte des 20. Jahrhunderts dagegen gilt, wie Fichte sagt: »Alles was geschieht ist nur noch Zitat.« (*Kleiner Hauptbahnhof*, 198)

Wenn dem so ist, darf man Fichtes Aussage auch auf dessen *Geschichte der Empfindlichkeit* anwenden, wenn auch anders, als er sich das vorgestellt hatte, nämlich auch in dem Sinne, daß der Autor von Texten als einste Einheit explodiert und in Zitate seiner selbst, seines Selbst zerrissen wird – »Das Zitat explodiert, diese einzige Einheit.« Es mag zur Tragik oder Komik eines modernen Schriftstellers wie Fichte gehören, der sich der ästhetischen Selbstentäußerung verschrieben hat und somit auch einer den Exhibitionismus streifenden Selbstentblößung, daß er sich als Individuum, als Unteilbares, um so mehr verlieren, verausgaben und zerstückeln muß, desto hartnäckiger er die »einste Einheit« als Individuum anstrebt. Und dies zwar nicht als freiwillige ästhetische Geste, sondern notgedrungen aus dem Rechtfertigungsdrang heraus, den die totalitären Projektionen einer All-Mutter (»Die Mutter muß Sonne, Mond und Sterne sein.« *Kleiner Hauptbahnhof*, 199), die auch zum Dasein eines Un-Vaters verurteilt war – man lese nur »Die Geschichte der Nanã« –, hervorrufen. Im 39. Abschnitt, dessen Assoziationsketten,

Anrufungen, Glaubensbekenntnisreihen und Litaneien die eben erwähnte, signifikante Explosion veranschaulichen, steht zentral der Schlüsselsatz: »Die Mutter sagte in seiner Vorstellung sehr langsam: – Warum rechtfertigst du dich vor mir.« Und: »Jäcki geriet in sich selbst ins Stottern.« (*Kleiner Hauptbahnhof*, 121)
Fichtes Prosa ist der Versuch, dieses Stottern, diese profane Glossolalie eines schlechten Gewissens, das sich gut dünken möchte, in eine wohl artikulierte Erzählung zu überführen, in der sogenannte Stilmittel wie Litanei, Anrufungen und Beschwörungsformeln noch der Nachhall der einst erlebten Sprachlosigkeit sind, in eine Erzählung, die oft einer Aufzählung gleicht, einer endlichen Reihung in Hinblick auf einen unendlichen, symbolischen Raum: aufgezählt und aneinandergereiht werden all die signifikanten und kontingenten Orte und Namen, Orte flüchtiger oder dauernder, jedenfalls nachhallender Begegnungen, Namen berühmter oder anonymer Figuren, deren reale Präsenz als symbolische Zeiten und Zitate in den Kosmos der *Geschichte der Empfindlichkeit* eingegangen sind, auch die Zeiten und Zitate von Detlev und Jäcki. »– Du schreibst Ich?«, fragt Irma. »– Nein, das geht nicht«, lautet die Antwort. (*Kleiner Hauptbahnhof*, 198)
Die Textpraxis des Interviews wie auch die der Prosa sind in dem Maße monologisch, wie sie, textstrategisch betrachtet, einem Selbst auf je unterschiedliche Weise einen eigenen symbolischen Raum erschließen, in dem es sich als solches konstituieren und behaupten kann gegenüber den Anfechtungen und Vereinnahmungen seitens eines mütterlichen Raumes, dessen Väterlichkeit im dunkeln bleibt und dessen Gesetz ein Versprechen ist, das nicht eingehalten werden darf.
Im Interview kommt, texttheoretisch gesehen, die Austauschbarkeit zwischen zwei Größen dieser Strategie entgegen, wobei die eine Größe die andere quasi metaphorisch repräsentiert. In der Prosa »explodiert« die »einste Einheit« eines Zeitpunkts, nämlich der einer bevorstehenden, aber auf immer verzögerten Fusion »– Die drei Sekunden, die ich im Waisenhaus von Schrobenhausen auf meine Mutter warte« (*Kleiner Hauptbahnhof*, 198) – in Zeiten und Zitate und Zerstückelungen, welche Trennung bedeuten und sie im Text worttrennend wiederholen: Explosion, deren Wortstaub sich in

Reihen von Kontingenzen und Assoziationen niederlegt und die somit dem textenden Ich eine Bahn, Bahnungen vorschreibt, die es als sein Selbst beschreiten kann: »Alle möglichen Handlungen, alle möglichen Orte, alle Zeit: der Augenblick selbst [...] und alle diese Jahre noch dazu bis jetzt hin« (*Kleiner Hauptbahnhof*, 198); eine Bahn der Reminiszenz, auf der sich das Ich gehen läßt, mal hierhin, mal dorthin, sich jeweils vom mütterlichen Raum verabschiedend, auf der Suche nach dem väterlichen Gesetz...

Eine dualistische Struktur, eine Auseinandersetzung mit dem väterlichen Gesetz in Fichtes Texten sehe ich überall da, wo entweder eine Gegnerschaft zur Sprache gebracht wird, sei es in Form von Polemik, von Verurteilung oder Denunzierung, oder da, wo eine Umkehrung, besser noch: Verkehrung gängiger Wertvorstellungen betrieben und die manichäistische Logik von Gut und Böse nicht aufgehoben wird, sondern lediglich ihre Inhalte vertauscht werden. Inhaltlich gesehen fallen beide Haltungen, die der Verurteilung und die der Verkehrung, meistens zusammen: verurteilt wird, was sich als Urteil gebärdet, und zwar spiegelbildlich in der überlieferten Figur eines restlosen aut–aut, entweder–oder. Formal wählt Fichte die Polemik, wenn die Gegnerschaft sich in einem Gegner fokalisieren läßt wie im Falle Sartre oder Lévi-Strauss; dabei wendet Fichte dann auf durchaus konventionelle Weise die Methode der klassischen Streitschrift an, – nicht ohne Widersprüchlichkeit, wie sich am Beispiel von *Das Land des Lächelns* zeigt. Richtet sich die Gegnerschaft gegen eine Ideologie, wird sie, ohne jeglichen Rechtfertigungsgestus, quasi in jede Textform eingebettet; vorausgesetzt wird dann eine Komplizenschaft des Adressaten, seinesgleichen, eine Komplizenschaft, der zumindestens die Akzeptanz der jeweiligen Umwertung zugemutet wird.

Das Land des Lächelns nennt Fichte seine Polemik gegen die *Tristes Tropiques* von Claude Lévi-Strauss. In der Wahl des Titels kommt programmatisch und symptomatisch die Zielsetzung Fichtes, die Stoßrichtung seiner textuellen Gebärde zum Ausdruck. Programmatisch geht es ihm darum nachzuweisen, daß Lévi-Strauss in seiner wissenschaftlichen Tätigkeit als Ethnologe versagt hat; symptomatisch ist, daß der Nachweis dafür auch auf der moralischen Ebene geführt wird, das Subjekt Lévi-Strauss also in Frage gestellt wird. Symptomatisch, und Textgebärden können als Symptome, also als Verdichtungen betrachtet werden, – symptomatisch ist, daß etwas in sein Gegenteil verkehrt wird, wie die Wahl des Titels es nahelegt: aus traurigen Tropen wird ein Land des Lächelns.

Die Verkehrung ins Gegenteil gebärdet sich in Fichtes Polemik gegen Lévi-Strauss zwangs-läufig, zwangsläufig im wörtlichen Sinne. Man muß kein Anhänger der strukturalistischen Methode Lévi-Strauss' sein und auch kein Gegner der ethnopoetischen Dokumentationen Hubert Fichtes, um nach der Lektüre von *Das Land des Lächelns* den Schluß zu ziehen, daß die Attacken gegen Lévi-Strauss auf merkwürdige Weise kleinlich und auch inkompetent sind und in Widerspruch zu Maximen stehen, zu denen sich Fichte bekannt hat: die der Sorgfalt, unter anderen. Die Heftigkeit seiner Attacken muß ihm bewußt geworden sein. Am Ende seines Essays stellt er sich die Frage: »Ist es nicht schamlos, wenn ein Schriftsteller einen anderen derart zaust?« Die Antwort läßt an Klarheit nichts zu wünschen übrig, sie lautet: »Sicher.« Und sie mündet in einer weiteren Frage, die dann nur noch mit einer Gegenfrage beantwortet wird: »Was hat mir Claude Lévi-Strauss getan?« (*HuL I*, 351)

Wie auch immer man zum anthropologischen Unternehmen von Lévi-Strauss stehen mag, unbestreitbar ist, – und Fichte deutet durchaus darauf hin –, daß es in die Geschichte dieser Wissenschaft als ein großes und originelles Unternehmen eingegangen ist, daß also Maßstäbe gesetzt worden sind und somit auch Gebote, die bis in die siebziger Jahre kein Anthropologe oder Ethnologe als Herausforderung umgehen konnte. In irgendeiner Weise mußte sich Fichte dieser Herausforderung stellen und Stellung nehmen. Seine Stellungnahme ist die Abrechnung mit einem Vater, einem Übervater, den er so nicht gewollt hat und der ihn auf einem Feld herausgefordert hat, das Fichte für sich und seinesgleichen als brüderlichen Raum organisiert hatte unter Umgehung gerade jener Mittel (Theoretisierung, Konzeptualisierung), welche die Stärken von Lévi-Strauss und die Schwächen des Empirikers Fichte sind, für den praktische Anschauung und Empirie allein schon ausreichten, um Aufklärung zu betreiben oder Avantgarde zu sein. (*HuL I*, 396 und 401)

Da Fichte sich mit der Theorie von Lévi-Strauss kurioserweise, wie er selbst bekennt, erst gar nicht auseinandergesetzt hat (sein Verhältnis zur Theorie und deren Vätern, seinen ungeliebten Vätern, den Theoretikern, ist grundsätzlich zwiespältig), kann er nur die Theorie im allgemeinen aufgreifen und angreifen, – Angriff, der seinen Beweggrund da verrät, wo das Angegriffene (Theorie und Wissen) mit allen väterlichen Attributen belegt wird wie »Macht«, »Herrschaft«, etc. Die negative Identifizierung mit dem väterlichen Über–Ich in Gestalt von Lévi-Strauss führt folgerichtig auch zu ungewollten Identifizierungen auf der Textebene, wo ihm Übersetzungsfehler und ein Lapsus unterlaufen. Fichte wirft Lévi-Strauss ein gestörtes Verhältnis von »Homme und Langage, von Langage und Société« vor; als Beispiel führt er an die wiederholte Verwechslung von »sociologique« und »social«; sie »führt«, so Fichte, »bei Strauss zu einer interessanten Aussage: [...] Sie, die Nambikwara [...] hatten die Symbole übernommen, ohne deren Bedeutung zu verstehen, und dies eher im Hinblick auf ein *soziales* als auf ein intellektuelles Ziel.« (*HuL I*, 340)[5] Fichte seinerseits verwechselt ein paar Seiten vorher »logisch« und »logistisch«: »Auch«, so schreibt er, »steht ein solches Axiom für wissenschaftliches Vorgehen immer leer herum, wie mathematische oder logistische Axiome auch.« (*HuL I*, 333) Der Kreis schließt sich wortwörtlich, könnte man sagen, wenn Fichte im Anschluß an seine Kritik der falschen Verwendung von »sociologique« durch Lévi-Strauss ausgerechnet auf Freuds Theorem der Fehlleistung verweist: »Wer übernimmt hier Wörter, also Symbole, ohne deren Bedeutung zu verstehen? – Wo hätte sich die Soziologie, und groteskerweise durch die Mechanismen der Freud'schen Analyse, deutlicher erklärt als hier?« (*HuL I*, 341)

Man kann einen solchen Lapsus als ein Zeichen unter anderen sehen, die er auch gesetzt hat, malgré lui, und die quer zu seinen Strategien verlaufen; sie sind sozusagen der Tribut, den seine voluntaristische Geste der Verkehrung an den Text entrichtet unter Beibehaltung einer manichäistischen Sicht, was das an die Verkehrung gebundene Urteil angeht. Die Verkehrungen basieren auf einer unbewußten Verwerfung, die das bewußte Ich so formuliert: »– O diese ganze abendländisch katholisch idealistische, die marxistisch biologisch-dynamische, evangelisch-lutherisch maoistische, treudeutsch islamische, national-sozialistisch-internationale Züchtigkeit – adé, adé, für immer adé [...].« (*Kleiner Hauptbahnhof*, 123)

Man nehme einmal an, daß Fichte mit dieser Absage eine Zäsur anzeigt, die 1962 in seinem Leben stattgefunden hat, und man gehe davon aus, daß er fortan das Terrain der verworfenen Züchtigkeit in Richtung auf ein unzüchtiges verlassen hat, um auf ihm eine neue, reine, ihm gemäße Züchtigkeit gedeihen zu lassen, und man stelle sich schließlich vor, daß der wörtliche, allegorische und metaphorische Gebrauch des Wortes ›schwarz‹ in der von Christdemokraten beherrschten Zeit Fichte Anlaß zu einer Umdeutung, Umwertung gewesen ist ebenso wie der ideologische Gebrauch des entgegengesetzten Wortfeldes (»Wie warst du niedlich und sauber«, so zitiert Fichte die Mutter, »als ich dich gepudert und gewickelt habe. Blond.« [*Kleiner Hauptbahnhof*, 114]). Und an anderer Stelle: »Jäcki ärgerte sich und redete sich ein, froh zu sein, daß er nicht in Weiß zwischen der weißen Prominenz der Freien Hansestadt Hamburg herumschwitzen mußte«, *Kleiner Hauptbahnhof*, 138, – alles das einmal vorausgesetzt, kann man die Aufbruchgedanken Fichtes aus jener Zeit mit einem Umbruch in Zusammenhang bringen, von dem seine moralischen und ästhetischen Wertungen betroffen waren. Das hieße, daß ein räumlicher Gegensatz als Gegensetzung (hier – da, diesseits – jenseits, die erdrückende mütterliche Welt gegenüber einer unbekannten, zu erforschenden männlichen Welt, übergroße Nähe – übergroße Ferne) mit einer ethisch-ästhetischen Entgegensetzung qua Umkehrung einhergegangen ist: was von der weißen, heimischen mütterlichen Welt als negativ verworfen wurde, rückte in ein positives und (auch erotisch) anziehendes Licht; was sich dagegen als eine reine, lichtvolle, aufgeklärte, unschuldige Welt des Weißen behaupten wollte, gipfelnd in der Vorstellung vom weißen Herrenmenschen, wurde von Fichte fortan in ein allseits dunkles, negatives Licht getaucht.

Komprimiert könnte man sagen: wo Weiß herrschte, sah Fichte schwarz, und alles Schwarze hat er aufgeklärt. Folgerichtig hat er sich in die Welt der Schwarzen begeben und dort gegen einen gewissen europäischen Aufklärungsgestus seine ethnopoetische Aufklärungsarbeit gesetzt. Man könnte aus dieser fundamentalen Umkehrung nicht schließen, das Muster der Schwarzweißmalerei habe sich bei Fichte in eine Weißschwarzmalerei verwandelt, wohl aber daß jede Differenzierung in seinem ethischen und ästhetischen Urteil diese Verkehrung zum Ausgangspunkt hat. Wo dann doch ein Mangel an vorurteilsloser Differenzierung in Erscheinung tritt, verdankt er sich der Wucht von Fichtes verkehrter Position, einer Wucht, welche sich mit einer Militanz auffüllen kann, die im umgekehrten Verhältnis zur Minderheitsposition steht, mit der er sich identifiziert.

Wenn also Fichte das massive Urteilsschema ›schwarz–weiß‹ nicht unter umgekehrten Vorzeichen seinerseits anwendet, so ist dennoch mit der Verkehrung eine Art Erhöhung alles Schwarzen im Sinne einer Sakralisierung verbunden. Diese Sakralisierung des Schwarzen wiederum manifestiert sich auf zwei Ebenen, die sich im Individuum Fichte natürlich ergänzen, auf der Ebene der Repräsentation (welche die Sexualität miteinschließt) und auf der Ebene des Textes. Die Tatsache, daß er sich gerade dem religiösen Bereich der Afroamerikaner zugewandt hat, ist nichts anderes als das Ergebnis einer metonymischen Verschiebung: das von ihm sakralisierte Schwarze wird auf der Ebene des Textes als das Sakrale der Afroamerikaner abgehandelt.

Auf der Ebene der Repräsentation, also des Begehrens, ist es der schwarze Körper, der sakralisiert bzw. fetischisiert wird. Der »schwarze Mann« bei Fichte ist sowohl der Afrikaner bzw. der schwarze Amerikaner afrikanischer Abstammung als auch der von schwarzem Leder bedeckte Körper des weißen Mannes. Beide Körper werden von Fichte in erster Linie in jenem Raum wahrgenommen und beschrieben, in dem sie einer Ritualisierung unterworfen sind, in den jeweiligen Kulträumen; beide Körper, jeweils Teil einer mehr oder weniger nach außen abgeschotteten Bruderschaft, werden auch Fichtes Brüder in dem Maße, wie sich Fichte in ihrer Gemeinschaft, Bruderschaft wiedererkennt. Beide Brüder wiederum werden von Fichte in der Optik des »bi« wahrgenommen: wo sich der Anhänger afroamerikanischer Mischreligionen zur Bewahrung seiner sozialen Identität auf eine Zerreißprobe zwischen Monotheismus und Polytheismus einläßt, wobei der archaischere Polytheismus tendenziell die Überhand behält, bewegt sich der Ledermann in einem sozialen weißen Körper und in einem triebhaften schwarzen Körper, wobei sich die jeweilige Gangart dem Licht des Tages und dem Dunkel der Nacht anpaßt.

Verbrüderungsstrategien, aus denen Textstrategien werden (so eng ist das Verhältnis zwischen Fleisch und Wort), verlaufen nicht nur horizontal in gegebenen Ritualräumen, sondern auch vertikal durch entlegene Zeiträume. Die textverhaltene Egozentrik Fichtes spiegelt sich nämlich auch darin wider, daß er sich quer durch Zeiten und Räume, sonnenhaft und sich selbst verdichtend Namen aneignet und Namen abstößt, ohne den Abstand zu ihnen in aller gegebenen historischen Kontextferne zu ermessen. Ich spreche von den weißen Vorvätern und nicht von den schwarzen Geschwistern, die er zeit seines Schriftstellerlebens aufgesucht hat, um sie selbst sprechen zu lassen.

Ein Vorvater unter anderen, den Fichte – wie alle guten Väter – zum Freund und Bruder erhebt, ist Herodot, der Schöpfer der ethisch-narrativen Geschichtsschreibung. Ihm unterstellt er am Schluß seines Essays *Mein Freund Herodot* eine Wahrheit, die in jedem Fall die seine ist: »Männerschönheit ist eines der großen Motive, das sich durch die [...] Bücher des Riesenwerkes [...] zieht, und vielleicht war es überhaupt dieses Motiv, das ihn durch die Welt zog und an den Griffel. – Die Sehnsucht nach dem schönen Schwarzen.« (*HuL I*, 420)

Die Anschwärzung weißer Väter in Form von Polemiken wie der gegen Lévi-Strauss und die Reinwaschung schwarzer Brüder vor allem in ethnopoetischer Form sind die zwei Pole, zwischen denen sich Fichtes Textgeschichte unter dem Blickwinkel des Urteilens und Verurteilens erstreckt. Eine solche Polarität als Text- und Urteilsstrategie schließt keineswegs Verschränkungen der Terme aus; mit anderen Worten: Fichte trägt auch Bruderzwiste aus, z. B. in Form von Kollegenschelte, es handelt sich dann aber um weiße Kollegen; andererseits vernichtet er mit seinen eigenen Worten durchaus schwarze Väter, er handelt dann aber im Sinne seiner schwarzen Geschwister.

Getreu seinem Glauben in die Aussagekraft puren empirischen Materials läßt Fichte in seinen ethnopoetischen Schriften die schwarzen Brüder und Schwestern zu Wort kommen, ohne daß er es ihnen abschneidet und, vor allem, ohne daß er ihre Auskünfte deutend vermitteln würde, indem er sie etwa in den Rahmen einer anthropologischen, ethnologischen oder religionssoziologischen Theorie oder

Diskussion stellen würde. Seine Annäherung an die magische Welt der Afrikaner und Afroamerikaner, die ihn magisch und erotisch anzieht, geht nicht den Weg der von ihm immer wieder denunzierten herablassenden Anbiederung, sondern den einer wortwörtlichen Anbrüderung, den eines Polylogs, der sich unendlich ergänzen und erweitern läßt: durch andere Auskünfte, andere Stimmen, andere Zitate.

Simo schreibt: »Das ethnographische Schreiben bleibt aber gerade in dieser Form problematisch. Rituelle Worte wie Litaneien, Gesänge, Beschwörungen usw. sind performative Sprechakte im Austinschen Sinne. Wenn sie schriftlich fixiert werden, dann verlieren sie ihren performativen Sinn und werden zu säkularen Aussagen, die eine andere Bedeutung erhalten.«[6] Man kann allerdings Fichtes methodologisches Bekenntnis als eine nachträgliche Rationalisierungsstrategie begreifen, mit der die eigentliche Triebfeder, die ihn ethnopoetisch bewegt, überdeckt wird. Seine Methode wäre dann in Wirklichkeit ein groß angelegter Kompromiß auf der einen Seite zwischen einem stets aufs Neue virulenten Wunsch nach brüderlicher, ehrfürchtiger, ja, scheuer Annäherung an das Andere und den Anderen unter den Voraussetzungen der oben aufgezeigten Verkehrung und auf der anderen Seite dem Wunsch nach Eingang in den Diskurs der weißen, doch verworfenen Väter (sieht man von Herodot ab).

Unter dem Gesichtspunkt des ersten, übergeordneten, primären Wunsches stellen die ethnopoetischen Schriften Fichtes in ihrer Summe aus zwar übersetzten und orchestrierten, aber doch unvermittelten, redundanten Stimmen einen Polylog dar, der die Bezeichnung ›Poesie‹ rechtfertigt, einen Polylog, den Fichte beherrscht, aus dem er sich aber selbst zurücknimmt, sieht man von seinen Kommentaren ab, die ein Zugeständnis an den sekundären Wunsch sind. Unter dem Gesichtspunkt dieses anderen Wunsches freilich gerät Fichte zwangsläufig in die Widersprüche jedes ethnographischen Schreibens und in Widersprüche mit sich selbst: sein zwiespältiges Verhältnis zum Monotheismus, insbesondere zum Christentum, begleitet ihn auch auf seiner Suche nach dem Anderen. In Trinidad holt ihn das christliche Gewissen ein; angesichts obdachloser Gestalten notiert er: »Die nachts auf den Straßen schlafen. –

Was tue ich? Wo schlafe ich? Kain, wo ist dein Bruder Abel?« (*Xango*, 248)

Doch ist es eben das brüderliche Bild der Genesis, mit dem sich Fichte identifiziert, und nicht das väterliche des biblischen Gesetzes. Die angestrebte Verbrüderung mit dem Anderen seines Selbst spiegelt sich auf der Textebene in der Aneinanderreihung wider, welche die Kehrseite der wortwörtlichen Substitution darstellt, der metonymischen Reihung von Namen, von Informanten, von Zitaten, die friedlich nebeneinanderstehen und keinem präpositional-syntaktischen Zwang (Litaneien, Anrufungen), keinem hierarchisierend-methodologischen Zwang (Anordnung, Aufeinanderfolge) unterworfen werden. In São Luiz de Maranhão bei den Müttern im Hause der Mina schließt sich in gewisser Hinsicht der Kreis, der in Wirklichkeit der Kreis einer Spirale ist. Das Bestreben nach Vereinigung mit den schwarzen Brüdern, an dessen Ursprung die Fluchtbewegung aus einem mütterlichen Raum stand, führt Fichte nach zahlreichen Pilgerungen in ein Haus mit vielen Müttern, die ihn als schwarze Schwestern wie einen Sohn aufnehmen.

Dem Polylog, der aus dieser und anderen Begegnungen entstanden ist, wird bezeichnenderweise eine Reihung beigestellt, die von ihrer Konzeption her auf den väterlichen Raum des Gesetzes und der Gesetzmäßigkeit verweist: die botanische Taxinomie, die Fichte nach strengen Regeln systematischer Forschung zu erstellen versucht hat und die, soweit sie das Ergebnis hartnäckiger Nachforschungen ist, die Durchdringung eines Geheimnisses darstellt, welche stellvertretend, metonymisch, die Annäherung an das eigene Geheimnis ist. Ernüchtert stellt Fichte im *Forschungsbericht* fest: »Zum erstenmal war ihm eine Recherche mißglückt. Es hätte sich darum gehandelt, die indianischen Kultpflanzen zu pressen, zu benennen und ihre Anwendung herauszufragen [...] Jäcki näherte sich dem Ende einer langen Fahrt [...] Dies Ende fiel für ihn zusammen mit dem Ende des ganzen Forschungsgebietes.« (*Forschungsbericht*, 137f.) Und angesichts einer solchen erlösenden Katastrophe, einer solchen katastrophalen Erlösung, einer solchen Erkenntnis und Selbsterkenntnis sollte die Wiedereinführung zweier vertikal gesetzter Striche, der Anführungszeichen, keine Bedeutung haben?

Anmerkungen

1 Roman Jakobson: *Aufsätze zur Linguistik und Poetik*, Frankfurt/M. o. J., S. 134.
2 Ebd., S. 135f.
3 Ebd., S. 121.
4 Ebd., S. 134.
5 Man darf sich mit einigem Recht fragen, wo eigentlich der Jude Lévi bleibt.
6 Simo: *Interkulturalität und Intertextualität oder Ethnographische Erfahrung und Polyglosie*, in diesem Band, S. 127–144.

HARTMUT BÖHME

»Eine Schematisierung von Zerstückelungsphantasien«. Über einen Ursprung der Fichte'schen Literatur

Von Beginn an zieht sich eine Spur der Gewalt durch das Werk von Hubert Fichte. Irgendwann mußte er auf Sade treffen. 1975, endlich, das große Radiofeature *Der blutige Mann. Sade*. Über die *120 Tage von Sodom* heißt es – und darin finden wir die Formel unseres Themas: »Die Mythen Hesiods und Homers, die Schächtungen und Kreuzigungen des Alten und des Neuen Testaments, die Einweihungsriten der Reiseberichte, die Foltermanuale, alle Greuel der Elisabethaner und des Jesuitentheaters sind hier zusammengefaßt und übersteigert, Freud und Kafka, Artaud und Genet, Polanski und Warhol, Grand Guignol und Italowestern in der Vorwegnahme übertroffen.
Es ist im magischen Rahmen der Initiationsreise – wie *Robinson Crusoe, Nils Holgersson, Moby Dick* – eine Schematisierung von Zerstückelungsphantasien; ein Plan, keine Beichte.« (*HuL I*, 62)
In dieser assoziativ scheinenden, in Wahrheit aber genau kalkulierten Collage von Namen und Bezügen deutet Fichte, wie so oft, mehr an als zu aktualisieren ist. Ich halte nur wenige Perspektiven fest, die grundlegend sind für das Fichte'sche Verständnis von ›Gewalt im Text‹ und das Thema der Zerstückelungsriten vorbereiten.
Fichte spricht nicht zuerst von Praktiken der Zerstückelung, sondern von deren Literarisierungen in der europäischen Tradition. – Von daher ist für Fichte die Literatur Sades nicht das Dokument einer individuellen Perversion oder psychopathischen Praxis – sie ist »keine Beichte«. Sondern Sades Texte gewinnen exemplarische Bedeutung als »Plan«, man darf sagen: als ästhetisches Feld und Kalkül, in welchem die ubiquitäre Verstreuung der Zerstückelungs-Motivik einzigartig ›verdichtet‹ und ›verzeichnet‹ wird.
Gerade weil Fichte in seinem Sade-Essay extensiv autorpsycholo-

gisch argumentiert, indem er die sublimierende und therapeutische Funktion des Schreibens herausarbeitet, ist es notwendig, die Differenz zwischen Schreiben und Text festzuhalten. Der Text Sades nämlich löst sich nicht in den biographisch-psychologischen Funktionen auf, sondern markiert eine radikal artifizielle – Fichte sagt: »rein verbale« – Position im historischen Variantengefüge der Zerstückelungsphantasien.

Die von Fichte angedeuteten ästhetischen Erscheinungsorte der Zerstückelung – Mythos, biblische Erzählung, Tragödie, Roman, Film usw. – verweisen mithin nicht primär auf das Leben von Autoren, sondern auf überindividuelle und historisch ziemlich resistente Formmuster von rituellen Praktiken der Initiation, des Opfers, der Magie und der Folter. Ritualität bildet den Hintergrund, der die »Schematisierung der Zerstückelungsphantasien« bei Sade möglich macht und trägt. Ritualität ist aber auch die Form, in der die Zerstückelung zur Erfahrung von Subjekten in modernen Gesellschaften wird – ich nenne hier nur als vertraute Beispiele Fichtes: die *Strafkolonie* von Kafka, Hans Henny Jahnns *Fluß ohne Ufer*, von Antonin Artaud *Heliogabal* und das *Theater der Grausamkeit* oder von Genet *Querelle*.

Die Zerstückelung oder Zerreißung – der sparagnós – ist innerhalb des Curriculums von Opfer- und Initiationsriten ein fester Formbestand, das zentrale dramatische Ereignis zwischen der rituellen Vorbereitung (paidotrophia) und der Erfüllung, der Wiedergeburt (ànabíosis).[1] Nach dem Niedergang der magischen und mythischen Mächte – ich rede von Europa –, ist Zerstückelung ein gewissermaßen frei flottierendes Formmuster geworden, das – bei immer noch erkennbar rituellem Hintergrund – eingehen kann in profane Strafpraktiken wie in unbewußte Szenarien der psychischen Sozialisation, in literarischen Dramaturgien ebenso wie in die »Ob-Szenen« (Baudrillard) der Perversion, in die Prozeduren der Anatomie wie in die Erfahrungen des Krieges.

In welcher Erscheinungsform auch immer: die Zerstückelung codiert Erfahrungen des Schreckens, der Angst, der Lust, der Opferung und des Todes derart, daß ihnen auf eigentümliche Weise eine Aura der Sakralität und des Archaischen bleibt. Jede – ob rituelle, psychische oder literarische, erlittene oder freiwillige – Annä-

herung an das Trauma der Zerstückelung ähnelt der Regression auf ein Erstes, einen Ursprung, der so gesättigt ist von Grauen, daß er – im allgemeinen – hintergangen oder überschritten werden muß – hin auf ein noch Anfänglicheres wie z. B. die Unvordenklichkeit des Paradieses, das es nie gab, oder hin auf eine Erlösung, die es nie geben wird.
Hier können nur Umrisse davon entwickelt werden, in welcher Weise die ›Zerstückelungsphantasien‹ einen Ursprung der Fichteschen Literatur bilden; wie Fichte dieses zunächst autobiographisch entdeckte Muster in einem weitverzweigten Feld von rituellen Praktiken situiert und welche literarischen Strategien aus dem ›Schema‹ der Zerstückelung hervorgehen.

Materialsammlung I

In der *Ilias* fragt Priamos den Götterboten Hermes nach dem Leichnam seines Sohnes Hektor:

»...wolan, so verkünde mir ganz die lautere Wahrheit:
Ob noch dort bei den Schiffen mein Sohn ist, oder Achilleus
Schon in Stücke zerhaun den gierigen Hunden ihn vorwarf.«
(24. Gesang, V. 407–10)

Fichte kommentiert: »Achill ist also kein existentieller Ledermann, es handelt sich um eine alte Opferzeremonie, die geradezu an die Zerstückelung des Adonis, des Osiris erinnert.« (*HuL II*, 159).
Über Adonis wußte Fichte von James George Frazer, daß die reizende Liebesgeschichte zwischen Aphrodite und dem schönen Jüngling zurückgeht auf einen vorderorientalischen Jahreszeiten-Mythos, bei welchem es um rituelle Begehung des Sterbens der Natur und ihrer Wiederbelebung in der Verbindung der Vegetationsgöttin Ischtar mit Tammuz-Adon ging. Bei der Zerstückelung des Osiris steht ein ganz ähnliches, altägyptisches Ritual im Hintergrund: der Vegetationszyklus, besonders des Korns, bedurfte gerade an jenem tiefsten Punkt einer Versicherung, wo der Tod, die Zerstückelung und Zerstreuung des Leichnams von Osiris die frucht- und kulturbringende Verbindung mit der Korngöttin Isis, seiner

Schwester, zu vernichten drohte. Vermutlich ist die Körperzerstükkelung eine Erinnerung an archaische Tier- und Menschenopfer bzw. an Selbstopfer von Gottheiten, bei denen der rituelle Durchgang durch die Zerstückelung den Anschluß an die Prokreationskraft der Natur gewährleistete. Kallimachos weiß von der Zerreißung des Dionysos durch die Titanen, die die Leichenstücke seinem Bruder Apollon übergaben, der sie in einem Kessel beim delphischen Dreifuß aufbewahrte.[2] Hierbei wird das sogenannte »unsagbare Opfer« in Delphi reflektiert, das von der vornehmsten Gruppe der Delpher, den Hosioi, vollzogen wurde: ein Zerreißungsopfer, das in den Apollon-Kult das dionysische Ritual integrierte, dessen Rhythmus von »Zerstückeln, Sammeln, Aufbewahren im heiligen Behältnis«[3] einem alten Jäger-Opferritus entspricht, jetzt aber als Opferzeremonie eingefügt wurde der heiligen Begehung von Tod und Wiedergeburt im Vegetationszyklus. Die »unsagbaren Opfer« sind im Dionysos-Kult häufig bzw. als Hintergrund von mythischen Erzählungen vorauszusetzen, etwa die Zerreißung des Hippasos durch die von Dionysos mit Wahnsinn geschlagenen drei Töchter des Minyas (Plutarch a. Gr. 299ef; Ovid, Met. IV, 1–415). Das gleiche gilt für die Zerstückelung des Pentheus durch die Bacchantinnen –: beides Mal handelt es sich bei dem Zerstückelungstod um Sohnesmord: ein Fichte-Motiv vom *Waisenhaus* bis zum spätesten Werk, dem Hörspiel *Ich bin ein Löwe!* Ferner ist an die Zerstückelung des Orpheus durch die dionysisch enthusiasmierten Mänaden zu erinnern. Oder an das Schlußritual des Isthmischen Festes, das von Theseus gestiftet wurde in Erinnerung an Sinis Pityokamptes, den Fichtenbeuger, der die Opfer an niedergebogene Fichtenwipfel band, so daß sie beim Emporschnellen der Stämme zerrissen wurden. Auch dem Aktaion-Mythos – der Jäger Aktaion beobachtet Artemis im Bade, wird in einen Hirsch verwandelt und von Hunden zerrissen – liegt ein männerbündischer Jagd-Opferritus zugrunde, bei dem die Zerstükkelung und symbolische Restitution des Körpers zyklisch wiederholt wird: zur Versöhnung mit der Jagd-Göttin, zur Sicherung der Beute, zur Integration der waffentragenden Männer.[4] Im Pelops-Mythos schließlich setzt Tantalos seinen geschlachteten Sohn (erneut ein Sohnes-Opfer) den Olympiern zum Mahle vor; dessen Glieder werden jedoch von den Göttern im Opferkessel zusammengesetzt und belebt. Dieser Mythos gehört in den Ritenkreis der Olympischen Spiele und folgt wieder dem Curriculum von Zerstückelung – (Mahl) – Wiederbelebung.

Mircea Eliade berichtete in seinen, Fichte gut bekannten Studien zum Schamanismus, zur Schmiedekunst und Alchemie[5] immer wieder von interkulturell verbreiteten Opfer-Ritualen, bei denen das Durchlaufen der Zerstückelung und des Todes die notwendige Bedingung ist im Drama der Verwandlung der niederen Materien zu höheren, für die Initiation des Neophyten oder die zyklische Wiederbelebung der Natur nach ihrem Sterben, für die Auferstehung oder Erlösung des Geopferten wie auch für die Alliierung der heiligen schöpferischen Mächte der Fruchtbarkeit – je nach religiösem Kontext.

Jacques Lacan schließlich, diesen Horizont verengend, entwickelt in Auseinandersetzung mit Zerstückelungsphantasien in der surrealistischen Kunst Dalís das psychoanalytische Konzept, wonach im Spiegelstadium das entstehende Bild der Körper-Ganzheit auf einer imaginären Linie situiert ist. Unterhalb dieser wunschgeborenen Verkennung wuchert das Phantasma des zerstückelten Körpers, in den Träumen ebenso wiederkehrend wie etwa in den »fantasmatischen Anatomien« der Bilderwelt eines Hieronymus Bosch aufbewahrt. Die ›formation du je‹ ist eine sekundäre, mühsam zusammengehaltene »Befestigungsanlage«, welche – oft genug – durch zwangsneurotische Abwehrmechanismen das Ich schützen soll vor jenen Zerstückelungen und Desintegrationen, die an den Bruchlinien der hysterischen Symptome ablesbar sind.[6]

Wir haben damit andeutend die Ebenen des Zerstückelungs-Dramas abgeschritten, die in der Wissenschaft isoliert behandelt, bei Fichte jedoch thematisch integriert und zu einer Kunstform entwikkelt werden. Dies ist zuerst die phylogenetische Ebene, die von der vergleichenden Religionswissenschaft und Ethnologie entwickelt wird, wobei das Ritual der Zerstückelung das Zentrum archaischer, interkulturell verbreiteter Opfer-Gebräuche darstellt. Es ist ferner die ontogenetische Ebene, auf der erkannt wird, daß das Ich-Bewußtsein und das Körper-Selbst-Bild grundlegend labil bleiben, insofern sie auf der Verkennung der primären Zerstückelung beruhen. Es ist weiterhin die Ebene der Kunst, die in den Bildern wie Erzählungen eine »fantasmatische Anatomie« von Zerstückelung vor Augen geführt hat und darin den dunklen psychohistorischen Hintergrund erhellt für die vorgeblich rationale Geschichte der medizinischen Anatomie des menschlichen Körpers.

Materialsammlung II

Der früheste bekannte Text von Fichte – *Die Frösche* von 1951 – handelt von zerrissenen Tierkörpern: »Zuerst trifft man auf einen kopflosen Rumpf. Er ist mit seinen verstümmelten Gliedern in die Höhe gebogen und nur auf Grund der wohlerhaltenen, gesprenkelten Haut ahnt man, daß er einstmals ein Frosch war. Dann begegnet man Häufchen glänzender, erddunkler Masse zusammen mit Fetzen ehemaliger Organe und umgeben von manchen noch erkenntlichen Körperteilen.« (*Pubertät*, 239)
Eine eigenartig affektneutralisierte, anatomische Skizze, »zur Übung« geschrieben. In Scheyern phantasiert der siebenjährige Detlev Schlachtfelder und Bombenangriffe: »Die Körper sind nicht weiß. Die Haare sind verbrannt wie Wolle. Eine lange Reihe von Puppen. Babypuppen. Über die Puppen werden Bauklötzer ausgekippt. Viele tausend Puppen, Bauklötzer, Teddybären. ... Die Puppen haben nichts Unkeusches zwischen den Beinen. Die Puppen sind schwarz. ... Die Arme und Beine hängen nur noch an dünnen Gummibändern am Körper. ... Die Arme und Beine liegen wie verkohlte Bauklötzer zwischen den Kreuzen und Bauklötzern. Detlev kann den Balken mit dem schwarzen und grünen Kopf, die Puppen ohne Armbalken und Beinbalken mit abgeschraubtem Kopf nicht mehr zählen.« (*Waisenhaus* 92/3) – Die Phantasien der Bomben-Brand-Drohung werden zu Bildern einer psychotischen Desintegration des Körper-Selbsts und des Weltzusammenhangs. Angst vor Zerstückelung, in deren Drohung der kleine Detlev ständig steht. Daher immer wieder das gebannte Aufsuchen der Bilder von Leichen und Krüppeln: »Detlev wollte wissen, wie die Toten am ganzen Körper aussehen. Detlev wollte wissen, wie der Kopf eines Toten aussieht, wie die Knochen im Kopf aussehen und wie die Häute im Darm aussehen. Er wollte wissen, ob es stimmt, daß die Soldaten in

zwei Teile zerrissen werden oder in vier Teile, daß der Hauptmann und der Sanitäter manchmal nicht alle Teile wiederfinden.« (*Waisenhaus*, 67)

Der Wille zum Wissen ist es, der Detlev und auch den Autor Fichte dauerhaft obsessioniert. Der Wille zum Wissen heißt, sehen wollen. Heißt hier, in der Szene der »Totenmesse in Abwesenheit«, hinter die Kulissen der theatralisierten Zeichen schauen, heißt, sich mit der Materialität des »ganzen Körpers« und des zerstückelten Leichnams auseinandersetzen, heißt also: das Interesse der Anatomie verfolgen. Diese Neugier, die im Wunsch nach Selbsterhaltung entgegengesetzt wird der Überflutung durch die Angst vor Zerstückelung – diese Neugier, die auf Enträtselung des Körpers aus ist, wird im Roman *Detlevs Imitationen* und im *Versuch über die Pubertät* wiederkehren. Aber erst hier, viele Jahre nach der Beschäftigung mit dem Phantasma der Leiche und des zerrissenen Körpers, mutet sich Fichte die Begegnung mit der physischen Realität der Toten und der wirklichen Anatomie zu. Doch schon im Waisenhaus-Roman entdeckt er: der ganze Körper ist ebenso eine Illusion wie die ganze Leiche der »Totenmesse« nur eine Simulation ist. Die Leiche offenbart immer nur, daß sie seziert, fragmentiert oder anatomisiert ist. Die Simulation des »ganzen Körpers«, der nur eine »Attrappe« ist, funktioniert wie eine Allegorie auf den lebendigen Körper, der in seiner Ganzheit ein Phantasma darstellt, während sein Ursprung ihn lädiert, ja zerstückt zeigt. Hier schon geht Fichte auf, daß das eingelebte Gefühl eines integrierten Leibes eine Verkennung ist, das Zeichen von etwas, dessen wir nicht habhaft weden können, eine Sehnsucht nach einem Heilsein, das als Ursprung gedacht wird wie das Paradies. Ästhetisch steht die Passage über die zerstückelten Puppen-Leichname in Nachbarschaft zu Hans Bellmers Puppen-Projekt.[7] Literarisch aber machen die in Konjunktiv-Ketten verlaufenden Zergliederungen deutlich, daß am Ursprung der Fichteschen Literatur nicht die Montage, sondern die imaginäre Demontage steht – eine Stilform, die dem Phantasma des zerstückelten Leibes korrespondiert.

Bombenangriff

1951 *Die Frösche* – der apathische Blick des literarischen Anatomen auf die zerfetzten Tierkadaver. 1964 *Das Waisenhaus*: eine einzige, große Etüde über den Zerfall von Einheit und Ganzheit, Einheit der Zeit, des Raums, der Handlung, der Sprache, des Körpers (so im *Kleinen Hauptbahnhof*, 197ff.). 1968 dann bei den Studien zum Bombenangriff 1943 auf Hamburg, in *Detlevs Imitationen*, die Auseinandersetzung mit dem Buch des Hamburger Anatomen Siegfried Gräff: *Tod im Luftangriff. Ergebnisse pathologisch-anatomischer Untersuchungen anläßlich der Angriffe auf Hamburg in den Jahren 1943–45.* [Hamburg 1948][8] Der Bombenangriff zerstört die Zeit – nie wieder, so glaubt Detlev, wird es Zeit geben, vor ihm liegend als offener Horizont. Die Bombenangriffe zerstören die Sprache – die Wörter Weihnachten oder Tannenbäume gehen »kaputt« wie Puppenkörper. »Über das Weihnachten im Mund legt sich der Geschmack, den die Luft um die verfaulenden Krüppelglieder hinterläßt./Die Verbindung dieses Geschmacks und der Laute des Festes und des Geruchs der Teile der Verkrüppelten bedeutet für Detlev, daß es aus ist, daß es nie wieder etwas geben wird.« (*Grünspan*, 32) – Gibt es keine Sprache mehr, wäre dies wirklich das Nichts. Sagbar nämlich wäre das Nichts nicht nichts.[9] Jetzt aber erwägt Fichte die Darstellung der Bombennächte durch Einfärbung der Seiten mit Schwarz (*Grünspan*, 48). Schwarz: Zeichen des Undarstellbaren (korrespondierend dem Weiß der Seiten im *Platz der Gehenkten*). Detlevs protoliterarische Technik des Spiels mit dem Letternkasten ist zerbombt. Wäre vielleicht, so überlegt Jäcki, eine Art szenische Wiederholung der Bombennacht die angemessene Darstellung? Das hieße: ›Selbstverbrennung des Autors‹ oder »Buchstabenverbrennung« (*Grünspan*, 47). Ein Autodafé der Schrift. Bedeutet der Zweite Weltkrieg für Fichte den Tod des Autors und der Schrift, ganz anders, als Foucault vom Tod des Autors spricht?[10] Am Bombenangriff wird das Scheitern der literarischen Sprache offenbar, und dieses Scheitern droht den Autor zu töten, der, wenn er keine Sprache hat, sich nur noch verbrennen kann und sprachlos zur Darstellung bringen, was Ereignis dieser Nacht war. Dies ist eine entgegengesetzte Fassung zum Selbstmord des Autors am Ende der *Palette*, wo der Suizid ein Siegel auf die Verschmelzung des Schriftstellers mit dem Roman ist, Selbstmord aus Glück (*Palette*, 335/6). Hier aber ist die Selbstverbrennung das Siegel auf das absolute Scheitern der Darstellungssprache. Erwogen wird – wie häufig bei Fichte – ob es eine ideogrammatische Sprache geben könne, die in Bild/Begriffszeichen schreibt. Das, was geschrieben wird, hätte eine zugleich semantische wie ikonische Präsenz, in der Zeichen und Bedeutung koinzidierten. Gibt es, so ist die Frage im *Grünspan*, die unmittelbare Präsenz des Dargestellten in der Darstellung? Oder entzieht sich das Ereignis ›Bombennacht‹ der Darstellung ebenso wie der Vorstellung? Für Fichte ist der »Terrorangriff« ein sprachgeschichtliches Ereignis, bei dem die traditionelle Ordnung des Realen, Symbolischen und Imaginären in den Destruktionsgewalten des Krieges untergeht. Die Bomben überbieten die literarischen Verarbeitungsfähigkeiten. Das imaginäre Schwarz der Seiten ist ein Metazeichen, dasjenige Zeichen, welches bedeutet, daß Zeichen nichts mehr bedeuten und vernichtet sind im Augenblick des Krieges. Fichte, im Versuch der sprachlichen Bearbeitung der Nächte im Juli 1943, gerät bis an die Grenze des Gedankens, daß der moderne Krieg den semiotischen Code überhaupt zerstören könnte. Zerstückelung der Sprache.

Doch, so der Text: »die Buchstaben sind nicht alle verbrannt« (*Grünspan*, 48). Für Fichte, der 1968 längst ein Schriftsteller der Recherche und des Interviews ist, bedeutet dies: alle Zeugnisse über die Bombennächte lesen und den Prozeß der Recherche eines Ereignisses, das selbst schwarz bleibt, dokumentieren: das ist das Kap. 17 in *Detlevs Imitationen*. Und hierbei werden zentral die Anatomie-Schilderungen des Professors Gräff. Aber warum?

Anatomie

Es geht um die instrumentelle, vor allem aber sprachliche Bewältigung der Konfrontation mit dem zerstückelten, zermalmten, zermatschten, zerrissenen, verbrannten, gesottenen, verfaulten, zerbrochenen menschlichen Körper. Der Mediziner Gräff ist Vertreter einer faschistischen Medizin par excellance, die jedoch die jahrhundertelang eingeübte affektneutralisierte Disziplin der Anatomie auf den Begriff bringt. Dieser Gräff spricht 1948 über seine Sektionen der »Bomben-Brand-Kellerschrumpfleichen« in derselben Beschreibungssprache wie Jäcki über die zerrissenen Körper der Frösche 1951: die radikale Abstraktion davon, daß ›dieses Fleisch da‹ Leib wie mein Leib ist, ermöglicht die absolute Sachlichkeit des Blickes auf den zerstückelten Körper. Dies ist, historisch und psychologisch, das nicht mehr überbietbare Auseinandertreten von sympathetisch gespürtem Leib und dem zur res extensa entfremdeten Körperding.

Die anatomiegeschichtlichen und die frühen biographischen Spuren werden im *Versuch über die Pubertät* wieder aufgenommen, in den Obduktionsszenen des gerichtsmedizinischen Instituts ›Nina Rodrigues‹. Unauffällig assoziiert der Ich-Erzähler die Sektionen mit Rembrandt, d.h. mit dessen Gemälden *Die Anatomie des Dr. Tulp* (1632) und *Die Anatomie des Dr. Deymann* (1656).[11] Fichte stellt damit einen Zusammenhang her mit dem theatrum anatomicum, dessen zeremoniöse Rituale im 16. und 17. Jahrhundert noch notwendig waren, um den Schrecken ›unter der Haut‹, das Zurückschaudern vor der Zerstückelung, ja die Vivisektion zu beherrschen. Zwischen den Folterbildern Gerard Davids (1498)[12] und Rembrandts Anatomien war in der bildnerischen Gestaltung noch spürbar, daß der gehäutete oder anatomisierte Körper als Opfer gesehen wurde, das die mitleidende Erschütterung und Selbstreflexion des Betrachters auslöst. Gegen solche sympathetischen Gefühle, die einen Zusammenhang von eigenem und fremdem Leib begründen, sind die Agenten der Folter- und Anatomieszenarien abgedichtet. Und daß es diesen Zusammenhang von Folter und Anatomie gibt, belegt nicht nur die ikonographische Tradition; im *Versuch über die Pubertät* betont Fichte dies dadurch, daß der zu Tode gefolterte Revolutionär Lamarca im gerichtsmedizinischen Institut nachobduziert wird, »damit die wissenschaftlichen Schnitte die Schnitte der durch Wissenschaftler angeleiteten Folterer überschnitten« (*Pubertät*, 22). In dieser Überschneidung von Wissenschaft und Folter spielen die Souveränität der Exekutoren, die das Recht, und die methodische Disziplin der Anatomen, die die Rationalität repräsentieren, sich in die Hände. Die Auslieferung des lebendigen oder toten

Fleisches des anderen begründet eine Form des Subjekts, das durch radikale Trennung vom Leib seine Form und Unwiderstehlichkeit findet. Die Fichte'schen Erinnerungen an Rembrandt und Lamarca assoziieren eine Art Urszene der cartesianischen Moderne (so will es der Zufall, daß Descartes an den Anatomieszenen des Dr. Tulp teilnahm) –, eine Urszene, worin die Folter und die Anatomie des Leibes als zwei Seiten desselben Prozesses erscheinen. Indem das Fleisch, in seiner endlosen Zergliederbarkeit, vollständig zur res extensa entäußert wird, erzeugt sich über das Feld des Wissens, das der Körper herzugeben hat, und über das abstrakte Recht, das der vivisektierte Körper zur Aufführung bringt, erst die körperlose, d. h. nicht-empfindliche, anästhesierte res cogitans in ihren beiden Formen: Wissen und Macht.

Empfindlichkeit

Im gerichtsmedizinischen Institut ›Nina Rodrigues‹ tritt Fichte in die innerste (Blaubart-)Kammer dieser Urszene der Moderne ein und entwickelt, gegenüber der zergliedernden Rationalität, das Modell der Analogie und Korrespondenz, die die Ästhetik der »Empfindlichkeit« tragen: »Leichnam« – »Gleichnam« (*Pubertät*, 20). Dabei gewinnt Fichte die affektive Dichte zurück, die in den rituellen Szenen des Rembrandtschen theatrum anatomicum noch bestand, an jener historischen Bruchstelle, an welcher das Trauma der Zerstückelung als unterste Schicht leiblicher Subjektivität noch erfahrbar war, bevor sie, in den Machttechnologien ebenso wie in der Wissenschaft, im Zeichen rationaler Versachlichung verdrängt wurde. Die Angst und der lädierte Körper bilden bei Fichte eine Art Urerfahrung, die sein Schreiben bestimmen. Die Literatur hat, bei der Annäherung an das Trauma der Zerstückelung, die Funktion einer schützenden Abwehr. Sie übernimmt damit jene Aufgaben, die in vormodernen Gesellschaften die Riten der Angstbewältigung hatten. Dabei sucht Fichte das Trauma der Zerstückelung durchweg an den Stellen auf, wo es in der Geschichte erfahrbar wurde: im Krieg, in der Anatomie und Medizin, in der Folter, im Mord, in religiösen Opferriten, in sexuellen Perversionen, schließlich, sozial gesehen, in Lagen extremer Verelendung von Armutsgesellschaften, sowie, biographisch gesehen, in Lagen extremer Angst und sympathetischer Identifikation. Letzteres erzeugt eine in allen Romanen durchgehende selbstreflexive Struktur. An den Grenzen des psychotischen Zerfalls gewinnt die biographische Auseinandersetzung mit Qual, Angst, Schmerz und Körperpein eine anthropologische Dimension.

Biographisch führt die Konfrontation mit den obduzierten Leichen des Institus ›Nina Rodrigues‹ zurück in die *Waisenhaus*-Welt. »Teil um Teil fällt jedes Organ, das ich mir in Halbträumen einverleibt hatte zu dem rituellen Körper meines sinnlichen Bewußtseins, wieder ab und heraus.« (*Pubertät*, 22, 295/7) Das von sympathetischer Empfindlichkeit bestimmte Sehen der zerschnittenen Körper wird so sehr am eigenen Leib gespürt, daß der Erzähler sich gewaltsam aus der Identifikation mit den Toten zurückreißen muß und dennoch, im Augenblick des Schreibens, »Schmerzen« fühlt »bis in die Leber und Milz« (*Pubertät*, 21). Hierbei handelt es sich nicht um moralisch motiviertes Mitleid, sondern um eine andere Erkenntnisform, die nicht auf dem Urteilen und dem Experiment beruht, das historisch gerade in der Anatomie seine paradigmatische Form gefunden hat. [Zergliedern – analysieren – zusammensetzen sind die grundlegenden wissenschaftlichen Operationen auf der Basis der affektneutralisierten Subjekt-Objekt-Trennung.] Hier bei Fichte geht es auch um einen »Versuch«, aber um den Versuch »bewußter Empfindlichkeit« (*Pubertät*, 16); und es geht um Erkenntnis, nämlich Erkennen vom eigenen Leib her. Und das experimentum crucis, dem Fichte sich unterwirft, erzeugt das Wissen, daß das biographisch erworbene Bewußtsein des ganzen Körpers, das sinnlich integrierte Körperselbstbild unterlegt ist vom Trauma der Zerstückelung.

Das ist die Urerfahrung, die den Waisenhaus-Roman bereits strukturierte –: dort noch in den weitgehend mystifizierten Begegnungen des Kindes mit Bombendrohungen, Polen-Folterungen, Bauern-Mord, mit den prothetischen Körpern der Kriegsverletzten aus Fleisch, Gips und Draht, den religiösen Martyrien und apokalyptischen Strafphantasien der Hölle, mit den Dämonien des verstümmelten Klasels und den magisch unter dem Bett hervorwachsenden

Gesichtsfragmenten usw. Auch hier in Salvador ist diese Welt präsent: die »Kinderliedvorstellung« vom Körperzerstückeln, die »große Kasperlevorstellung in Hagenbecks Tierpark« (*Pubertät*, 22, Grand Guignol!), die Erinnerung an die Auflösung der Welt bei der Nachricht vom Tode des Scheyerner Kolonialwarenhändlers (*Pubertät*, 20, 290/1). Aber sie ist erweitert um die Erinnerungen an Genet und Hans Henny Jahnn und den Zusammenhang von Ritus, Blut und Mord; um die Zerstückelungsriten von Tieropfern (*Pubertät*, 22), um rituelle Kastrationen und die Faszination von Zerstückelung in den sexuellen Obsessionen der Ledermänner; um das Wissen um rituelle Tötungen im Kult des Gottes Ogum, des Gottes des Krieges und des Eisens; um die literarischen Traditionen der Zerstückelung wie z. B. in der provencalischen Erzählung vom Schlachten, Kochen und Verzehren des Troubadours (*Pubertät*, 21/2) [worin der Pelops-Mythos ebenso wie die Orpheus-Legende durchschimmert].[13] Und Fichte weiß, seit Siegfried Gräff, von den profanen Zerstückelungen in der Anatomie, deren Ritus in den Zeremonien der Rationalität besteht, und um die Folter als einer säkularisierten Wahrheits- und Rechtsprozedur in nahezu allen Gesellschaften. Die biographische und leibgeschichtliche Ankunft auf der tiefsten Stufe des eigenen Leibes, der, jenseits des rituellen Bewußtseins von Ganzheit, sich in seiner letzten und unhintergehbaren Läsion zeigt, hier im gerichtsmedizinischen Institut: das ist der ursprünglichste Grund empfindlicher Erkenntnis, die jetzt Anschluß findet an die ubiquitären Erscheinungen des Zerstückelns in Mythen und Religionen, in Opferriten und psychischen Kollapsen, in Polizei- und Rechtspraktiken, in Tierexperimenten (»Auch ich sei nichts anderes als jene Katze mit freigesägtem Gehirn«, *Pubertät*, 230) und anatomischen Untersuchungen (Gräff), in sexuellen Riten und Träumen, in literarischen Phantasien und bildnerischen Gestaltungen.

Verarbeitungen

Im *Versuch über die Pubertät* werden zwei Ebenen erkennbar, mittels derer Fichte das Trauma der Zerstückelung abwehrend verarbeitet: das ist die Sexualität und die Literatur.

Genauer handelt es sich um eine Komplementarität, nach der die »Zärtlichkeit... in der Folter eine Entsprechung« hat (*Pubertät*, 177), bzw.: »die Gegenwart des vollkommenen schwarzen Körpers«, die Erotik der négritude ist dem Zerfall des »rituellen Körpers meines sinnlichen Bewußtseins« in der Zerstückelung komplementär (*Pubertät*, 295/7). Daraus geht hervor, was man die erotische Utopie Fichtes nennen könnte, wenigstens seinen Traum: daß nämlich gegenüber dem Zerfall des Körpers in Opfer, Martyrium, Anatomie, Folter es eine andere Form der Identitätsauslöschung gibt: die Erfüllung des eigenen Körpers durch den Körper des anderen, worin der eigene untergeht.

Die protoliterarischen Selbsterhaltungs-Techniken aber, die Fichte auf dem Grund der Zerstückelungserfahrung entwickelt, will ich am Schluß noch resümieren anhand des Waisenhaus-Romans.

Die Waisenhaus-Welt ist eine Welt der Angst. Alles geht in Stücke. Die Folter beherrscht Himmel und Erde. Zuerst versucht Detlev, diesen Prozeß abzuwehren durch eine Verwandlung des Wahrgenommenen zu ›stehenden Bildern‹ (z. B. *Waisenhaus*, 55, 56, 61, 63). Dies ist der Versuch, Ganzheiten in ein nunc stans zu retten: der katastrophische Tod und die Wucht des Weltzerfalls werden gebannt in den stillen Anhauch des Todes, der als nature morte wie eine Erlösung wirkt. Der zweite Versuch besteht darin, durch Identifikation und Imitation mit dem gefolterten Opfer sich zu verschmelzen mit der Figur des Erlösers und mit dem abwesenden, ersehnten Vater (z. B. *Waisenhaus*, 62, 19, 21, 25, 77, 79, 113, 125, 172). Und schließlich das Bild, bei welchem Detlev sich phantasiert als eine in Bernstein eingeschlossene, zerstückelte Ameise als Schmuck am Hals der Mutter: in zeitloser Stille ist dies das Zeichen »von der Marter vor vielen tausend Jahren«, die er erduldet hat, um nun, auf ewig eingeschmolzen im Bernstein, am Körper der Mutter zu sein (*Waisenhaus*, 63).

Protoliterarisch sind diese Abwehrphantasien insofern, als ihnen bestimmte Techniken ästhetischer Magie entsprechen, die folgenreich für das Werk Fichtes werden. Die archaischste Trauma-Abwehr ist mit dem Bernstein-Bild gegeben. Hier verwandelt sich Detlev in die zeitlose Ikone seines Martyriums. Der zerrissene Leib ist eine Reliquie am Leib der Mutter, die Grab und Ruhe zugleich ist. Nimmt man dieses Bild als Allegorie der Kunst, die der Sohn erzeugen wird, dann heißt dies: Das Œuvre Fichtes ist perspektivisch zu lesen als ein höchst ambivalentes Geschenk an die Mutter: der Sohn bannt im Werk die Geschichte seines Leibes und legt dieses seiner Mutter als Schmuck um den Hals. Die Sprache hat die Funktion des Bernsteins; sie ist das verewigende Medium, wodurch der Schmerz zur Kunst, zur Reliquie wird um den Preis des dabei vorausgesetzten Tod des Autors. Die Sprache, in der der Sohn sich verewigt, ist jedoch zugleich das anklagende Zeichen, daß die Mutter den Sohn hätte einhüllen müssen, wie es subsidiär später die Sprache mit dem Autor tut: auf der Starclub-Bühne gekleidet in nichts als den Mantel der Wörter (*Palette*, 333). Hierin hallt die gewaltige Anklage – bis zur *Geschichte der Nanã* –, daß die Mutter diesem Sohn den Schutz der symbiotischen Einschließung nicht geboten habe.

Die zweite Möglichkeit ist, daß der Autor in Analogie zum Christus-Drama den Weg des Selbstopfers geht, um eben darin imaginäre Identität zu gewinnen: nämlich im Zusammentreffen mit dem ewig abwesenden Vater, der »so groß« ist »bis an die Wolken« (*Waisenhaus*, 172). Gegenüber der mütterlichen Matrix des Bernstein-Bildes wirkt hier ein verborgen christologisch-patriarchalisches Programm. Die Kunst Fichtes wäre ein grandioses Selbstopfer, wäre die immer wieder aufgesuchte Szene der ursprünglichen Kastration, der Läsion des Leibes im Dienst einer imaginär-erotischen Verschmelzung mit dem immer abwesenden Phallus des Vaters. Das Werk wäre dieser Phallus, die sprachliche Beschwörung von etwas Unerreichbarem, einer Omnipotenz, die sich immer entzieht und die endlose Spur des Schreibens hinterläßt.

Und die dritte Möglichkeit wäre – ebenso endlos – der Versuch, dem Schrecken, den das Kind Detlev wie der Autor Fichte erfährt, in Scheyern ebenso wie in Bahia, in Lokstedt oder in Haiti genauso wie in den Zeugnissen Herodots, Lohensteins, des Korans oder Pasolinis, – diesen Schrecken zu verwandeln in nature morte, ins ästhetische Bild. Niemals wird im ästhetischen Bann der Schrecken, welcher der Grundton des Fichte'schen Werkes ist, wirklich aufgehoben, wohl aber aufbewahrt und gestaltet zu einem Werk, das darin Züge aufnimmt des vormodernen Bildtheaters des geschundenen Menschen, der Opferrituale, des *Theaters der Grausamkeit* (Artaud), das nicht einer abseitigen Phantasie entspringt, sondern der poetischen Erkundung des Menschen dient, einer anderen Art von Anthropologie, die – entgegen dem aufgeklärten Humanismus – der älteren Wahrheit der sophokleischen Antigone verschrieben ist: »Ungeheuer ist viel. Doch nichts / Ungeheurer als der Mensch.« (Sophokles: *Antigone*, V. 332/3) [14]

Schließlich aber finden wir schon im Waisenhaus-Roman den Ursprung der Montagetechnik Fichtes. Das Hantieren mit dem Letternkasten und den Bildbauklötzen, das Spiel mit den Konjunktiven beruht auf der Entdeckung, daß die fragmentierte und dissoziierte Realität durch Montage in die ästhetische Regie des Subjekts zurückgenommen werden kann. An Detlevs Imitationen wird indirekt deutlich, daß jeder Montage eine Demontage vorausgeht, jeder Konstruktion die Destruktion, der ästhetischen Integration die Desintegration – so wie auch dem rituellen Körper-Selbstbild die Zerstückelung vorausgeht und der Ordnung, die erzeugt wird, das Chaos, welches der Grund jeder Ordnung ist. Indirekt führt das Zerstückelungs-Trauma zu einer ästhetischen Absage an epischen Realismus und Mimesis-Prinzip. Psychisch gesehen ist das letterale Spiel und die konjunktivische Demontage Detlevs eine Identifikation mit dem Aggressor – ein Parieren des Schocks. Literaturgeschichtlich betrachtet aber ist denkbar, daß die Montagetechnik wie auch die destruktiven wie dekonstruktiven Züge der modernen Kunst ähnlich funktionieren wie hier bei Detlev: sie verwandeln die schockhafte Erfahrung der zerstörerischen Gewalten der modernen Gesellschaften zu einem ästhetischen Verfahren, durch welches der Künstler, das enteignete Subjekt, wenigstens auf der imaginären Ebene der Materialbehandlung ein Stück Aktionsfreiheit und Verfügungsmacht zurückgewinnt, die real längst geopfert sind. Auf der Ebene des ikonischen und letteralen Spiels entdeckt Detlev ja nicht nur die Möglichkeit, die Realität in grandiosen Potenzräuschen auseinanderzuschlagen wie Spielzeug; sondern zugleich entsteht die protoliterarische Einsicht, daß die kompakte Faktizität trügt und daß diese in Wahrheit selbst eine Montage ist, eine Konstruktion, die folglich ummontiert, umkonstruiert, dekonstruiert werden kann.

Die Erfahrung von Montage und Demontage des sprachlichen Materials macht Detlev in den spielerischen Akten und phantastischen Umcodierungen. Hier deutet sich die Einsicht an, daß die Realität der Zeichen gerade darin besteht, offen zu sein für neue Besetzungen, für eigenaktive Codierungen – womit die grundlegende Entdeckung gemacht wird, daß die Welt, insofern sie Sprache ist, eine niemals zu raubende Zugänglichkeit und Anschlußhaftigkeit für Subjekte enthält. So auch ist die Wirklichkeit Detlevs, entgegen dem Schein schicksalhafter Macht, eine Montage, die zerlegbar, buchstabierbar, modalisierbar ist. Das lernt er an dem Umgang mit dem Theater (*Waisenhaus*, 131–133; 138/8; 146/7; 151–158; 162) und der Totenmesse (*Waisenhaus*, 65–68).

Die letterale Sezierung des Realen durch Detlev mündet in einer imaginären Vivisektion des eigenen Leibes, den er konjunktivisch auseinandernimmt, auslöscht bis auf ein Nichts, um sich daraus zu rekonstruieren zu jenem unwiderleglichen »Es gibt mich« des Roman-Endes. Das liegt der medizinhistorischen Tatsache parallel, daß die Anatomie des Körpers bis auf die Ebene der feinsten Teile herunter korrespondiert dem Traum der Medizin, die autonome Schöpfung des Menschen zu erlangen. So erkennen wir im *Waisenhaus* das Durchleben der Zerstückelung als eine Entsprechung zur totalen Neuschöpfung der Wirklichkeit in den wenigen Sekunden auf dem Balkon.

Mit einigem Recht kann man den Roman *Das Waisenhaus* eine Art cartesianische Grundlegung der Fichte'schen Literatur nennen. Hier wird im radikalen Experiment der Vernichtung des Realen ein Fundament gesucht für die Selbsterhaltung des Subjekts – und diese findet ihren Halt in der Ordnung der Sprache und, als zweites, im eigenleiblichen Spüren. Hierauf ruht das Prinzip der Empfindlichkeit in ihren zwei Seiten: dem sympathetischen Sprechen und dem erotischen Körper.

Anmerkungen

1 J. E. Harrison: *Themis. A study of the social origins of Greek religion*, Cambridge 1927, S. 15 und Walter Burkert: *Homo Necans. Interpretationen altgriechischer Opferriten und Mythen*, Berlin, New York 1972, S. 20. – Zumindestens das Buch von Burkert war Fichte bekannt (Auskunft von Leonore Mau).

2 Burkert, s. o., S. 140. (Kallimachos, *Fragment* 643, 517)

3 Ebd., S. 142.

4 Burkert, s. o., S. 127 ff. – Die bereits späte, aber klassisch gewordene Form des Aktaion-Mythos bei Ovid, Met. III, 138–252.

5 Z. B. Mircea Eliade: *Das Mysterium der Wiedergeburt. Initiationsriten, ihre kulturelle und religiöse Bedeutung*, Zürich u. Stuttgart 1961; M. E.: *Schmiede und Alchemisten*, Stuttgart 1980; M. E.: *Kosmos und Geschichte. Der Mythos der ewigen Wiederkehr*, Reinbek bei Hamburg 1966. M. E.: *Schamanismus und archaische Ekstasetechnik*, Zürich 1957.

6 Jacques Lacan: *Das Spiegelstadium als Bildner der Ichfunktion*. In: J. L.: *Schriften I*, Olten 1973, S. 61–70.

7 Hans Bellmer: *Die Puppe*, Frankfurt/M., Berlin, Wien 1983. – Fichte kannte das zwischen 1933 und 1953/4 entwickelte Puppen-Projekt Bellmers ebenso wie die dazu teilweise in Korrespondenz stehenden literarischen Experimente Unica Zürns. Erste Hinweise bei Tomas Vollhaber: *Das Nichts – Die Angst – Die Erfahrung. Untersuchung zur zeitgenössischen schwulen Literatur*, Berlin 1987, S. 158 ff. Diese Andeutungen bedürften im Sinne von Fichtes Idee einer Literaturgeschichte »als ein Netz von Beziehungen – Correspondances« (*Lesebuch*, 11) einer gründlichen Ausarbeitung (vgl. den ins *Lesebuch* aufgenommenen Text von Unica Zürn, zu dem das Werk Fichtes in dichter Beziehung steht sowie die Fotos von Leonore Mau in *Dichter mit Umgebung*, Frankfurt/M. 1981).

8 Das Exemplar des Buches von Siegfried Gräff befindet sich in der Bibliothek des Universitätskrankenhauses Eppendorf. Es ist zweifelsfrei beweisbar, daß die Spuren der intensiven Bearbeitung auf Hubert Fichte zurückgehen. Der Vergleich von Gräff-Text, Fichtes Unterstreichungen und Textcollage im *Grünspan* verdeutlicht sehr genau die Arbeitsweise Fichtes. S. a. Horst Gronemeyer: *Magister Graeff – der Alsterdante. Hubert Fichte in der Hamburger Staats- und Universitätsbibliothek*. In: *Auskunft*, 9. Jg., H. 2, S. 205–209.

9 Dies ist die radikalste Fassung des Nichts bei Fichte – so noch im letzten

Hörspiel »Ich bin ein Löwe und meine Eltern sind Eichen und Steine« (*Schulfunk*, 544–546).

10 Michel Foucault: *Schriften zur Literatur*, Frankfurt/M., Berlin, Wien 1979, S. 11 ff.

11 Vgl. dazu Klaus Mollenhauer: *Der Körper im Augenschein – Rembrandts Anatomie-Bilder und einige Folgeprobleme*. In: Dietmar Kamper/Christoph Wulf (Hg.): *Der Schein des Schönen*, Göttingen 1989, S. 185/6.

12 Fritz J. Raddatz (Hg.): *Das Zeitmuseum der 100 Bilder*, Frankfurt/M. 1989, S. 235 ff. (Leo Navratil: *Folter ohne Gefühl*).

13 Dazu Wolfgang Rath: *Fremd im Fremden. Zur Scheidung von Ich und Welt im deutschen Gegenwartsroman*, Heidelberg 1985, S. 162–230, hier: S. 228–30.

14 Die Verse zitiert auch Ingeborg Bachmann, »wenn ich Sie an eine Schulstunde erinnern darf«, in der Vorrede zu dem Roman-Fragment *Der Fall Franza* (*Werke*, München 1984, Bd. 3, S. 342). Auch die Beziehungen Fichtes zu Ingeborg Bachmann, besonders zum Todesarten-Zyklus, sind noch zu entwickeln.

WOLFGANG VON WANGENHEIM

Roman eines Romans: Alte Welt

Das Zitat (...) ist (...) Wirklichkeit, die sich in Fiktion verwandelt, Fiktion, die das Wirkliche absorbiert, eine eigentümlich träumerische und reizvolle Vermischung der Sphären.

Thomas Mann
Die Entstehung des Doktor Faustus (30)

An jeder Straßenecke muß ich mich überzeugen weiterzuleben. Pantheon.
Als wäre es eine andere Welt.
Eine Welt vor zwanzig Jahren (...)
(...)
Ich empfinde wie auf Sylt 1947.
Imitationen.
Dies wird mein Roman über Detlev.
Ich imitiere mich am Pantheon selbst,
als Zwölfjährigen.

Hubert Fichte
Alte Welt (*I*, 392) *

Bei der editorischen Arbeit am Manuskript von Hubert Fichtes nachgelassenem Roman *Alte Welt*, der unter anderem vom Romanschreiben handelt und vom Alltag eines Romanciers, verfolgte mich die Formulierung Thomas Manns, bis ich bei diesem selbst nachschlug. Zu meinem Erstaunen fand ich dort Sätze, die korrespondierten mit Sätzen Fichtes und die mich verlockten zu einer konfrontierenden Darstellung von Aspekten des einen und des anderen Werks. So verschieden diese beiden Autoren sind, entfernt voneinander obendrein durch sechzig bewegte Jahre, so nah sind sie sich,

* Da *Alte Welt* noch nicht gedruckt ist, zitiere ich nach dem Manuskript. Die Zitate aus Thomas Mann: *Die Entstehung des Doktor Faustus*, werden im Text direkt durch Seitenangaben nachgewiesen nach der Ausgabe Amsterdam 1949.

wo sie das eigene Schreiben reflektieren und die eigene Existenz. Beide folgen hierbei demselben Schreibimpuls: dem Wunsch nach einem coming out im Medium der Literatur.
Dieser Wunsch war bei beiden überlagert von einem noch stärkeren: zu schreiben. Wichtiger als das Mitzuteilende war ihnen die Mitteilung, der Text. Schreiben war die Botschaft. Es selber war ihr Leben in seiner intensivsten Form. Auch für sie galt der Vers aus Goethes *Tasso*:

»Wenn ich nicht singen oder dichten soll,
So ist das Leben mir kein Leben mehr.« (V. 3081f.)

In *Alte Welt* fragte Fichte noch einmal nach dem Verhältnis von Leben und Schreiben; in immer neuen Ansätzen denkt er nach über die Spannung zwischen beiden, über die zwischen ihnen waltende Konkurrenz, über die gegenseitige Gefährdung und mögliche Beschädigung. Er fragt: Wie kann man gleichzeitig leben und schreiben? Wie kann man, was man erlebt, beschreiben? Mindert oder mehrt das Schreiben das Leben? Die implizite Antwort ist der Roman selbst, der hier vorgestellt werden soll aus der Perspektive des Vergleichs, von jenen Aspekten her, in denen er sich mit dem zweiteiligen *Faustus*-Werk berührt.

»Aber ich will die Geschichte des *Faustus*, eingebettet wie sie ist in den Drang und Tumult der äußeren Ereignisse, an Hand meiner knappen täglichen Aufzeichnungen von damals für mich und die Freunde zu rekonstruieren suchen.« (12) So beginnt Thomas Mann die *Entstehung des Doktor Faustus*, die er im Untertitel ›Roman eines Romans‹ nennt. Das führt irre: hier wird nicht das Romanschreiben selber Gegenstand der Fiktion, wie etwa in Gides *Falschmünzern*; vielmehr berichtet Thomas Mann aus dem Zeitabstand von fünf Jahren, unter welchen persönlichen und weltgeschichtlichen Umständen er den Roman *Doktor Faustus* geschrieben hat. Er bezieht das dort Fingierte auf die Realität, der es entnommen ist, und schickt so dem Werk seiner Phantasie eine historisch-autobiografische Rechenschaft hinterher; insbesondere nennt er die Personen, aus deren Lebensgeschichte er Züge entnommen hat. Mit Bedacht habe er das eigene Tun, das Romanschreiben, einem fiktiven Biografen zugeordnet: das

»erlaubte mir, die Erregung durch alles Direkte, Persönliche, Bekenntnishafte (...) ins Indirekte zu schieben und sie in der Verwirrung (...) jener bangen Seele travestierend sich malen zu lassen«. (28) Dieses Vorgehen habe »entlastend« gewirkt, denn: »Seine Erregung (...) war die meine, ich parodierte die eigene Erfülltheit und empfand als sehr wohltätig (...) die Indirektheit meiner Verantwortlichkeit bei so viel Entschlossenheit zum Direkten, zum Einsatz von Wirklichkeit und Lebensgeheimnis. Wie nötig waren Maske und Spiel angesichts des Ernstes meiner Aufgabe« (32): Es sollte der »Roman meiner Epoche« werden, »verkleidet in die Geschichte eines hoch-prekären und sündigen Künstlerlebens«. (33)

Travestie und Parodie, Maske und Spiel seien notwendig gewesen als Kunstmittel gegen das »eigentümlich Wirkliche« (29) am Roman, das am krassesten hervortrete in der Zeitperspektive des Biografen. Serenus Zeitblom zitiert nämlich, beginnend am 23. Mai 1943, aus dem Tagebuch von Thomas Mann; er notiert und kommentiert die politischen Ereignisse, welche die Niederschrift des *Doktor Faustus* begleiten, am Tage selbst, da sie gemeldet werden. Und damit rührt er indirekt an ganz Privates: »Diese mich selbst fortwährend befremdende, ja bedenklich anmutende Montage-Technik (...) hat zu tun mit einer seltsamen und lizenziösen seelischen Lockerung, aus der (das Buch, W. v. W.) hervorgegangen, seiner übertragenen und auch wieder baren Direktheit, seinem Charakter als Geheimwerk und Lebensbeichte«. (29)

Das Indirekte läuft Gefahr, eingeholt zu werden vom Direkten, das Lebensgeheimnis von der Wirklichkeit. Hatte Thomas Mann den Biografen erfunden, um dem eigenen Bedürfnis nach autobiografisch-bekenntnishaftem Schreiben einen Ausweg zu schaffen, so drohte dieser, unter dem Sog der identisch erlebten Zeitereignisse, aus der Fiktion herauszutreten – und mit ihm der Gegenstand seines Schreibens. Denn Geheimwerk und Lebensbeichte beziehen sich nicht auf den bravbürgerlichen Erzähler, sondern auf den teufelshörigen Künstler. Der Grund allen Geheimhaltenmüssens und Beichtenwollens ist dessen Sexualleben. Der Studienrat blickt aus seiner moderaten Ehe mit der treuen Helene auf die Schaffenswut des Komponisten und die kurzen Ausbrüche aus seiner Einsamkeit.

»In Treuen abgewartet« habe Katia Mann den Abschluß der Arbeit am Roman, heißt es, ganz unironisch, in der *Entstehung* (164). Das Schreiben über wirkliches Leben hat offenbar viel Lebenspräsenz an sich gezogen, der Schreibende hat sich in die Travestien der eigenen Existenz sehr weit hineingelebt. Dabei spielt Sexuelles, wo es sich nicht als Teufel travestiert, eine bescheidene Rolle. Dem Komponisten Adrian Leverkühn werden nur zwei einschlägige Erlebnisse zuteil: der Besuch bei der Prostituierten Esmeralda und der Aufenthalt auf Schloß Tolnay mit dem jungen Geiger Rudi Schwerdtfeger. Beide sind ›Zitate‹ im Sinn Thomas Manns, Übernahmen nicht von Texten, sondern von Fakten: das erste ist der Biografie Friedrich Nietzsches entnommen, im zweiten spielt Autobiographisches mit. Entlastend wirkt der Erzähler insofern, als er in einer komischen Caritas dem Helden das Anstößige seines Tuns abnimmt und dem Verfasser das Anstößige seines Bekenntnisses.

In der Erzählung *Tod in Venedig* hatte Thomas Mann ein Schriftstellerleben dargestellt als andauernde Selbstdisziplinierung eines Schwulen, der erst unter dem Anhauch des Todes seine Seele lizenziös zu lockern wagt, der sterbend erst glücklich zu sich selber kommt. War dort der Künstler im Augenblick der Selbstbesinnung zur Karikatur des alternden Gecken geworden mit grotesken und verachtenswerten Zügen, so zieht im *Doktor Faustus* der Bürger das Groteske an sich; die biedere und in ihrer Verwirrung so bange Seele leitet alle Verachtung durch den Leser auf sich und weg von dem Künstler, der seiner schwulen Veranlagung mitten aus ernster Arbeit heraus wenigstens einmal ungeschmäht nachgeben darf. In der Person Zeitbloms distanziert sich Thomas Mann vom eigenen schwulen Selbsthaß, der ihm oft die Feder geführt hat. *Verwirrung der Gefühle* hatte Stefan Zweig seine Schwulen-Novelle freundlich-abschätzig überschrieben – Thomas Mann schiebt die ›Verwirrung‹ der Seite zu, die über Homosexualität so denkt.

Freilich hatte er, was das Bekenntnishafte betrifft, im Roman bereits so viel gewagt, daß er dessen Veröffentlichung zunächst scheute und ihr dann den Bericht hinterherschickte zur Begütigung, wobei er eine Art Halböffentlichkeit suggerierte: er schreibe über die Entstehung »für mich und die Freunde«; dort aber weist er nur in abstrakten Wendungen hin auf den Bekenntnischarakter des Romans, den Schritt darüber hinaus zu einem direkten Bekenntnis tut er nicht.

Nur sich selber gestand er ein, worauf der Roman sich bezieht, und zwar in den Tagebüchern. Nur dort bekannte er sich zu seiner wahren Konstitution: bisexuell, und zum Schema der Selbststilisierung: Ehe wegen der Disziplin, Schwulität als Stimulans des Schreibens. Erst mit der Entscheidung, die Tagebücher zur späteren Veröffentlichung freizugeben, hat Thomas Mann sich zu seiner Veranlagung bekannt, also gleichsam von jenseits des Grabes.

Hubert Fichte, der mit seinen Büchern einen neuen Maßstab gesetzt hat für das, was ein Schriftsteller literarisch über sich selber zu Lebzeiten mitteilen kann, ist als Romancier zunächst der Spur Thomas Manns gefolgt. In seinem zweiten Roman, der *Palette*, mit dem er als erster in der deutschsprachigen Literatur die soziale Anerkennung und Integration der Homosexuellen propagiert, hält er sich an das Schema der literarischen Distanzierung. Bei Fichte sind Held und Erzähler zwar eine Person, doch der Autor, der sich hier erkennbar selbst porträtiert hat, ist ein anderer. Mit welchem stilistischen Aufwand setzt er diesen Jäcki in Szene: Für dessen erste Schritte von der Straße in das Kellerlokal braucht Fichte sechs Seiten! Im Verlauf des Romans bleibt der Held, der mehr beobachtet als mitagiert, dem Geschehen gegenüber stets distanziert, und das bleibt er, obwohl er sich selber beschreibt, auch dem Leser gegenüber: er bleibt literarische Setzung. Noch in den siebziger Jahren achtete Fichte streng auf die Scheidung zwischen Fiktion und direktem Bekenntnis. Er hielt es für selbstmörderisch, öffentlich zu sagen: Ich, Hubert Fichte, bin schwul. Erst in seinen letzten Jahren ist er von dieser Regel abgewichen.

Alte Welt ist ein Roman über das Schreiben und seine Gattungen: Roman, Feature, Tagebuch. Im Jahr 1966 erhält der junge Hamburger Romancier Jäcki den Auftrag, für den Norddeutschen Rundfunk ein Feature über Griechenland zu schreiben. Damit ist der Anlaß gegeben für einen Wandel in seiner Arbeitsweise und in seinem Schreibstil. Hatte er bisher unterschieden zwischen Bücherschreiben und Zeitungsschreiben, zwischen Fiction und Reportage, zwischen Roman und Kunstkritik, so wird das Beobachten und Notieren von Tag zu Tag allmählich zu seiner universellen Technik. Gleichzeitig wird aus dem Feuilleton voller »Bildungszitate«, wie er die eigenen Funkbeiträge spöttisch nennt, die für Hubert Fichte typische verknappte Reihung von Beobachtungen und Zitaten von Befragten. Diesen Wandel beschreibt er aus dem Abstand von zwei Jahrzehnten, und er dokumentiert ihn zugleich, indem er seine Tagebuch-Eintragungen und etliche Arbeiten aus jener Zeit hineinzieht in einen Roman, der selber einem Feature und einem Tagebuch gleicht.

Den größten Raum nehmen Reiseberichte ein über Griechenland und Rom, Marokko und Ägypten, über jene Alte Welt, der Fichte später die Neue gegenüberstellen wird, Haiti und New York, Brasilien und Senegal. Hier nun, im späten Roman, verlieren die frühen Texte, chronologisch geordnet, ihre ursprüngliche Autonomie an die Erzählung: ein Autor schildert die Entwicklung des eigenen Stils, indem er sie dokumentiert und erzählend kommentiert. Mit dem Untertitel *Glossen* verweist Fichte auf die frühmittelalterliche Praxis der Textbearbeitung in Form von Übersetzung und Erläuterungen, die zwischen den Zeilen oder am Rande des lateinischen Bezugstextes geschrieben wurden. Die Glosse ist das Gegenstück zum Zitat. Aus ihm entwickelt Fichte zunächst sein zentrales Mittel der Darstellung. Spricht in den Griechenland-Texten vor allem der reisende Autor, so werden die folgenden Arbeiten mehr und mehr zu kunstvollen Montagen von Sätzen Anderer. Und diese Technik dringt zugleich in die Romane ein. In seinem vorletzten nun zitiert und glossiert Jäcki-Fichte sich selbst, indem er in die Tagebuch-Auszüge einzelne Sätze und in einige der Funkbeiträge ganze Absätze einrückt. In solcher Arbeit des neueren Textes am integrierten älteren wird das Ganze zum Glossar: zur Darstellung der äußeren und inneren Anlässe, denen jene Zitate sich verdanken, und zum Nachtrag dessen, was »an Jäckis Features«, wie es im Schlußsatz heißt, »fehlte«.

Wie die *Palette* und ähnlich dem *Doktor Faustus* ist *Alte Welt* auch der Roman der eigenen Epoche. Mittelpunkt ist Hamburg zur Zeit der Studentenbewegung. Jäcki schildert ihre Wortführer und die Schriftsteller, die sich an der Diskussion beteiligen; zu ihnen gehört er selber. Er ist Sympathisant, allerdings mit dem Bewußtsein dessen, der als Kind den Terror des Dritten Reichs zu spüren bekommen hat. Er protestiert gegen Entwürfe für eine menschlichere Welt, die den Umsturz mit unmenschlichen Mitteln herbeiführen wollen. Und es empört ihn, daß keiner dieser Entwürfe sich gegen den Muff der sexuellen Umgangsformen richtet, daß keiner dazu aufruft, sich über das Selbstverständliche in selbstbestimmter Weise zu verständigen. Den von den Medien bestärkten Agitatoren der gesellschaftlichen Veränderung stellt er die von den Medien weiterhin gedemütigten Schwulen gegenüber, und zwar in dem ganz schrillen Typus: Wer ist so revolutionär wie der Transvestit in der Gartenlaube? Würde ihm, dem Schrägen, Verdrehten Blochs aufrechter Gang zugestanden, er wäre der erste ›neue Mensch‹.

Diesem Cartacalo/la, bürgerlich Otto Habermann, hatte Fichte bereits mehrere Passagen der *Palette* gewidmet. In den späten Roman über das Schreiben setzt er nun jenes Theaterstück über den Transvestiten, das er, Fichte, Ende der sechziger Jahre geschrieben hatte und das damals von dem Cheflektor des Rowohlt-Verlages, der in *Alte Welt* eine bedeutende Rolle spielt, verrissen worden war. Ähnlich wie im *Ledermann* läßt Fichte den Helden selber zu Wort kommen, hier allerdings nicht mittels der Befragung, sondern in dessen eigenen Bühnentexten und in seinen Briefen. Darin geht es um einen Rechtsstreit mit der Stadt Hamburg, die den Künstler aus seiner ausgebauten und als Wohnung genutzten Gartenlaube vertreiben will. Fichte setzt diese Texte in eine wahrhaft barocke Szenenfolge als Kampf des Gerechten gegen Kleingärtner und Pressezaren. Indem er den damals zurückgewiesenen Text in den späten Roman einbaut, verschafft er sich selber Genugtuung: Das gehört neben die *Palette*.

Thomas Mann konstruiert aus Zügen, die er an sich und Anderen beobachtet hat, Romanpersonen, die in sich bruchlos scheinen und ganz in den Text integriert sind. Fichte konstruiert aus Textmaterial über reale Personen eine Folge von Textstücken, deren An- und Abbrechen sichtbar bleibt. Während Thomas Mann sich travestiert in den Bürger und in den Künstler der anderen Muse, stellt Fichte neben Jäcki den anderen schwulen Selbstdarsteller, den Transvestiten von Beruf. Cartacalo/la ist kein alter ego, Fichte ist Sympathisant. Er ist fasziniert von Eigenart und Lebenshaltung des Anderen, vor allem aber von dessen Ästhetik. Hier nun läßt er ihn auftreten als Autor mit ausführlichen eigenen Texten, naiven, opulenten, chaotischen Texten, die sich steigern zu einer großen Szene der Anklage gegen Mißachtung und Mißhandlung der Schwulen in der Alten Welt.

Der Stil des Damenimitators wirkt sich auf einige Passagen des Romans aus. Im Kontext der verbalen Girlanden und des Zitatenflitters gönnt Fichte Jäcki mehr Koketterie und Theatralik als sonst, gibt er etwas preis von der Thomas-Mann-Kluft zwischen Kunst und Leben, schreibt er bisweilen geradezu von der Leber weg. Es ist, als solidarisiere Fichte sich hier mit Habermann vom Tingeltangel gegen Thomas Mann von der Dichtung, als wolle er die eine Darstellungsweise gegen die andere ausspielen: Was sind literarische Kostümierungen gegen das Elend wirklicher Marginalität! Dazu verwendet er jene literarische Gattung, von der nun zu reden ist: das Tagebuch.

Alte Welt ist auch die Geschichte und das Ergebnis dessen, was Thomas Mann als Symptom seiner eigenen »seelischen Lockerung« beschreibt: die Montage von Auszügen aus eigenen Tagebüchern in einen fiktionalen Kontext. Wie stets zieht Fichte sein Nachdenken über das Romanschreiben in den Roman hinein; nunmehr aber schreibt er ihn als dessen Entstehung. Bereits in der *Palette* hatte er Jäcki nachdenken lassen über den Gebrauch des ›Ich‹ im Roman. Im jüngst veröffentlichten Roman *Forschungsbericht*, der angelegt ist als Tagebuch eines ethnologisch motivierten elftägigen Aufenthalts in Belize, holt am Schluß die Niederschrift den Bericht ein. Jäcki schreibt den Anfang, entscheidet sich für den Titel *Forschungsbericht* und überlegt nun, wie er schließen soll: dieses und jenes geschieht noch und stört den schon begonnenen Roman und darf darum nicht hinein. Damit ist es drin, und zwar als dargestellter Widerstand der Wirklichkeit gegen die Kunst.

Dieser Spannung ist *Alte Welt* im höchsten Maße ausgesetzt; sie ist ein formales Problem und gehört zum zentralen Thema. Jäcki artikuliert es in seinen Überlegungen zur Differenz von Roman und Tagebuch. Als er selber die Palette besuchte, führte er keins. Erst die Griechenlandreise brachte ihn dazu, »neben dem Eigentlichen, neben dem Roman her etwas aufzuzeichnen.« (I, 141) Was er für den Funk notierte, waren gleichsam extrovertierte Tagebücher, direkt für Hörer geschrieben. Außerdem und getrennt davon hielt er das wirklich Private fest, zunächst offenbar nur als Gedächtnisstütze.

Solche Kleinarbeit des Sammelns und Beiseiteschreibens hatte durchaus vorläufigen Charakter, und im Gegensatz zu Thomas Mann verfügte Fichte, daß die Tagebücher nach seinem Tod vernichtet werden sollen, da alles, was er mitzuteilen habe, in den Romanen stehe. Sie enthalten in der Tat reichlich Szenen und Reflexionen, die von dort stammen dürften, da ihnen der Gestus des Tagebuchs eignet. Darin aber macht Fichte seine Arbeitsweise sichtbar, die mehr und mehr geprägt war von journalistischen Verpflichtungen und die das Arbeiten von Tag zu Tag erforderte. Formaler Ausdruck dieses Zwangs ist der Roman *Forschungsbericht*, der im fernen Weltwinkel vom Druck des Produzierens und von der Angst des Mißlingens handelt.

In *Alte Welt* nun greift Fichte zurück zu den Anfängen. Wie Jäcki zunächst das Ansinnen, ein Reisefeature zu schreiben, von sich gewiesen hatte, so nahm er auch die daraus entstandene andere Nebenproduktion nicht ernst:

»Abneigung gegen Tagebuch und Quellen. Memoiren.
Das ist alles nicht Dichtung.« (I, 285)

Das Eigentliche war für ihn zunächst, wie für Thomas Mann, die Dichtung. Je mehr er schrieb, je mehr Textgattungen er ausprobierte, desto stärker wurde sein Bedürfnis, die Differenzen literarisch aufzuheben. In der *Palette* sei ihm das noch nicht gelungen: »Vielleicht hätte ich sie konstruktivistischer zuende gehen lassen sollen. Besuche. Lebensläufe. Phantastische Ideen. (...) Lebensläufe und Phantasien als Einblendungen – das hat auch was für sich.« (I, 351) Solche Einblendungen – ein Wort aus der Funkarbeit – hatte Fichte aber dort und im Roman *Detlevs Imitationen ›Grünspan‹* bereits angewandt, allerdings bedacht auf epische Einbindung. Im *Versuch über die Pubertät* hatte er dann genau dies vermieden und zwei fremde Lebensbeichten der eigenen Geschichte in separaten Kapiteln parallel gesetzt.

Diese konstruktivistische Methode des Nebeneinander von sehr unterschiedlichen Texten ist dominantes Formprinzip von *Alte Welt*, wobei nun die meisten Texte ihre Differenz zum Erzählgang nicht fremder Autorschaft verdanken, sondern eben dem anderen Medium, für das sie geschrieben sind. Als Teile des Romans werden sie zu leicht verfremdeten Selbstdarstellungen des Helden, und sie gehören zu den Umständen, unter denen die frühen Romane entstanden sind, zusammen mit dem Täglichen wie Begegnungen, Ereignisse, Lektüre, Befindlichkeit. »Im Bett unter Cortison Forte schrieb Jäcki zwei Drittel der Palette.« Thomas Mann hat die »besten Kapitel von *Lotte in Weimar* (...) unter den (...) Qualen einer (...) infektiösen Ischias geschrieben«. (11) Während er in seiner Rechenschaft sich aller dichterischen Künste enthielt, ist bei Fichte alle Rechenschaft Roman geworden und der Gestus des Notats Mittel poetischer Verdichtung.

»Ich bin nicht froh.
Vielleicht, weil das Buch fertig ist.
Nun ist die Palette ein zweites Mal zu.« (I,268)

»Chaotisches Leben.
Die Pisse wird rot von der Leber.
Die Dichterdrüse arbeitet:
Ich schreibe die erste Seite von Detlevs Imitationen ›Grünspan‹.« (I, 271)

»Die Realität ist so dicht.
Ich möchte sie ganz in den Roman hineinzwängen.
Ach, ich sollte nicht leben.
Schreiben nur.
Detlevs Imitationen ›Grünspan‹.
Ich lebe so gern.
Und schreibe so gern.« (I, 303)

»Ich träume von Bauernrosen im Garten.
Oma ist tot.
Die Quitte ist abgesägt.
Der Roman wird gedruckt.« (I, 338)

»Ich korrigiere die (Fahnen der, W.v.W.) Palette.
Einiges finde ich ziemlich reisserisch.
Vieles lässt mich ganz gleichgültig.
Manches lese ich mit Spannung.
Besser konnte ich eben nicht in dem Augenblick.« (I,352)

In Rom erlebt Jäcki die Anfänge der Rezeption des Buchs, das für ihn abgeschlossen ist, und die Anfänge zu einem neuen, das sich öffnen wird zu vielen weiteren. Der komplizierte Titel weist hin auf das komplexe Vorhaben: Die Zeitebenen der bereits geschriebenen Romane *Das Waisenhaus* und *Die Palette* sollen sich zu einem Werk verbinden; das Kind, weiterhin Detlev genannt, kommt aus dem Waisenhaus zurück nach Hamburg – der Jugendliche, Jäcki, ist von seiner Stammkneipe, der ›Palette‹, die zugemacht hat, nach St. Pauli ausgewichen in eine Diskothek mit Namen ›Grünspan‹, darum *Detlevs Imitationen ›Grünspan‹*. Während Studienrat Zeitblom die Ereignisse des Weltkriegs gegen die bereits abgeschlossene Lebensgeschichte des Freundes setzt, spannt Fichte Jäckis Identität aus zwischen Kindheit und Schriftstellerleben. Dieses Zitieren seiner selbst erlebt er in Rom im Sinne Thomas Manns als eine »eigentümlich träumerische und reizvolle Vermischung« der Lebensphasen:

»An jeder Strassenecke muß ich mich überzeugen weiterzuleben.
Pantheon.
Als wäre es eine andere Welt.
Eine Welt vor zwanzig Jahren (...)
(...)
Ich empfinde wie auf Sylt 1947.
Imitationen.
Das wird mein Roman über Detlev.
Ich imitiere mich am Pantheon selbst, als Zwölfjährigen.« (I,392)

Mit dem letzten Satz tritt Jäcki zwischen die beiden anderen Imitatoren, den Anti-Helden Cartacalo/la und das Anti-Vorbild Thomas Mann. Imitationen: der Spießer – das Kind – die Diva. Vermischung: der Sphären – der Zeiten – der Geschlechter. Das Spiel der Zeiten aber ist ein zweifaches: Wie dem jungen Schriftsteller beim Besuch seiner Mutter in Rom die eigene Kindheit gegenwärtig wird, so dem Jäcki des Jahres 1985 der zwei Jahrzehnte zurückliegende Romaufenthalt. Und dieses Doppelspiel schildert Fichte von der Mitte her, so daß von dort her eine neue Dimension sich abzeichnet: Zukunft. Während er in Rom an dem neuen Roman schreibt, denkt er bereits an einen dritten, an ein Projekt, das er erst mit *Alte Welt* realisieren wird.

»Ich interessiere mich weniger für mein Leben als für meinen Roman Fleuve.
Ich will anfangen, fürs Schreiben zu leben, nicht wie bisher leben, um was zum Schreiben zu haben.« (I,287)

»Ich will in meinem Roman Fleuve nicht nur die Chronik einer Entwicklung schreiben, sondern auch darstellen, wie der Schriftsteller seinen Stil und seine Komposition verändert in den zwanzig Jahren, die er daran schreibt.« (I,354)

Ist die Idee einer *Geschichte der Empfindlichkeit* bereits im Jahr 1967 in Rom entstanden? Fichte verwischt die Distanz, indem er dem Satz Tagebuchcharakter gibt. Jäcki will sich bei der eigenen Arbeit beobachten und wie er über Jahre hin seine Schreibweise ändert. Zwanzig Jahre setzt er sich und schreibt in Klammern dahinter: »(bis 1987, oho!)«.
Stammt die Verwunderung über den Lebenshorizont aus dem Jahr 1967 oder aus dem Jahr 1985? Sie ist wirklich träumerisch, diese Vermischung der Zeiten, in der sich zwei Jäcki-Phasen treffen. So entsteht zwischen den alten Notaten und den neueren Kommentaren ein Mittleres in halber Ferne.

Gibt es ein Mittleres zwischen Tagebuch und Roman? Thomas Mann hätte die Frage verneint. Hubert Fichte hat es ausprobiert, nicht erst in *Alte Welt* als Ganzem, sondern bereits während des Stipendienaufenthalts in der Villa Massimo. Anlaß war sein Ungenügen am Schreiben für den Funk.

»Jäcki fragte sich:
War er weit genug gegangen?
Als er sich damals (...) breitschlagen ließ, hatte er sich vorgenommen, ohne Rücksicht auf den Paragraphen 175 oder vielmehr in Hinblick auf den Paragraphen 175 und die Situation der Schwulen in der Bundesrepublik in sein Feature etwas Schwules zu setzen.
(...)
Die Hörer sollten wissen:
Da fährt ein Schwuler nach Griechenland.
Und am Rand des Möglichen wollte Jäcki auch berichten:
So leben die Schwulen in Griechenland.« (II, 468)

Die Antwort ist negativ: »So deutlich wie in der Palette war er nicht geworden.« (II,469) Er selber wollte die im Roman erkämpfte Freiheit der Darstellung möglichst auf andere literarische Gattungen ausdehnen, also auch auf das Notieren von Tag zu Tag. Da sollte alles stehen, was Jäcki anging, aber nicht als journal intime, sondern direkt für Leser: als Rechenschaft nach außen. Fichte erprobte diese Art der Selbstmitteilung zunächst an einem bestimmten Leser, an seiner mütterlichen Freundin und Griechischlehrerin Dulu Kruck in Hamburg, weshalb dieser Text im Roman die Überschrift trägt *Romtagebuch für Dulu*. Thomas Mann hatte die nachträgliche Entstehung verfaßt »für mich und die Freunde«. Das Romtagebuch ist bereits Arbeit an dem künftigen Roman, es ist Teil von dessen Entstehung und dient insbesondere dem Sammeln von Erlebnissen und Erfahrungen jener Art, die Thomas Mann für seine Person beiseitelegte und auf zwanzig Jahre post mortem verschloß. Das Romtagebuch ist ein Test in Hinblick auf die Reaktion von Lesern und auf die eigene Schreibhaltung. Es ist eine Probe auf den eigenen Charakter, worüber der Schreibende wiederum nachdenkt, bevor er es päckchenweise nach Blankenese schickt.

»...zur Villa Borghese.
Ein hübscher Napolitaner.
Will 500 Lire.
Fammi venire.
Ins Gebüsch.
Ein verquerer Pimmel, wie auf Vasen.
Mir macht er nichts.
Perché non mi piace.
Ich fürchte, die säuischen Stellen werden von nun an sehr geziert.
Mir macht er nichts.
Weil Dulu sie lesen wird.
Ich will mich bemühen, nicht daran zu denken und immer
das Erstere, Gröbere zu schreiben.
Denn das, was man denkt, denkt man.
Und wie man es sagt, so sagt man es.
Doch es gibt auch eine umgekehrte Verlogenheit des Deftigen.« (I, 328)

Auch das feedback erscheint im Text: »Dulu ist nicht entrüstet über das Tagebuch, das ich ihr geschickt habe (...)«. (I,370)
Die anfängliche Aversion gegen das authentische Notat wirkt nach in der Vorstellung, die erste Sendung an die Freundin sei verlorengegangen.

»Es würde dann in meinem Tourismusroman – dem Roman Fleuve – vieles an exakten Details fehlen und ich müßte es durch Phantasie ersetzen.
Wäre das ein Übel?« (I,370)

Jäcki spielt mit dem Gedanken, noch einmal soviel Imagination walten zu lassen wie in der *Palette* – was Fichte ihr und sich selbst später zum Vorwurf gemacht hat. Jetzt aber geht es um das Abbilden von möglichst viel Wirklichkeit und, soweit es heikle Themen betrifft, um Selbstdarstellung zwischen den Extremen Ziererei und aufgesetzte Deftigkeit, vor allem aber um den Fortschritt des Publizierens gegen das Wegschließen. Wittgensteins zum Überdruß zitierter Satz: »Wovon man nicht sprechen kann, darüber muß man schweigen«, Anti-Motto des ganzen Werks, wird von Jäcki mehrmals gewendet und gebeutelt, etwa so: »Literatur verschweigt nicht, worüber man nicht sprechen kann.« (II,54) Oder: »Worüber man nicht sprechen kann, darüber soll man schreiben.« (I,412) Fast wörtlich dasselbe sagt Reinhard Baumgart in der *Zeit* vom 8. April 1988 – über Thomas Mann.
Wie Thomas Mann notiert Fichte den die Arbeit begleitenden und beeinflussenden starken sexuellen Drang, den er allerdings nicht wie jener als Not empfindet, unter dem er durchaus nicht leidet, den er im Schreiben ein zweitesmal genießt.

»Wie soll das nur werden?
Jetzt muß ich schon dreimal am Tag, wenn nicht viermal.
(...)
Und dabei bekommt es mir so gut.
Ich lerne besser denn je.
Arbeit gut und bin gut gelaunt.
Und was für interessante Menschen.
Wenn ich die (Stricher der, W.v.W.) Stazione Termini mit (den Rom-

preisträgern, W.v.W.) der Villa Massimo vergleiche, das ist wie ›Soll und Haben‹ und die ›Divina Commedia‹.« (I,424)

Der hoch-prekäre Adrian Leverkühn kann nur voll Neid auf dieses bewegte Künstlerleben blicken, von Gustav von Aschenbach ganz zu schweigen. Thomas Mann hat das Problem der Rivalität von Leben und Schreiben für seine Helden und bis zu einem gewissen Grade für sich selbst gelöst mit Hilfe der Vorstellung einer säkularisierten Sünde, deren Vermeidung Garant des leidenschaftlichsten Schreibens ist. Je weniger Sünde, desto mehr Kunst, wobei einzelne Ausrutscher das Bewußtsein schärfen und die Kunst würzen.
Dem widerspricht Fichte: Je mehr, je besser, sagt er, sowohl für das Empfinden als auch für das Schreiben! Und das Beste ist, wenn sie voneinander wissen und Zeugnis geben können. Das Romtagebuch ist der Schritt zu jener Offenheit, die den Funkarbeiten fehlt; es ist ihre notwendige Ergänzung. In ihm wird sich jene Empfindlichkeit, die dem späten Erzählwerk den Titel gegeben hat, nachdrücklich ihrer selbst bewußt. Als Jäcki erwog, ob er überhaupt für den Funk schreiben sollte, sagte er spontan: »Reisefeatures. Donjuanismus mit der Welt.« (I,48)
Das ist gemeint als Gleichung, blieb dann aber in der Praxis getrennt. Wie läßt sich, was im Bewußtsein des Autors zusammengehört – wie läßt sich der Text für die Hörer mit dem Text für Dulu zusammenbringen? Beide müssen Bestandteil jener Einheit werden, welche die Arbeit des Schriftstellers in ihrer Gesamtheit fassen und reflektieren soll; sie werden sich verbinden »in meinem Tourismusroman – dem Roman Fleuve«. (I,370) Features und Bekenntnisse sollen dort stehen als extreme Darstellungsweisen des einen Themas: »Der Tourismusroman als eine Liebeskunst der Homosexualität.« (I,425)
Im Jahr 1967 also ist, in zwei Schüben, der erste in Hamburg, der zweite in Rom, die Idee entstanden sowohl zu dem ›fleuve‹, dem vielteiligen Romanwerk insgesamt, als auch zu *Alte Welt*, der Summe aller literarischen und touristischen Aktivitäten seines Autors. Sie ist die eigentliche Antwort auf die Herausforderung vom Jahre 1967; was die Funkarbeiten nicht fassen können, wird seine Hauptsache. Reisefeatures und Tagebücher verbinden sich zum

Tourismusroman, der eine sexuelle Lebensform abbildet. Thomas Manns Helden reisen selten, sie haben Angst vor dem Zigeunertum und schließen sich mit ihrem Kunstgerät in hochgewölbte enge gotische Zimmer ein. Jäcki macht aus dem Reisen einen Sex-Wackel um die Welt und zugleich einen Anlaß zum Schreiben. Er schreibt für das Reisen, über das Reisen und aus ihm heraus; er imitiert schreibend Fülle und Zwänge, Bewegtheit und Beweglichkeit, Suchen, Finden und Verlieren, die solche Lebensform bestimmen.

Das Riesenspiel aus Zitaten und Glossen, Informationen und Indiskretionen, beinahe sich auflösend in Tagebüchern, schließt, wie es begonnen hat: als Roman. Wieder heißt es »Jäcki« und »er«, nicht »ich« für Dulu. Das Direkte ist wieder ins Indirekte geschoben, und alles, was zwischendrin nach direkter Aussage klang, ist letztlich Jäckis Werk. Insofern waltet hier Entlastung wie bei Thomas Mann. Freilich: Fichte treibt die Gattung des Indirekten, den Roman, in ungeheuerliche Konfrontationen seiner Momente Tourismus und Liebeskunst, er macht seinen Donjuanismus öffentlich auf hoch-prekäre Weise, er zelebriert ihn monumental.

»So deutlich wie in der Palette war er nicht geworden. Inzwischen war der eine Teil des Paragraphen 175 abgeschafft. Das hiess, dass Jäcki (...) nicht mehr erpresst werden konnte. Aber hiess es, daß Dr. Christian Gneuss im NDR senden konnte, was wirklich im Ägyptischen Museum geschehen war, unten im Tal des Todes und in der Pyramide des Cheops?« (II,469)

Was war geschehen? Auch Thomas Mann hätte es zugeben müssen: eine je nach Einstellung des Betrachters grandiose oder odiose Vermischung der Sphären, geboren aus der entschiedensten Entschlossenheit zum Direkten, und, beim Schreiben, aus der Lust am Parodieren der eigenen Erfülltheit.

»Irma und Jäcki waren allein in Gizeh, weil Krieg war. Die Grabwächter und Führer auf Pferden jagend über die Wüstenflächen drängten sich, und Jäcki wählte den Schönsten, den für ihn Schönsten aus.

Einen gewaltigen Mann mit Linien im Gesicht wie die Erde und Hände schrundig wie die Äste eines Baums. Und Irma und Jäcki stiegen in die fluchbeladene Grabkammer (...) hinunter.

(...)
Irma begann Beklemmungen zu fühlen.
Es erinnerte sie an Bunker und Terrorangriffe.
Verschüttung und Leichen.
Aber Jäcki wollte allein weiter, auch durch den engen Gang durch.
Irma wartete, wo sie etwas mehr Luft hatte.
Und das war jetzt bestimmt kein schöner Zug, (...) dass Jäcki und der Ägypter sich in der Grabkammer des Königs Cheops unterm Pharaonenfluch und Steinen so schwer wie eine ganze antike Stadt fickten und Sahne-Samen auf des Pharao Staub tropften.
Das, nein, das geht nun wirklich nicht fürs III. Programm, wenn Christian Gneuss auch das Gefühl hatte, dass Jäckis Features etwas fehle.« (II, 484f.)

THOMAS FREEMAN:

»Versuch über die Pubertät«: Einige Anmerkungen zur biographisch-literarischen Beziehung zwischen Fichte und Jahnn

Die Gefahren, die eine biographische oder autobiographische Deutung literarischer Texte birgt, werden in der Kritik besonders in bezug auf Fichte betont. So Torsten Teichert: »Kein Gedanke aber würde im Labyrinth der Fichte'schen Literatur mehr in die Irre führen als der, daß hier an einem autobiographischen Œuvre – im Sinne der traditionellen Genre-Definitionen gearbeitet worden sei.«[1]

Und Peter Michel Ladiges schreibt: »Die Figuren aus Fichtes Romanen sind keine Erfindungen, der Autor ist ihnen begegnet. Aber so genau seine Reportagen sind, er beschreibt nicht die Personen als Existenz, sondern die Rituale ihrer theatralischen Realität... Nichts wäre widersinniger, als in den Figuren von Fichtes Romanen diese oder jene tatsächliche Person entdecken zu wollen. In dieser Richtung gibt es nichts zu entschlüsseln. Entschlüsseln würde heißen, hinter den Masken, hinter der theatralischen Realität noch etwas anderes fassen zu können, das Echte, das Wahre, das Wirkliche.«[2]

Auch Fichte hat bei manchen Anlässen die biographisch-autobiographische Zerlegung seiner Werke vehement abgelehnt, so zum Beispiel mit den Äußerungen: »Ich will überhaupt nicht über mich selbst schreiben.«[3] oder »Ich schreibe nicht aus dem Impetus, meine eigene Biographie zu beherzigen.«[4] Solche Aussagen muß man aber auch relativieren, zumal dem Autor im Sinne vom ›Intentional Fallacy‹ nicht immer bewußt ist, was er geschaffen hat, oder weil manche Autoren eine bewußte Verschleierung und irreführende Verneinung der eigenen Intentionen vornehmen. Wie sollen wir es zum Beispiel nehmen, wenn Fichte jedwede Boshaftigkeit in der Darstellung der Angehörigen Hans Henny Jahnns in seinem Roman *Versuch über die Pubertät* leugnet?

»Boshaftigkeit war noch nie eine literarische Kategorie. Mir wird niemand vorwerfen können, ich hätte leichtfertig geschrieben, und nur Leichtfertigkeit im Herleihen einiger Charakterzüge oder Fakten könnte wohl verletzen. Zwar habe ich überpointiert, aber nicht aus Maliziosität, sondern um eine groteske Steigerung zu erreichen, die dem Leser einen Eindruck vermitteln soll von der Welt, in der der Pubertierende sich befindet. Wenn die Angehörigen und Freunde der Vorbilder ehrlich sind und nicht boshaft, werden sie feststellen, daß ich keinen Schlüsselroman geschrieben habe, daß ich keine ›pikanten‹ Details einsetze, sondern pikante Details unterschlage, und das nicht aus Gründen der Schicklichkeit, sondern aus Gründen der Komposition [.] Schemenbildung, Idealisierung, Verzerrung in der Pubertät ist ein wichtiges Thema meines Buches, ihm sind auch die Figuren zum Opfer gefallen, so daß sie mit möglichen Vorbildern nichts mehr gemein haben.«[5]
Ich meine, daß diese letzte Aussage zu weit geht, und daß Fichte hier in literarische Erwägungen ausweicht, um mit solcher Verleugnungstaktik ein gewisses Schuldgefühl zu verdrängen. Wenn Fichte behauptet, er habe keine »pikanten Details« in der erzählerischen Behandlung Jahnns und seiner Angehörigen eingesetzt, sondern solche Details nur weggelassen, so muß man sich fragen, was da wohl noch auszulassen gewesen wäre über das folgende Zitat hinaus:

»In der sonntäglichen Lücke entsteht eine Gewöhnung – kein gemeinsames Leben, aber die Angewohnheit, daß Mozart in meinem Mund explodiert.
In sieben oder acht Sonntagen schaffen wir uns ein Ritual. Bis einer von uns beiden sagt:
– Wir pissen uns jetzt in den Mund! (...)
Jetzt geniert Mozart sich nicht, meinen in den Mund zu nehmen und daraus zu trinken.« (*Pubertät*, 115)

Gewiß, die Anspielung auf pubertäre Riten ist natürlich da. Eine Frage, die ich mir nicht als Literaturwissenschaftler, sondern als Biograph stellen muß, ist: können und sollen die hier beschriebenen pubertären Praktiken wirklich nur die aus der Afro-Amerikanischen Kultur gewonnenen Einsichten als Parallelfall erläutern? Oder können nicht auch die ethnologischen Anspielungen herangeholt worden sein, nur um die erzählerische Entblößung des abweisenden Liebhabers zu rechtfertigen? Meines Erachtens ist eine Art exhibitionistische Selbstenthüllung und die provokatorische Entblößung anderer ein starkes Moment in Fichtes Schreiblust. Umgekehrt besteht ein Teil des Lesegenusses bei Fichte darin, in die Welt und das Bewußtsein des Außenseiters oder, wie er sich selbst bezeichnete, des schwulen Halbjuden und Waisen Einblick zu bekommen.

Fichtes Einstellung zu Jahnn ist zum Teil von Mitleid geprägt, da er auch in Jahnn den homosexuellen Außenseiter erkennt, der vergebens um gesellschaftliche und literarische Anerkennung ringt. Als in Fichtes Roman der Erzähler eine herablassende Bemerkung über Jahnn als einen unbedeutenden »homme de lettres« hört, empfindet er »eine Art Liebespein. Es ist eine kategorische Liebespein allen verachteten Dichtern gegenüber, den lächerlichen, denen man den Mund verbietet, den Unmöglichen.« (*Pubertät*, 214) Der Erzähler reflektiert: »Vielleicht ist Pozzi ein kleiner homme de lettres, weil er ein großer Dichter ist.« (*Pubertät*, 214) Und er meint, die gleiche Pariser Clique hätte wahrscheinlich das gleiche von Alfred Döblin behauptet.

Fichtes Zuneigung galt nicht nur dem Adoptivsohn Jahnns (im Roman *Mozart* oder *Trygve* genannt), sondern auch Jahnn selbst. In meiner Jahnn-Biographie habe ich die Beziehung zwischen Fichte und Jahnn als eine gegenseitige Haß-Liebe dargestellt. Jahnn hat den jugendlichen Fichte als Provokateur geschehen, und im Gegensatz zu Fichtes Darstellung sind nach Jahnns Schilderung die Annäherungsversuche im Verhältnis der beiden von Fichte ausgegangen. 1950 schrieb Jahnn in einem Brief an seine Frau und an seine Tochter über Fichte: »Er hat mich mit seiner Liebe sehr gequält. Er fand, ich sei schöner geworden. Und redete unabläßig das Herausforderndste. Mein Kopf war daran, zu zerspringen vor Kopfschmerzen. Schließlich ist es besser, daß er mich liebt, als daß er mich verabscheut.«[6]

Was Fichte in seinem Roman unterschlägt, ist das Faktum, daß Fichte und Jahnn um die Gunst des ›Adoptivsohnes‹ rivalisierten und daß dabei der Jüngere vom Älteren verdrängt wurde. Fichte hat dieses Dreiecksverhältnis in seinem Roman so dargestellt: »Mit Mozart will Pozzi mich hinhalten und da er glaubt, Trygve nie für sich zu gewinnen, hofft er, indem er meine Eifersucht stimuliert, mich als Ersatz zu benützen.« (*Pubertät*, 57)

Ist es nun berechtigt, den Bezug zwischen den in Fichtes Roman geschilderten Figuren und wirklichen Personen zu erforschen? Im Gegensatz zu seinen oben zitierten Aussagen hat Fichte 1973 in einem Tonbandinterview über Jahnn, das ich mit ihm geführt habe, eine positive Antwort hierauf gegeben. Ich habe Fichte gefragt, ob die Schilderung von Ellinor Jahnn bzw. Liana in der *Palette* der Wirklichkeit entspricht. (Liana ist die alte Frau mit der jugendlichen Figur, ehemals in den 20er Jahren von dem Hamburger Maler Heinrich Stegemann heiß begehrt, die mit Jäcki in die *Palette* geht.) Fichtes Antwort: »Es ist, wenn Sie so wollen, ein doppeltes Psychogramm. Es ist das Psychogramm Ellinors und das Psychogramm meines Erlebnisses von Ellinor. Exakter geht es nicht. Ich weiß nicht, welche positive Wissenschaft exakter sein wollte. Das ist ja überhaupt die einzige Möglichkeit, die Literatur vielleicht überhaupt hat, daß sie eben irgendwie sich alles so zusammensetzt, daß dann ein inneres Bild von einer Realität entsteht.«[7]

Fichtes Schilderungen in diesem Gespräch von seinen frühen Begegnungen mit Jahnn stimmen bis ins Detail mit seinem Roman überein, und ich habe deswegen das Gespräch, den Roman und andere Interviews und Briefe als Grundlage für die Darstellung von Fichte in der Jahnn-Biographie verwendet. Fichtes Aufsatz über Jahnns Drama »Thomas Chatterton«, der erst 1988 erschien, konnte nicht mehr berücksichtigt werden, weicht aber von den dort geschilderten biographischen Details von den anderen Quellen nicht ab.[8] Fichte spricht in dem Interview, ebenso wie im Roman, von Jahnns erstem Besuch in Fichtes Schule, wo er Hormonspender suchte, die für ihn in Bierflaschen urinieren sollten. Dieser Besuch wurde auch in meinem Interview mit dem ehemaligen Schuldirektor Rudolf Maack bestätigt. Fichte spricht auch von Jahnns zweiter Begegnung mit ihm und seiner Mutter im Schauspielhaus bei einer Aufführung von Sartres *Schmutzigen Händen*. Bei dieser Gelegenheit hat Jahnn seine Überzeugung zum Ausdruck gebracht, daß Fichte in seinem Urin den Hormonspiegel eines bisexuellen Menschen aufwiese, d.h., aus Jahnns Sicht, eines künstlerischen Genies. Wie aus Fichtes

Roman hervorgeht, hat Jahnns Behauptung, Fichte sei sozusagen halbe/halbe gewesen, auf den Jungen einen außerordentlichen, ja erschreckenden Eindruck gemacht. (*Pubertät*, 28, 35f.)

In einem Gespräch mit Dieter E. Zimmer erklärte Fichte, daß das Schreiben für ihn eine Art »Lehranalyse« gewesen sei.[9] Die Liebesaffaire mit Trygve/Mozart, wie Fichte sie in seinem Roman schildert, erscheint als Teil eines wiederkehrenden Verhaltensmusters in seinem Leben. Oft war es so, daß, wenn er andere begehrte, diese anderen ihn nicht wollten. Wurde er aber umworben, so hat er seinerseits die anderen abgelehnt. Im Falle Trygve/Mozart gibt es eine Anfangsphase mit heftiger Lust und Liebe, es wird sogar eine schriftliche Liebeserklärung Trygves abgedruckt. Bald aber hat Trygve »keine Lust mehr«, wie es dort heißt, und Hubert (der wirkliche Name wird an einer Stelle im Roman gebraucht) (*Pubertät*, 279) liegt da mit seiner »verknöcherten Liebe« (*Pubertät*, 101). Am nächsten Sonntag reagierte Trygves Fuß unter dem Tisch nicht mehr auf seine Kontaktsuche (*Pubertät*, 117). Der nächste Rückschlag ist dann, daß Pozzis (d. h. Jahnns) Tochter, im Roman Anna genannt, und Trygve sich verlieben: »Anna aus der Steinzeit, das Milchmädchen, das Pferdemädchen, das hilflose, expressionistische Dichterkind versucht zu lächeln und gibt mir eine Hand, und ihr Liebhaber, mein abgefallener Freund, hängt ihr wie ein Neugeborenes unter den Federn.

Die anderen sind aus dem ersten Zimmer nachgedrungen und beobachten mich, und ich beginne eine Niederlage vorzuführen, die mein ganzes Leben dauert.« (*Pubertät*, 118)

Das ist Bitterkeit, Enttäuschung, Schmerz. Fichtes »Lehranalyse« bestand zum Teil daraus, mit diesem Schmerz, mit dieser Ablehnung zurechtzukommen, sie zu bearbeiten, sie zum Ausdruck zu bringen. Fichtes Jahnn-Roman handelt von pubertären Liebeserfahrungen, Experimenten, die erprobt, Initiationen, die durchgemacht werden.

Die allumfassende Liebesbereitschaft des Erzählers, die mit der Bereitschaft zur Hingabe an bewußtseinsverändernde Trancezustände des Ich-Verlustes zusammenhängt, (*Pubertät*, 92/4, 253/4) wird mit Pozzis (Jahnns) falscher Liebe kontrastiert: »Unter Pozzis Einfluß hat sich mein Begriff von Liebe zu Staub, Speichel, Schweiß erweitert.« (*Pubertät*, 151) »Doch wieviel reiner stelle ich mir die Liebe vor, als Pozzis biologistischen Schwärmeifer... Die duftende Haut des Baums ist mir liebere Liebe als die gesprenkelten Hände von Pozzi.« (*Pubertät*, 66)

Fichtes Ablehnung gegenüber Jahnn als Person, der seiner Ansicht nach zu einer echten Liebe unfähig war, kommt in seinem Gespräch mit mir zum Ausdruck, und sie entspricht der Darstellung, die er im *Versuch über die Pubertät* von Jahnn gibt. Er meint, Jahnn zeige nach außen hin nur eine Maske, eine Vorstellung, die laut Ladiges eine zentrale Rolle im Fichte'schen Werk spielt:[10] »Ich habe mich sehr viel später einmal sehr heftig gegen ihn gewendet wegen dieser harten, kalkulierenden Kälte, mit der er doch vielen Menschen gegenübertrat. Natürlich war er an und für sich Pygniker und hatte immer gleich den Schnaps dabei und war bunt und barock und so all dies, aber das war ja auch eine Maske. (...) Und das habe ich ihm einmal in einer Wallung vorgeworfen, daß er doch eigentlich gar nicht bereit wäre, zu lieben oder sich zu öffnen. Und daraufhin sagte er: ›Du darfst ja nicht vergessen, vielleicht habe ich es ja zu oft vergeblich versucht‹.«[11]

Fichtes Verarbeitung und Bewältigung von Jahnn ist zwiespältig. Auf der einen Seite scheint er in gewissem Sinne gegen Jahnn zu schreiben, vor allen Dingen mit seinen sachlichen, krassen, von Ekel und Schuld beladenen Darstellungen seiner eigenen homosexuellen Beziehungen, im starken Gegensatz zu Jahnn, der dazu neigte, solche Beziehungen zu verschleiern, zu mystifizieren und zu verherrlichen. Auf der anderen Seite gibt es bei Fichte eine fast romantische Sehnsucht nach der großen, unerreichbaren Liebe, nach der rauschhaften, ekstatischen Hingabe an einen einzigen, ewigen Freund: eine Möglichkeit, die ihn anzieht, gleichzeitig aber erschreckt. Es ist die Faszination von der Möglichkeit, die Grenzen des Bewußtseins mit Mitteln zu überschreiten, wie sie zum Beispiel Aldous Huxley beschrieben hat: Drogen; religiöse Trancezustände; die Kunst (der Rausch des Schaffens und Genießens); die Sexualität; und das Dämonische (Zerstörung, Zerstückelung, die sogenannte »negative Transzendenz«).[12]

Fichtes negative Einstellung gegenüber Jahnns Verschleierung und Mystifizierung der Homosexualität lag vielleicht zum Teil daran,

daß sie bereits verschiedenen Generationen angehörten. In seinem Gespräch mit mir spricht Fichte darüber, daß Jahnn das Wort ›homosexuell‹ kaum benutzte: »Das ist ja die Feigheit aller deutscher Homosexueller und aller deutscher homosexueller Autoren gewesen. Es bedurfte ja wohl Autoren, die wenigstens bisexuell waren, wenn sie nicht stocknormal waren, wie Thomas Mann und Bert Brecht, die in einer etwas größeren Offenheit über das Thema geredet haben. Die Homosexuellen, wenn überhaupt, haben doch immer in einer ungeheueren Verblasenheit und Verdrängung – denken Sie an Bronnen, an Jahnn usw. – von dem Thema nur berichtet.«[13]
Andererseits berichtet Fichte von einem Privatgespräch – und der private Charakter ist wohl hier entscheidend – zwischen Jahnn und Genet, in dem Genet behauptet habe, er beginge homosexuelle Akte aus Haß und um sich zu ekeln, und in dem Jahnn darauf bestanden habe, daß es etwas »Schönes« sei.[14] Jahnns Behauptung in einem Brief an Fichte, daß er, Jahnn, nicht homosexuell sei im Sinne, wie es gemeinhin verstanden werde, und daß ihm die »echten Typen« zuwider seien,[15] sowie auch Jahnns Versuch, dieses Verhalten »hormonal« zu begründen, wird Fichte sicher mit Skepsis aufgefaßt haben.
Das Bild von Jahnn, das Fichte im *Versuch über die Pubertät* gibt, ist aus der begrenzten Perspektive des Erzählers in seiner Jugend geschrieben. Das heißt, es wird bewußt vermieden, tiefere Einblicke in Jahnns Wesen zu geben. Wir lernen tatsächlich nur seine äußere Maske kennen. Daher vielleicht die doppelten Hinweise auf Jahnn, einmal mit dem von Proust entlehnten Namen »Pozzi«,[16] der sich auf die Karikierung Jahnns als einen prustenden, prätentiösen, bizarren, zwangsneurotischen Schriftstellers bezieht, dann aber auch mit dem wirklichen Namen »Hans Henny Jahnn«. Dies geschieht vielleicht, um gelegentlich auch die nachträgliche Perspektive des Erwachsenen Fichte einzuführen, vielleicht aber auch, um die persönliche Bekanntschaft mit Jahnn als Schriftsteller herauszustellen. Allerdings wird dieses Doppelspiel mit den Namen nicht konsequent durchgehalten, was als ein gewisser Widerspruch bzw. als Inkonsequenz hingenommen werden muß.
Im *Versuch über die Pubertät* wird Pozzi/Jahnn zuerst als Toter eingeführt, und es wird eine Sezierung beschrieben. In der Kritik wird

dies auf verschiedene Weise gedeutet: Es weise zumal darauf hin, daß die Beziehung des Erzählers zu Pozzi aufgehoben wurde, daß Pozzi, der im Roman als Vaterfigur und Vaterersatz erscheint, (*Pubertät*, 53,54) für ihn tot ist und daß sein Charakter seziert wird.[17] Jahnn wird aber in diesen Anfangsszenen nicht nur seziert. Er wird hier, wie an mehreren Stellen im Roman, auch »imitiert«, wohl ohne daß der Erzähler sich mit ihm eigentlich identifizierte.[18] Die Bilder der Zerstückelung und Zersetzung der Leichname bei Fichte evozieren Szenen aus Jahnns »Fluß ohne Ufer«, wie zum Beispiel die Einbalsamierung der Leiche des Matrosen Tutein, der von seinem Lebensgenossen und Geliebten Horn in eine Mumie verwandelt wird, oder vor allem die Sezierung des Leichnams eines Perlentauchers durch einen unheimlichen, greisenhaften Klinikprofessor, der an Fichtes Gerichtsmediziner erinnert. Parallel sind die Motive der von Kopf und Gliedern zertrennten Leichenrümpfe, der Mumien, das Entjungfern weiblicher Leichen und die tropische Szenerie.[19] Fichte hat Jahnn in die Welt von Kafkas *Strafkolonie* versetzt. Wie der Offizier, der in seiner eigenen Foltermaschine gefangen wird, ist Jahnn als Opfer in eine seiner eigenen grausamen Erzählungen geraten, eine ironische, vielleicht auch gerechte Strafe für die Albträume, die er manchem Leser bereitet hat. Es sind die Assoziationen mit Bildern aus Jahnns Werken, die die Erinnerung an Jahnn erwecken und die Fichtes Roman in Gang setzen.

Es gibt auch andere Stellen in Fichtes Roman, wo Jahnns *Perrudja*-Stil mit seinen Wortreihungen und Wortspielen imitiert und parodiert wird,[20] vielleicht interpretierbar als Andeutung einer Revanche für die schmerzende Gleichgültigkeit, mit der Pozzi/Jahnn im Roman die ersten literarischen Versuche des Erzählers aufgenommen hat. (*Pubertät*, 205)

Ohne direkt zu zitieren, vielleicht sogar ohne bewußte Anlehnung an diese ihm sicher bekannte Stelle, hat Fichte auch eine Passage geschrieben, die im Sprachrhythmus an den Anfang der ›Marmaladenesser‹ (sic!)-Episode aus *Perrudja* erinnert: beide Szenen beschreiben eine Mutter, die in ihrer Küche kocht, beide spielen mit dem Bild von Speichel.[21]

Anderswo versucht Fichte durch aufgelistete Stichworte und Begriffe wie auch kurze Zitate aus seinen Gesprächen mit Jahnn etwas von Jahnns Ausstrahlung und Persönlichkeit zusammenzufassen. Gelegentlich setzt er nur eine Reihe charakteristischer Phrasen ein, um damit etwas von dem Wesen einzelner Werke Jahnns, wie zum Beispiel *Der Lübecker Totentanz*, wiederzugeben, ohne jedoch direkt daraus zu zitieren. (*Pubertät*, 242) Es findet sich auch ein Hinweis auf Jahnns *Fluß ohne Ufer*, der dem Leser rätselhaft bleiben muß, wenn er mit diesem Werk nicht vertraut ist: »Angoûleme. Tuteins Geburtsstadt.« (*Pubertät*, 220). Tutein ist der Geliebte des Komponisten Horn in Jahnns Roman.

Das Verhältnis zwischen Literatur und Wirklichkeit

Die grundsätzliche Position, daß Fichtes Texte nicht nur als Biographie oder Autobiographie zu erschließen sind, ist gültig. Fichtes Figuren, Szenen und Handlungen liefern den Stoff, aus dem er seine Vorstellung der Pubertät entwickelt und den er auf Riten und Ritual der afro-amerikanischen Kulturen bezieht. Sicher wäre aber zum Beispiel der von Ingarden im *Literarischen Kunstwerk* eingenommene Standpunkt, die fiktive Welt eines literarischen Werkes sei auf keine Weise mit seiner sogenannten »Wirklichkeit« gleichzusetzen,[22] gerade in bezug auf Fichtes Werk unhaltbar. Natürlich gilt, daß etwa das Chicago, wie es in den Werken Brechts vorkommt, nicht das reale Chicago ist, in dem ich selbst aufgewachsen bin, obwohl ein indirekter Bezug hierzu existiert. Es gibt aber verschiedene Grade der Wirklichkeits-treue bzw. des Wirklichkeitsbezugs. Joyces Dublin hat mehr mit der realen Stadt zu tun als Kafkas Amerika mit dem realen Land. Gerade in Fichtes Texten gibt es manchen sehr konkreten Wirklichkeitsbezug, und das bedeutet, daß sein Leben einen Ansatzpunkt zum Verständnis eines Werkes bietet. Es tut dies natürlich nicht allein, sondern zusammen mit anderen interpretativen Verfahren. Umgekehrt sind selbstverständlich die Werke für ein Verständnis seiner Person und seiner Biographie aufschlußreich. Man darf sicher nicht ohne weiteres ausschließen, daß Fichte in seinem Gespräch mit mir im Grunde nur eine groteske Karikatur von Jahnn geboten hat, daß er also auch dort gedichtet hat, wo es explizit darum ging, über die sogenannte objektive Wirklichkeit zu berichten. Gerade das tut aber in unterschiedlichem Maße jeder, der sogenannte Tatsachen zu schildern versucht. Es geschieht in jedem Interview, jeder Biographie, jeder Geschichte, jeder Aufzeichnung, jedem Bericht: alle sind durch die Subjektivität des Erzählers, Autors, Berichterstatters geformt und durch seine Wortwahl gefärbt. Trotz solcher unvermeidbaren Verstellung, Maskierung, und Verdrehung der Wirklichkeit, die alle subjektiven Äußerungen enthalten, kommt man aber der sogenannten biographisch-historischen Wahrheit durchaus näher, wenn man verschiedene Quellen vergleicht und Übereinstimmungen zwischen ihnen findet. Ich glaube, daß Fichte sich in seinem Interview mit mir um eine objektive Schilderung bemüht hat. Ihm lag nämlich sehr daran, daß die Biographie von Jahnn möglichst sachbezogen und objektiv sein sollte. Das spricht unter anderem aus seinem Rat, den er mir gab, nachdem er die Anfangskapitel und die Kapitel, die von ihm selbst handeln, gelesen hatte: ich sollte alle Adjektive und Adverbien aus dem Text entfernen, weil gerade diese Wörter sehr viel von meiner eigenen, subjektiven Deutung der Figuren und Szenen zum Ausdruck bringen. Diesem Rat bin ich selbstverständlich nicht gefolgt. Das wäre aber Fichtes Art gewesen, mit diesem Stoff umzugehen. Auf diese Art wäre zweifellos ein farb- und lebloserer, weniger »literarischer« Text entstanden. Ich hätte mich viel weniger der Erzählerrolle bedienen können und natürlich auch weniger Eigenes in und zwischen den Zeilen einbringen können. Die Biographie ist ja in aller Regel eine Zwitterform zwischen Historiographie und Roman, wenn auch in ihr nichts erfunden sein darf. Auch Fichtes Werk hat seinen Platz irgendwo im Spektrum von Dichtung und Wahrheit, von Roman, Autobiographie und ethnologischer Reportage.

Anmerkungen

1 Torsten Teichert: *›Herzschlag außen.‹ Die poetische Konstruktion des Fremden und des Eigenen im Werk von Hubert Fichte*, Frankfurt/M., 1987, S. 28.

2 Peter Michel Ladiges: *Zerstückelung und Wiedergeburt. Skizze des Komischen bei Hubert Fichte*. In: Thomas Beckermann (Hg.): *Hubert Fichte. Materialien zu Leben und Werk*, Frankfurt/M. 1985, S. 111–112.

3 Rüdiger Wischenbart: *›Ich schreibe, was mir die Wahrheit zu sein scheint.‹ Ein Gespräch mit Hubert Fichte.* In: *Text und Kritik*, Bd. 72: *Hubert Fichte*, München 1981, S. 67.

4 Peter Laemmle: *Peter Laemmle im Gespräch mit Hubert Fichte. ›Ich weiß nicht, was uns noch retten kann.‹* Interview des NDR vom 28. 8. 1980.

5 Dieter E. Zimmer: *Leben, um einen Stil zu finden – schreiben, um sich einzuholen. Gespräch mit Hubert Fichte.* In: Beckermann, s. o., S. 119–120.

6 Thomas Freeman: *Hans Henny Jahnn. Eine Biographie*, Hamburg 1986, S. 537.

7 Thomas Freeman: *Gespräch mit Hubert Fichte über Hans Henny Jahnn.* In: *FORUM Homosexualität und Literatur* 8, 1989, S. 102.

8 Hubert Fichte. *Chatterton und Chatterton. Anmerkungen zu Hans Henny Jahnn und Ernst Penzoldt.* In: *Homosexualität und Literatur 2*, Frankfurt/M. 1988, S. 107–142.

9 Zimmer, s. o., S. 117.

10 Ladiges, s. o., S. 112.

11 Freeman: *Gespräch mit Hubert Fichte*, s. o., S. 103–104.

12 Aldous Huxley: *Heaven and Hell*, London 1956; A. H.: *The Devils of London*, London 1952, S. 78–107, 361–375.

13 Freeman: *Gespräch mit Hubert Fichte*, s. o., S. 95.

14 Ebd., S. 100.

15 Freeman: *Hans Henny Jahnn*, s. o., S. 637.

16 Gerd Schäfer: *Pasolinis Auge. Über die Wahrnehmung im Werk Hubert Fichtes.* In: *FORUM Homosexualität und Literatur* 1, 1987, S. 23.

17 Wolfgang von Wangenheim: *Hubert Fichte*, München 1980, S. 111.

18 Zimmer, s. o., S. 119; vgl. *Pubertät*, 16.

19 *Pubertät*, 12–21; Hans Henny Jahnn: *Fluß ohne Ufer I.* In: H. H. J.: *Werke in Einzelbänden.* Hamburger Ausgabe, hrsg. v. Uwe Schweikert, Hamburg 1986, S. 502–537, II, S. 152–177.

20 *Pubertät*, 39–40, 51, 54, 55, 82, 83, u. a.; Jahnn: *Werke*, s. o., *Perrudja*, hrsg. v. Gerd Rupprecht, Hamburg 1985, S. 73, 496, 500, 589.

21 Vgl. *Pubertät*, 26–27 mit Jahnn: *Werke*, s. o., *Perrudja*, S. 440 ff.

22 Roman Ingarden: *Das literarische Kunstwerk*, Tübingen 1960, S. 235–243.

REINHOLD KOLLER

Die Rolle des Altgriechischen im Werk Hubert Fichtes

»Ideen. – Er wußte nicht, daß es ›sehen‹ bedeutete. Jäcki konnte damals noch kein Griechisch.« (*Garni*, 196) Dieser Satz am Ende des Romans *Hotel Garni* zeigt, daß die Beschäftigung mit der altgriechischen Sprache einen Wandel in Jäckis Denken, einen neuen Grad von Bewußtheit, bedeutet. In *Der kleine Hauptbahnhof* macht Jäcki der Mutter Vorwürfe: »Ich durfte nicht aufs Gymnasium, Griechisch lernen.« (*Kleiner Hauptbahnhof*, 118) Wie und warum er als über Vierzigjähriger dieses Defizit nachholte, ist dem Roman *Forschungsbericht* zu entnehmen: »Jäcki versteifte sich darauf, daß er überhaupt nur noch Deutsch schreiben könnte, wenn er Griechisch lernte. Am Griechischen wollte er sich beweisen, daß er nicht das Vermögen eingebüßt hatte, einen Bericht zu verfassen, daß ihm alle Wörter der Welt noch einmal wieder zur Verfügung stünden.« (*Forschungsbericht*, 35) Nachdem ein früherer Versuch, Griechisch zu lernen, am Zeitmangel gescheitert war, sah Jäcki ein, »daß man Griechisch acht Stunden am Tag treiben mußte«. (*Forschungsbericht*, 33) »Jäcki glaubte zu erkennen, daß die Gier, mit der er diese Sprache trieb, die Gier war, sprechend zu überleben.« (*Forschungsbericht*, 35) Und weiter: »Jäcki ertrug keine Übersetzungen. Sie sind sowieso alle falsch. Unsere Bildung beruht auf Übersetzungsfehlern.« (*Forschungsbericht*, 32) Wie aus dem Roman ebenfalls hervorgeht, nahm Jäcki die Griechischbücher auch auf seine Forschungsreisen mit und beschäftigte sich zusammen mit Irma in jeder freien Minute mit dieser Sprache, auch wenn es nicht immer leicht fiel.

Die Ergebnisse dieser Bemühungen finden sich allenthalben im Werk Hubert Fichtes, an vielen Stellen taucht, oft ganz kurz, teilweise nur in einem einzigen Begriff, ein Verweis auf die griechische Antike auf. Davon kann hier nicht weiter die Rede sein, vielmehr sollen im folgenden solche Arbeiten Fichtes, die sich ausdrücklich mit Themen aus der griechischen Literatur beschäftigen, näher betrachtet werden. Bemerkenswert ist, daß Fichte, wie jeder Griechischlernende, zwar zunächst den attischen Dialekt studiert, sich aber dann überwiegend mit Texten, die in anderen Dialekten abgefaßt sind, auseinandergesetzt hat. Jeder Eingeweihte wird bestätigen können, daß diese Dialekte ein gehöriges Maß an zusätzlichen Schwierigkeiten mit sich bringen.

Der früheste Essay ist die Arbeit *Mein Freund Herodot* (*HuL I*, 381–407) nebst dem Exkurs *Mittelmeer und Golf von Benin.* (*HuL I*, 407–421) Der Untertitel des letztgenannten Aufsatzes gibt dabei schon eine Richtung an, in die Fichtes Beschäftigung mit der griechischen Literatur tendiert: *Die Beschreibung afrikanischer und afroamerikanischer Riten bei Herodot.* So stellt Fichte z. B. fest, daß es in Dahomey einen Schlangentempel für die heiligen Python gebe und für jeden Gläubigen die religiöse Verpflichtung bestehe, eine aufgefundene tote Python zu begraben (*HuL I*, 419). Ähnliches wird bei Herodot[1] von den dem Zeus geweihten Schlangen in Theben berichtet. Oder: Während dem haitianischen Schlangengott Damballah unter anderem auch regelmäßig eine große Torte geopfert wird, setzten die Athener – so führt Herodot[2] aus – der Schlange, die die Akropolis bewachte, jeden Monat einen Honigkuchen vor.

An einer Reihe weiterer Beispiele dokumentiert Fichte die Affinität verschiedener Bräuche. Wenn es ihm aber – wie er es selbst ausdrückt – in diesem Exkurs nicht darum geht, »noch einmal nachzuweisen, daß Herodot ein aufmerksamer Schilderer afrikanischer Sitten war« (*HuL I*, 415), sondern vielmehr darum, die afroamerikanische Kultur aus ihrer exotischen Isolierung zu lösen, ohne sich dabei zu einer unitarischen Schunkelei einzufinden (*HuL I*, 408), so liegt ihm doch der Autor Herodot ganz besonders am Herzen, wie der Essay *Mein Freund Herodot* zeigt.

Fichtes Wahlverwandtschaft mit Herodot ist nicht nur in seiner Überzeugung begründet, daß sich Herodot auf seinen Reisen ebenso über Hotels ärgerte (*HuL I*, 384), wie er es selbst auch hin und wieder getan haben mochte, sondern vor allem im gemeinsamen Drang zum Erforschen: »Ich muß Forschungen aufdecken, wie jeder Schriftsteller, wie Herodot, wie Hekataios, der ionische Vor-

läufer... Forschung. Aufdecken. Es ist ein zerstörerischer Reflex. Ohne ihn höre ich auf zu existieren.« (*HuL I*, 383)
Die Annäherung Fichtes an Herodot ist – zumindest in den Augen eines Philologen – ziemlich unkonventionell und wohl nicht zuletzt deshalb fruchtbar: Er stellt beim Kauf der Sonntagsausgabe der *New York Times* recht originelle Überlegungen an, etwa daß diese Zeitung in neun Abteilungen – Arts and Leisure, Business etc. – gegliedert sei, ähnlich wie das Werk Herodots, dessen neun Bücher nach den neun Musen benannt würden. Er rechnet hoch, daß die Zeitung zehnmal soviel Wörter enthält wie das gesamte Werk Herodots, das ja die Summe des Wissens über die Welt, die Summe des Lebens und der Forschungen Herodots, die Summe der Kunstfertigkeit einer ganzen Epoche bedeutet habe. (*HuL I*, 382) Für Fichte macht dies deutlich, daß ein entscheidender Wandel stattgefunden hat: Während das schriftliche Abbild der Welt zu Herodots Zeit menschlich, unzulänglich hinter der Welt zurückgeblieben sei, habe es in der *New York Times* die Welt überholt; der einzelne sei nicht mehr fähig, das schriftliche Abbild der Welt zu beherrschen, ebensowenig wie Herodot die Welt selbst.
Auch verteidigt Fichte Herodot engagiert gegen die öfter erhobenen Vorwürfe der Fälschung und der Flüchtigkeit, und beweist damit sein gutes Urteil, denn auch bei einem Teil der Fachwissenschaftler, besonders Historikern, setzt sich in jüngster Zeit immer mehr die Überzeugung durch, Herodot sei ein verläßlicher Autor[3]. Fichte erkennt bei Herodot ein journalistisches, poetisches Verfahren, nicht zuletzt deshalb, weil er auf eine moderne Art Bericht und Kommentar trenne, zu einem Vorfall oft mehrere Zeugenaussagen zitiere und dem Leser dabei das Fazit überlasse. (*HuL I*, 383)
Fichte unternimmt auch den Versuch, Herodots Zwischenstellung zwischen Magie und Naturalismus aufzuzeigen; daran knüpft er grundsätzliche Überlegungen zur Entstehung von Prosa. (*HuL I*, 386–8) Darüber hinaus meint er, in dem Werk viel eher Vorverweise auf die »Graugänse von Lorenz«, auf Adler und Freud zu erkennen, als so etwas wie Standbilder für den Geschichtsunterricht. (*HuL I*, 392)
Schon nach den bisherigen Ausführungen, in denen keineswegs alle Aspekte der Auseinandersetzung Fichtes mit dem Werk Herodots

zur Sprache kommen konnten, ist zu fragen, was denn ein Essay über Herodot in einem Sammelband mit dem Titel *Homosexualität und Literatur* zu suchen habe. Selbstverständlich fällt Fichte wie jedem aufmerksamen Leser Herodots auf, daß der Grieche das Sexuelle keineswegs ausspart; im Gegenteil, sein Werk vermittelt oft sogar den Eindruck, er suche nach Gelegenheiten, davon berichten zu können, und die von Fichte dazu vorgelegte Liste sexueller Themen ist in der Tat ansehnlich, doch muß er schließlich die Einschränkung treffen: »Knabenliebe, männliche und weibliche Homosexualität finden wenig eindeutige Erwähnung« (*HuL I*, 399) – denn er kann dafür nur ganze drei Belege anführen. In 9,20 spricht Herodot davon, daß die Griechen, nachdem sie im Kampf den persischen Reitern des Mardonios erheblichen Schaden zugefügt hatten, diese als »Weiber« bezeichneten (...καὶ γυναῖκάς σφεας ἀπεκάλεον). Fichte liest in seiner Hellhörigkeit für derartige Töne aus dem Wort »Weiber« eine homosexuelle Anspielung heraus, nicht zu unrecht, wie sich zeigen wird. Herodot selbst bietet an einer späteren Stelle freilich eine relativ harmlose Erklärung für seine Aussage (9, 107): »Bei den Persern ist es die größte Schande, in dem Ruf zu stehen, feiger als ein Weib zu sein (παρὰ δὲ τοῖσι Πέρσῃσι γυναικὸς κακίω ἀκοῦσαι δέννος μέγιστός ἐστι.) Oberflächlich betrachtet, wird hier nicht das sexuelle Verhalten der Perser, sondern ihr mangelnder Mut angeprangert; um Vergleichbares geht es auch in 1,155, der zweiten von Fichte in diesem Zusammenhang erwähnten Stelle. Daß die Aussage letztlich doch auf Sexuelles abzielt, ist durch ein Bilddokument zu belegen: Auf einer aus der Zeit um 470/460 v. Chr. stammenden Weinkanne ist die angedeutete Notzüchtigung eines Persers durch einen Griechen, als Chiffre für Unterwerfung und Erniedrigung, dargestellt. Demnach werfen an der Herodotstelle die Griechen den Persern keineswegs die Homosexualität an sich vor, das konnten sie auch nicht, da die Perser die Homosexualität ja von den Griechen gelernt hatten, wie es an der dritten von Fichte angeführten Stelle heißt (1,135: καὶ δὴ καὶ ἀπ' Ἑλλήνων μαθόντες παισὶν μίσγονται.), sondern die Rolle, die sie den Griechen gegenüber beim homosexuellen Akt zu spielen hatten.

Nun sind diese Belege keine allzu reiche Ausbeute in einem Werk von – nach Fichtes eigener Rechnung – 210456 Wörtern; doch sieht

Fichte auch in anderen Episoden homosexuelle Motive, zum Beispiel immer dann, wenn von schönen Männern die Rede ist. Doch ist die Erwähnung von Männerschönheit – beim griechischen Schönheitsideal – so außergewöhnlich nicht;[4] daß es gerade diese Männerschönheit gewesen sei, die Herodot durch die Welt und an den Griffel gezogen habe, wie Fichte den Leser glauben machen möchte (*HuL I*, 420), geht aus dem Werk des Griechen nicht hervor.

Was also bleibt neben der Verknüpfung der griechischen mit der afroamerikanischen Welt als Ergebnis von Hubert Fichtes Beschäftigung mit Herodot? Essay und Exkurs bieten insgesamt reizvolle Aspekte einer unkonventionellen Behandlung eines klassischen Autors, die durchaus dazu geeignet ist, Herodot dem Leser näherzubringen, und zwar in des Wortes eigentlichem Sinn, da hier der antike Autor gleichsam als Zeitgenosse, eben als Freund betrachtet wird. Nicht zuletzt macht dies den Reiz der Annäherung des modernen Autors an den Vater der Geschichtsschreibung aus.

Daneben aber ergibt sich, daß Fichte da, wo er im ureigensten Interesse zu sprechen scheint, nämlich immer dann, wenn er einen Hinweis auf Homosexualität vermutet, zu Überinterpretationen neigt. Darüber hinaus läßt er sich manchmal auf unberechtigte Polemiken ein.

So zitiert er z. B. Buch 3, Kapitel 114, das Land Äthiopien bringe »große, langlebige, schönste Männer« hervor (καὶ ἄνδρας μεγίστους καὶ καλλίστους καὶ μακροβιωτάτους) und beschwert sich darüber, daß der Gelehrtenmut der übersetzenden Philologen die Worte »schönste Männer« zu »sehr schönen Menschen« eingeebnet habe (*HuL I*, 420). Es stehen aber alle drei griechischen Adjektive in der Form des Superlativs, allerdings ohne Artikel, so daß sie nach korrekter Anwendung der Grammatik nur mit dem Elativ übersetzt werden dürfen. Interessanterweise hat Fichte die beiden anderen Adjektive mit dem Positiv wiedergegeben, also in jedem Fall alle drei falsch übersetzt. Sollte es Fichte überdies entgangen sein, daß das griechische Wort für »Mann« (ἀνήρ) im Plural auch »Menschen« bedeuten kann, wie dies ja in einer Reihe moderner Sprachen auch der Fall ist? Es ist wohl auch kaum einzusehen, warum bei den Äthiopern denn nur die Männer sehr groß, sehr schön und sehr langlebig gewesen sein sollten.[5]

Natürlich ist man geneigt, über derartige Ungenauigkeiten, zumal bei einem Nicht-Philologen, hinwegzusehen, doch wird sich zeigen, daß auch die Auseinandersetzung Fichtes mit anderen griechischen Autoren durch eben diese aus dem Herodot-Aufsatz gewonnenen Charakteristika gekennzeichnet ist.

Bei einer Dichterin wie Sappho, bei der seit der Antike darüber spekuliert wurde, ob sie homoerotische Beziehungen zu den von ihr besungenen Mädchen hatte – dies wurde in der Wissenschaft zur sogenannten »sapphischen Frage« hochstilisiert – gibt es für Fichte natürlich entschieden mehr Möglichkeiten, polemisch zu argumentieren, und die Abhandlung *Männerlust – Frauenlob* mit dem Untertitel *Anmerkungen zur Sapphorezeption und zum Orgasmusproblem* (*HuL II*, 75–105) klingt schon in der Überschrift entschieden forcierter als das friedvolle *Mein Freund Herodot*.

Zunächst geht Fichte den spärlichen gesicherten Informationen über das Leben der äolischen Dichterin nach, wobei er sich mit bewundernswerter Akribie den antiken Quellen von Herodot im 5. Jahrhundert vor Christus bis zur Suda, einem Lexikon aus dem 10. Jahrhundert nach Christus, zuwendet. Recht rasch geht er dann aber über zu einer wahren Philologenschelte. Für Fichte erreichen die Interpretationen oft – und er kann dabei teilweise sogar überzeugende Argumente ins Feld führen – die Schärfe von Nonsens-Dichtung. (*HuL II*, 80) Nach der Auflistung einer Reihe von Zitaten aus der zweisprachigen Tusculum-Ausgabe[6] fühlt er sich an die *Gartenlaube* aus dem letzten Jahrhundert erinnert. Dem Motto, das ein anderer Verfasser seinem Sapphobuch voranstellt ΣΑΠΦΩ ΕΚ ΣΑΠΦΟΥΣ ΣΑΦΗΝΙΖΕΙΝ (»Sappho aus Sappho deuten«), erkennt er – freilich vorschnell[7] – das Prädikat »Klein-Erna-Griechisch« zu.

Der Zustand dessen, was von Sappho auf uns kam, ist wirklich desolat, auch wenn nicht – wie Fichte meint (*HuL II*, 75) – kein einziges Gedicht vollständig überliefert ist. Eines nämlich, die Nummer 1 D. besitzen wir vollständig. Gerade aber diese fragmentarische Überlieferung führt bei den Philologen zu den kühnsten Konjekturen. So wundert sich Fichte, wie Philologen bei Texten, von denen oft nur mehr ein Buchstabe pro Zeile erhalten ist, in ihrer Übersetzung ganze Sinneinheiten daraus gestalten, ein Vorgehen, das ihn zu der Feststellung führt: »Graezisten entwickeln eine eigene Art von Hochmut« (*HuL II*, 83). Und sofort sucht er zu zeigen, wie wenig begründet dieser Hochmut ist, wenn es die Philologen nicht einmal schaffen, sich über die Bedeutung eines einzelnen Wörtchens einig zu werden. Er weist darauf hin, daß es der Philologie bis heute nämlich noch nicht gelungen ist, eindeutig zu klären, ob es im Fragment 120 D. heißt, »der Abendstern bringt die Tochter weg von der Mutter« oder »der Abendstern bringt die Tochter zurück zur Mutter«, weil das griechische Wort ἄπυ an der Stelle beides heißen kann. Fichte schließt sich der Gruppe von Philologen an, die für die Version »zurück« plädieren, und er tut dies mit Argumenten, die nicht nur dem Instrumentarium der Philologie, sondern auch seinen eigenen Erfahrungen als landwirtschaftlicher Helfer entstammen. Der Leser muß Fichte zugestehen, daß vieles von dem, was er vorgebracht hat, überzeugt; die hundertprozentige Richtigkeit der einen oder anderen Auffassung läßt sich, zumindest mit unseren jetzigen Möglichkeiten, nicht erweisen.

Genauso intensiv bemüht sich Fichte um die Klärung metrischer Fragen. Da er einem Herausgeber[8] nicht glaubt, daß es sich bei einem Gedicht um das sonst bei Sappho nicht vorkommende Versmaß des Enhopliers handelt, weil dieser ja neunsilbig, die Zeilen des entsprechenden Gedichts jedoch nur achtsilbig seien, studiert er ein Werk über griechische Metrik und findet dort schließlich, daß der Enhoplier in der äolischen Lyrik als Achtsilbler vorkommen kann, entschließt sich aber dann doch, mit Berufung auf einen anderen Gelehrten, die Verse als akatalektische Tetrameter aufzufassen. (*HuL II* 86 f.): Ob sich Fichte damit für das Richtige entschieden hat, sei dahingestellt. Es ging mir nur darum, zu demonstrieren, mit welcher Ausdauer, aber auch mit welchem Sachverstand er spezielle philologische Fragen bis ins Detail verfolgte.

Manchmal freilich drängt sich der Verdacht auf, er habe absichtlich falsch übersetzt, nur um damit eine ihm genehme These zu untermauern. Dieser Zweck scheint ihm ausreichende Legitimation zu sein dafür, daß auch er seinerseits unsere Kultur um einige Übersetzungsfehler bereichert. So hat er zum Beispiel jenes bekannte Fragment (27 D.), in dem Sappho ihre Welt den Idealen der adeligen

Krieger entgegenstellt, etwas umgestaltet. Die richtige Übersetzung lautet:

»Reiterheere mögen die einen, andere
halten Fußvolk oder ein Heer von Schiffen
für der Erde köstlichstes Ding, – ich aber
das, was man lieb hat.« (Treu)

Fichte gibt die letzte Zeile »das, was man lieb hat« wieder mit »Der, welcher von jemandem geliebt wird«, und nimmt damit eine Verschiebung der Perspektive in Kauf, nur um daran seine These, die Formel der Madame de Sévigny »Soyez aimable, puisque vous êtes aimé« werde das ganze Abendland hindurch transportiert (*HuL II*, 88), festzumachen.

Das Hauptanliegen des Sappho-Essays ist es aber, nachzuweisen, daß Sappho – anders als es eine große Zahl von Philologen glauben machen möchte – doch lesbisch war, und dazu bringt Fichte auf nahezu vier Seiten Zitate aus den Fragmenten (*HuL II*, 100–3). Auch hier stehen neben überzeugenden Belegen wieder solche, die mit Liebe oder Sex überhaupt nichts zu tun haben und die höchstens durch Überinterpretation in die Nähe davon gerückt werden können. Insgesamt aber kann man sich Fichtes Argumentation wohl nur schwer entziehen.

Eine Besprechung des Sappho-Essays wäre allerdings unvollständig, ließe man die Frage nach dem Sinn des Untertitels *Anmerkungen zur Sapphorezeption und zum Orgasmusproblem* beiseite. Für den Begriff ›Orgasmus‹ kommt es Fichte besonders auf zwei Textstellen an. Die eine davon stammt von dem Redner Himerios aus dem 4. Jahrhundert nach Christus, also von einem Mann, der immerhin rund 900 Jahre nach Sappho lebte. Jener Himerios traf die Feststellung Σαπφὼ δὲ μόνη γυναικῶν μετὰ λύρας ἐρασθεῖσα:, was soviel heißt wie »Sappho liebte als einzige der Frauen mittels der Lyra« und nicht, wie Fichte übersetzt, »Sappho war die einzige Frau, die an der Lyra Liebe empfand« (*HuL II*, 89). Diese falsche Übersetzung interpretiert Fichte dann – mit dem Hinweis auf Männer im Rockkonzert: »Sappho hatte bei Guitharrenspielen einen Orgasmus« (*HuL II*, 98). Das Verbum ἐρᾶν bedeutet ›leidenschaftlich (auch sexuell) lieben‹, die Konnotation ›Orgasmus‹ allerdings ist, das weisen die Belegstellen deutlich aus, dabei nicht enthalten. Der Text bedeutet demnach also wohl: Sappho schrieb als einzige Frau Liebeslyrik.

Die zweite Stelle stammt von Sappho selbst; im Fragment 137 D. heißt es:

»Gliederlösender Eros treibt wieder mich
um, süß-bitter, unzähmbar, ein wildes Tier.

* * *

Atthis, dir ward es lästig, bei mir zu sein
in Gedanken: Andromeda läufst du nach«. (Treu)

Eros ist für Fichte ein »bitter-süßes kriechendes Tier, wie die Herpes« (*HuL II*, 105). Gerade aber der zweite Teil des Fragments zeigt doch, daß es hier um die Zwiespältigkeit, das Schwanken zwischen Extremen, geht, das – wie Fichte (*HuL II*, 87) an anderer Stelle auch richtig erkennt – von Anfang an konstitutiv ist für die Lyrik Sapphos und das sich ganz besonders auch im Wesen des Eros manifestiert, dessen Polarität hier mit »süß-bitter« charakterisiert ist. Dieses Adjektiv bezieht sich also auf den psychischen Zustand dessen, der vom Eros besessen ist, und nicht auf den Geschmack des Ergusses der Frau.

Fazit: Ein Orgasmusproblem taucht weder in Texten von Sappho noch in antiken Zeugnissen über Sappho auf.

Ging es in dem Sappho-Essay vornehmlich um weibliche Homosexualität, so rückt in dem 1985 verfaßten Homer-Aufsatz (*HuL II*, 143–181) die männliche in den Mittelpunkt.

Für Fichte ist die Ilias ein ›roman fleuve‹, der viele Romane enthalte (*HuL II*, 155); und da er sich der Ilias nicht als Philologe, sondern als Schriftsteller nähert, gelingen ihm überraschende Aussagen zu Struktur, poetischen Mitteln und Gehalt dieses Epos. Correspondances bei Stendhal, Proust, Genet, ja sogar bei Grass werden angesprochen. Zentrum der Auseinandersetzung Fichtes mit der Ilias ist aber die Frage, warum sich Homer in seiner Darstellung trotz individualpsychologischer Fundierung von Frauenraub, Frauenverachtung und Machismo viel mehr auf Achill als auf Helena konzentriert habe, ob denn nicht das eigentliche Thema des Epos die Liebe Achills zu Patroklos sei, ob nicht der erste große Liebesroman (sic!)

der Weltliteratur die Liebe unter Männern darstelle. Fichte möchte gerade an archaisch und unindividuell wirkenden Partien die These von der Ilias als dem Produkt nicht eines Schriftstellerverbandes, sondern eines einzigen, die homosexuelle Bindung kontrapunktierenden Dichters erhärten (*HuL II*, 158). Thema der Ilias jedoch ist, und darüber informiert Homer den Leser bereits im ersten Vers seines Epos, zweifelsohne die μῆνις, der Zorn des Achill. Bleibt also nur noch die Frage nach dem Grund dieses Zorns. Fichte möchte darin den Ausdruck der unmäßigen Wut des Homosexuellen vor dem Normalen sehen, weil dieser dem Homosexuellen nicht zutraue, ein Mädchen zu beschlafen, wie es Brauch sei. (*HuL II*, 166) Diese Begründung enthält zwei Behauptungen, die es näher zu untersuchen gilt: Ist Achill homosexuell? Wenn sich auch in der ganzen Ilias keine einzige Stelle findet, in der eindeutig von homosexuellen Handlungen zwischen Achill und Patroklos die Rede ist, während beide sehr wohl mit Frauen schlafen, wird ihr Verhältnis zueinander doch so beschrieben, daß eine erotische Beziehung – die ja in späteren Zeiten ausgiebig dargestellt wurde – nicht ausgeschlossen erscheint. Wie anders sollte man eine Szene wie die zu Beginn des 24. Gesanges (24, 5f.) auffassen, in der nach dem Tod des Patroklos ein weinender Achill dargestellt wird, von dem es heißt:

»...er wälzte sich hierhin und dorthin,
immer sich sehnend nach Patroklos' Kraft und adeliger Mannheit.«
(Rupé)

Die zweite Frage lautet: Grollt Achill deswegen, weil er sich als Homosexueller beleidigt fühlt? Wohl kaum, denn »der homerische Mensch ›trägt‹ in dem Bewußtsein seines Wertes noch ausschließlich das Gepräge der Gesellschaft, der er angehört. Er ist ein Standeswesen und mißt seine Arete an der Geltung, die er unter seinesgleichen genießt.... Für Homer und die Adelswelt seiner Zeit ist... die Ehrverweigerung die größte menschliche Tragödie.«[9] Eben diese Tragödie ereignete sich für Achill, als ihm Agamemnon die Ehrengabe, das Mädchen Briseis, wegnahm; aus gekränkter Ehre tat er also den Schwur, er werde vom Kampf fernbleiben. »Der Tod des Patroklos bringt die große Wende des Zorns, bringt aber nicht sein Ende.«[10] »Hektors Tod ist, aus dem Ganzen der Ilias gesehen, die Erfüllung des Zorns und alles dessen, was der Zorn in seinem Umkreis gewaltig aufgeregt hat.«[11] Der Zorn des Achill ist in der Ilias also ganz anders motiviert, als dies Fichte annimmt. Seine heterosexuelle Potenz hatte Achill überdies schon anderweitig unter Beweis gestellt (9,663–668), dazu bedurfte es nicht unbedingt der Briseis, wenngleich er dieses Mädchen ganz besonders liebte (9,341–343). Kennzeichnend für die interpretatorischen Tricks Hubert Fichtes ist die Schlußfolgerung seines Homer-Aufsatzes, worin er dem Leser suggerieren möchte, bei Homer werde die heterosexuelle Liebe als irdisch, die homosexuelle dagegen als göttlich dargestellt. (*HuL II*, 179–181) Auch dabei geht er wieder von zwei Textstellen aus: Als es den Griechen im Kampf um Troja ohne ihren zürnenden Helden immer schlechter ergeht, schickt Agamemnon eine Gesandtschaft zu Achill, um ihn wieder zu versöhnen; neben vielen anderen Geschenken sagt er ihm auch die Rückgabe der Briseis zu und versichert dabei (9,132–134):

»... mit heiligem Eide beschwör ich,
Daß ich nie ihr Lager geteilt, noch je ihr genaht bin,
Wie im Geschlechte der Menschen die Männer den Weibern sich nahen.« (Rupé)

Mit dieser Versicherung bekundet Agamemnon aber nichts anderes, als daß er sich so verhalten hat, wie es ganz allgemein nicht üblich ist; seine Enthaltsamkeit der Briseis gegenüber ist folglich ganz und gar nicht selbstverständlich. Fichte liest aus der Formulierung »wie im Geschlechte der Menschen die Männer den Weibern sich nahen« einen hier überhaupt nicht intendierten Gegensatz heraus und ergänzt demnach: Also nahen sich bei den Göttern die Männer nicht den Weibern (*HuL II*, 163f.) – ohne dabei zu bedenken, daß der oberste Repräsentant der Götter, Zeus, die ganze Ilias hindurch als heterosexueller Schwerenöter dargestellt ist. Die Berechtigung, diese Stelle so zu deuten, leitet Fichte nicht zuletzt aus einer Aussage, die sich im letzten Gesang der Ilias findet, ab. Dort erläutert die Göttermutter Hera dem Apollon, warum den beiden größten Helden vor Troja nicht die gleichen Ehren zukommen. Sie gibt dabei zu bedenken (24,58f.):

»Sterblich jedoch war Hektor und lag an der Brust eines Weibes,
Während Achilleus der Sohn einer Göttin ist...« (Rupé)

In bewährter Manier ergänzt Fichte den Text »Sterblich jedoch war Hektor und lag an der Brust eines Weibes, während Achill der Sohn einer Göttin ist – und deshalb an der Brust eines Mannes liegen durfte« (*HuL II*, 179). Fichte tut dabei so, als habe er nicht bemerkt, daß hier eine Aussage über Hektors Abstammung, nicht über die Herkunft seiner Sexualpartnerinnen getroffen wird. Interessant ist auch, daß Fichte hier nicht die von ihm sonst favorisierte Übersetzung von Voss zitiert, weil diese seiner Deutung nicht entspricht. Voss schreibt nämlich ganz unmißverständlich: »Sterblich nur ist Hektor, gesäugt vom Busen des Weibes.«
Fichtes Resumee, Homosexualität sei das Privileg der Götter, Bisexualität, wie sie Achill am Ende der Ilias pflegt, sei ein Zeichen von Säkularisation (*HuL II*, 181), läßt sich demnach nicht halten. Die homerischen Götter sind heterosexuell; vielleicht liegt dies auch daran, »daß die homerische Dichtung, vor allem auf dem Gebiet superstitiöser Vorstellungen, manches unterdrückte, was dem realen Leben ihrer Zeit angehörte«.[12]

Im letzten Teil meiner Ausführungen will ich zu einem Werk kommen, das sich von den eben besprochenen Arbeiten grundlegend unterscheidet, zu dem 1985 entstandenen Hörspiel »Ich bin ein Löwe/Und meine Eltern sind Eichen und Steine«, mit dem Untertitel *Die Geschichte des Zaubermarktes von Bé*. (*Schulfunk*, 539–576) Gisela Lindemann bezeichnet es im Nachwort des Hörspielbandes wohl zu Recht als das rätselhafteste Hörspiel Fichtes, gibt aber zugleich ganz wesentliche Hinweise für die Interpretation, so zum Beispiel, daß dem im Hörspiel zweimal auf griechisch zitierten Fragment des Empedokles eine zentrale Bedeutung zukomme. (*Schulfunk*, 598) Die zentrale Bedeutung dieses Zitats für das Denken Hubert Fichtes mag man schon daran erkennen, daß es sich auch sonst in seinem Werk findet: So würde eine Erörterung der beherrschenden Funktion des Fragments in dem Roman *Forschungsbericht* den Rahmen dieses Vortrags sprengen. In *Der kleine Hauptbahnhof* heißt es: »Dulu hatte griechische Buchstaben zu weben begonnen...

Dulu löste ihre Bilder auf... zu einem Spruch von Parmenides und Empedokles: ›Auch ich war schon einmal Mädchen und Knabe‹ webte Dulu im Urtext« (*Kleiner Hauptbahnhof*, 128). Damit zitiert der Autor die erste Zeile von Fragment 117 D., das im ganzen folgendermaßen lautet:

»Denn ich wurde bereits einmal Knabe, Mädchen,
Pflanze, Vogel und flutenttauchender,
stummer Fisch.« (Diels)

Leonore Mau hat gerade diesen Text als Grabinschrift ausgewählt.
Die Bedeutung dieses Fragments als Mittelpunkt des Hörspiels bedarf einer genaueren Analyse. Ähnlich wie im Herodot-Aufsatz die Verbindungslinien der afrobrasilianischen Kultur zur griechischen, also europäischen, nachgezogen werden, geht der Autor auch hier vor, nur daß in dem Hörspiel der Rahmen entschieden weiter gesteckt ist: Neben dem Löwen, Empedokles, dem Zauberer aus Abomey, tritt noch ein Herr aus Basel auf, der das Ganze mitschneiden oder filmen möchte, weiter der unbekannte Verfasser der Merseburger Zaubersprüche, deren Motto »ben zi bena« auch in Fragment 96 D. von Empedokles anklingt; es treten weiter auf die Dichter Daniel Casper von Lohenstein und Johannes Bobrowski. Daneben werden die bei dem Besuch des *Zaubermarktes in Bé* im Jahre 1978 entstandenen Notizen collagenartig miteingefügt; Musikstücke alter Meister wechseln ab mit afrikanischen Flöten, mit Tierstimmen, Windgeräuschen und Gewitterdonner, alles selbständige Stimmen, die – wie Gisela Lindemann bemerkt – »auf eine sonderbare Weise in Korrespondenz miteinander kommen«. (*Schulfunk*, 598)
Gestalt und Lehre des Empedokles fügen sich in diesen Rahmen recht harmonisch ein. Jener griechische Philosoph, der in die deutsche Literatur vor allem durch Hölderlins Dramenfragment Eingang gefunden hat, lebte im 5. Jahrhundert vor Christus als Arzt und Wunderheiler in Sizilien und Unteritalien. Er erklärte die vier Elemente Erde, Wasser, Luft und Feuer zum Ursprung alles Seins. Sie sind für ihn unentstanden, unveränderlich und unvergänglich, die Welt der Erscheinungen besteht nur aus der Kombination dieser vier Wurzelsubstanzen, wobei lediglich der Anteil der einzelnen

Substanz variiert. Zur Vereinigung dieser Stoffe kommt es durch Liebe, zu ihrer Trennung durch Haß oder Streit.

Derartige Vorstellungen liegen auch dem Hörspiel zugrunde, ein Interpretationsansatz läßt sich wohl gerade von da aus gewinnen. Das Vorherrschen empedokleischen beziehungsweise griechischen Gedankenguts ist recht gut an einigen Detailaspekten nachzuweisen; sollte manches davon auch im afrobrasilianischen Kulturkreis begegnen, so bedeutet dies keinen Widerspruch, vielmehr ist der Text ganz offensichtlich auf derartige Entsprechungen hin angelegt. Schon der Titel ist rätselhaft: »Ich bin ein Löwe/Und meine Eltern sind Eichen und Steine«. Natürlich denkt man dabei zuerst an den Löwenmann, an Löwenopfer, daran, daß, wie es auch im Text heißt, der Löwe das Tier für den Gott Siete Rayos sei. Darüber hinaus gibt es aber auch bei Empedokles ein Fragment (fr. 127 D.), in dem sich eine ganz erstaunliche Aussage findet: »[Bei der Seelenwanderung] werden [die Menschen] unter den Tieren am besten Löwen, bergbewohnende, auf dem Erdboden schlafende...«

Hinter dem Löwen im Hörspiel verbirgt sich aber Hubert Fichte selbst, wie anders sollte man den folgenden, vom Löwen gesprochenen Satz auffassen: »Leonore beklagt sich über meine Methode, die Sprache der Ewe zu lernen.« (*Schulfunk*, 568) Man beachte das Wortspiel »Löwe–Leonore«! Auch ist unverkennbar, daß der Löwe das Idiom des Schriftstellers Jäcki in der *Geschichte der Empfindlichkeit* spricht. (*Schulfunk*, 598) Was aber hat es mit dem zweiten Teil des Titels »Und meine Eltern sind Eichen und Steine« auf sich? Hierbei handelt es sich um eine alte griechische Redewendung, die mit der Vorstellung vom Ursprung der ersten Menschen zu tun hat. Man wandte sie auf Leute an, deren Abstammung unbekannt war. In diesem Sinn tritt die genannte Formulierung schon sehr früh auf, nämlich in Homers *Odyssee*, als Odysseus in Gestalt eines Bettlers nach Ithaka zurückkommt und ihn seine Gemahlin Penelope, die ihn nicht erkannt hat, auffordert (19,162f.):

»Sage mir dein Geschlecht, von wo du her bist! Denn
du bist doch nicht, nach der alten Sage, vom
Eichbaum oder auch vom Felsen.« (Schadewaldt)

Ein Hinweis auf den Bezug zu Hubert Fichte erübrigt sich eigentlich.
Wie bereits erwähnt, finden sich in dem Hörspiel allenthalben Anspielungen auf empedokleisches Gedankengut, nur auf einige davon sei kurz hingewiesen:
Zu den Ausführungen des Löwen über das Nichts (*Schulfunk*, 544–547) vergleiche Empedokles, die Fragmente 11 bis 15 D.,[13] zu den Aussagen über das Feuer (*Schulfunk*, 546f.) die Fragmente 37 und 51–54 D., zur Genese des Löwen vom Nichts über die Stationen Feuer, Stein, Schaum, Hefe, Gras, Baum, stummer Fisch, Wal, Zwergschimpanse, Elefant und Vogel (*Schulfunk*, 544–556)[14] die Fragmente 35 und 115 D., zur Hinrichtung der Bohnen (*Schulfunk*, 561) das Fragment 141 D.!

»Hand in Hand.
Streitet nicht.
Wenn ihr streitet,
endet die Welt.«

Dieses Zitat des Löwen (*Schulfunk*, 565) enthält die Vorstellung des Empedokles, nach der sich die Elemente durch die Liebe vereinigen, durch Streit aber trennen (fr. 17 und 20 D.). Daß der Zauberer aus Abomey diese ursprünglich griechische Vorstellung in einer Mischung aus Kongolesisch und Spanisch wiederholt, enthüllt deutlich Fichtes Intention:

»Moko con Moko.
No endiata.
Se endiata
acaba el mundo.«

Fichte lernte nach eigener Aussage (*HuL II*, 355) von Sappho, was eine Zeile ist, der Leser beziehungsweise Hörer kann von Fichte lernen, was ein Wort ist. Wie ist das auf den ersten Blick völlig isoliert dastehende Wort »Krisis« (*Schulfunk*, 572)[15] zu verstehen? Doch wohl nur so, wie es bei Empedokles im Fragment 62 D. vorkommt, wo von dem sich ausscheidenden Feuer die Rede ist, woraus die Männer und Frauen entstehen. Das griechische Substantiv zu dem bei Empedokles in einem Partizip (κρινόμενον) ausgedrückten Vorgang des Ausscheidens heißt κρίσις, die ›Ausscheidung‹. Faßt man den Begriff so, dann schließt sich im Hörspiel das Folgende recht harmonisch an: Nach der Entstehung der Menschen durch die »Krisis« kommt es sogleich zur »Lüge«, deren Wirkamkeit am Beispiel des togolesischen Bananendiebs verifiziert wird. Über Kain und Abel setzt sich die Reihe dann über viele Stationen wie biologische Kriegführung und afrobrasilianische Religionen fort und endet mit Rock Hudson.

Noch ein letztes Beispiel soll zur Illustration dafür dienen, wie sinnbeladen in diesem Hörspiel ein einziges Wort sein kann:

»Mein Blut sind Adonisröschen.
Der Mensch ist ein Baum.
Eichen meine Eltern.
Die Fichte.
Baumgifte.« (*Schulfunk*, 551/61)

Die Bedeutung des Begriffs »Baumgifte« am Ende dieser Reihe erschließt sich wohl nicht so ohne weiteres. Die ganze vom Löwen gesprochene Passage enthält Anklänge an Empedokles, deutlich erkennbar ist hier unsere Kernstelle variiert; so liegt es doch nahe, auch nach dem Wort »Baumgifte« bei dem Griechen nachzusehen. In Fragment 111 D.[16] verspricht Empedokles seinem Schüler Pausanias: »Und Gifte, so viele nur geworden sind als Hilfe gegen Übel und Alter, wirst du kennen lernen, denn dir allein will ich dies alles erfüllen. Stillen wirst du auch der ermatteten Winde Gewalt, die gegen die Erde losbrechen und mit ihrem Wehen vernichten die Fluren, und umgekehrt wirst du, wenn du den Willen hast, zum Ausgleich die Lüfte herbeiholen. Schaffen wirst du aus dunklem Regen rechtzeitige Trocknis den Menschen, schaffen wirst du aber auch aus sommerlicher Trocknis baumernährende Güsse, die dem Himmel entströmen (?); zurückführen wirst du aus dem Hades gestorbenen Mannes Kraft.« (Diels)

Könnten diese Worte nicht auch, so oder ähnlich, von einem Voudou-Priester stammen?

Wenn Gisela Lindemann feststellt, man könne dieses letzte Hörspiel Fichtes als die Vision von einer Vermischung aller Kulturen der Erde samt ihrem Umgang mit der Natur und dem Tod sehen (*Schulfunk*,

598), so ist dies sicher richtig. Vielleicht liefert die zentrale Bedeutung des Fragments 117 D. von Empedokles sogar einen Hinweis darauf, daß Fichte hier seine Überzeugung ausgedrückt habe, nichts gehe auf der Welt gänzlich unter – zumindest solange nicht, bis es nicht zu einem erneuten Urknall kommt – sondern Menschen und Dinge wechselten nur in einen anderen Zustand über. Dieser Deutung muß die Tatsache, daß das Letzte, was im Hörspiel zu vernehmen ist, nicht Worte, sondern verschiedene Geräusche sind, nicht notwendig entgegenstehen.

Anmerkungen

1 Herodot: *Historien 2*, 74.

2 Ebd. 8,41.

3 Vgl. Walter Burkert: *Herodot*. In: *dtv-Lexikon der Antike, Philosophie, Literatur, Wissenschaft*, hrsg. v. Carl Andresen u. a., München 1969, Bd. 2, S. 227; Walter Marg (Hg.): *Herodot*, Darmstadt 2. Aufl. 1965, S. 1–2.

4 Vgl. Karl Schefold: *Die Griechen und ihre Nachbarn*. In: K. S. (Hg.): *Propyläen-Kunstgeschichte*, Bd. 1, Berlin o. J., S. 107: »(...) dabei ist es tief griechisch, wie sich das Gesetz immer mit dem Schönen und Jungen verbindet.«

5 Überdies ist das ἄνδρας (wie wohl auch das χώρη ἐσχάτη) bei Herodot eine Reminiszenz an jene berühmte Homerstelle (*Odyssee 1*, 23), an der die Äthioper, die bei Homer ganz besonders dadurch ausgezeichnet sind, daß die Götter bei ihnen speisen, als ἔσχατοι ἐνδρῶν – als die »äußersten der Menschen« bezeichnet werden. Es ist bezeichnend, daß Fichte an der genannten Homerstelle, die nun wirklich nichts mit Homosexualität zu tun hat, die Übersetzung »Menschen« voll akzeptiert (*HuL I*, 412). Zur Nähe Herodots zum Homerischen Epos siehe: Albin Lesky: *Geschichte der griechischen Literatur*. Bern, München 2. Aufl. 1963, S. 359.

6 Max Treu, (Hg.): *Sappho. Lyrik*, München 1976.

7 Helmut Saake: *Zur Kunst Sapphos*, Paderborn u. a. 1971, S. 9. Saake hatte lediglich die wohl von Porphyrios geprägte Formel Ὅμηρον ἐξ Ὁμήρου σαφηνίζειν auf Sappho übertragen. Siehe dazu: Rudolf Pfeifer: *Geschichte der klassischen Philologie. Von den Anfängen bis zum Ende des Hellenismus*, Reinbek bei Hamburg 1970, S. 277.

8 Treu: *Sappho*, s. o., S. 211.

9 Werner Jäger: *Paideia. Die Formung des griechischen Menschen*, Bd. 1, Berlin 1959, S. 31.

10 Wolfgang Schadewaldt: *Von Homers Welt und Werk*, Stuttgart 1965, S. 343.

11 Ebd., S. 344.

12 Albin Lesky: *Vom Eros der Hellenen*, Göttingen 1976, S. 81. Ähnlich wie beim Verhältnis Achill-Patroklos bleibt die Ilias auch hier nur bei Andeutungen, etwa in 20, 231–235, wo davon die Rede ist, daß die Götter Ganymed wegen seiner Schönheit zum Mundschenk im Olymp machten. (Diesen Hinweis verdanke ich Wolfgang von Wangenheim).
Daß Mundschenken im alten Griechenland auch als Objekte der Erotik betrachtet wurden, zeigt zum Beispiel jene Episode (*Athenaios*, 13, 603 e), in der davon berichtet wird, daß es dem Tragödiendichter Sophokles gelang, einem besonders schönen Mundschenken einen Kuß zu »rauben«.

13 Die Tatsache, daß auf die Aussage des Löwen (S. 546) »Und keiner kann das Nichts verneinen« Affengekeckere und dann – gleichsam als Antwort – das bekannte Empedokleszitat (fr. 117) folgt, kann zweierlei bedeuten: Entweder gibt Fichte damit einen Hinweis darauf, daß die Ansicht des Empedokles über den Wandel der Lebewesen erst für die Zeit nach dem Urknall Gültigkeit beanspruchen kann, oder aber er setzt der modernen wissenschaftlichen Auffassung über das vor dem Urknall vorhandene Nichts die These des Empedokles entgegen. Dieser hatte ja an anderer Stelle (fr. 15) behauptet: »Nicht würde ein weiser Mann solches aus seinem Herzen weissagend verkünden: Solange sie leben, was man so Leben heißt, so lange also sind sie und es widerfährt ihnen Schlimmes und Gutes; dagegen bevor die Sterblichen (aus den Elementen) zusammengefügt und nachdem sie getrennt, sind sie nun also gar nichts.« (Diels)

14 Innerhalb dieser Reihe weist Fichte ausdrücklich auf das empedokleische Leitmotiv hin: »Ich erinnere mich nicht, wie ich ein stummer Fisch war in der Salzflut, wie Diels übersetzt« (*Schulfunk*, 552).

15 Auch bei Heraklit (fr. 63 D.) wird eine vergleichbare Vorstellung im selben Fragment einmal substantivisch und einmal verbal ausgedrückt.

16 Siehe dazu: Hellmut Flashar: *Empedokles, Frgm. B. 111 und seine Stellung im Lehrgedicht ›Über die Natur‹*. In: *Eidola*, Amsterdam 1989, S. 223–227.

NIKOLAUS TILING

Vom Sprechen zum Schreiben
Anfänge einer Schriftsteller-Laufbahn[1]

Die bislang in Rezensionen und Sekundärliteratur veröffentlichte Rezeption des Schriftstellers Hubert Fichte mit dem Versuch, charakteristische Merkmale und spezifische Motivkonstellationen des Autors und seines literarischen Werkes zu benennen, ist auf zwei sich überschneidende Stichwortreihen konzentriert. Diese Reihen heißen:
Halbwaise, Halbjude, bisexuell- bzw. schwul und
Kinderdarsteller, Landwirtschaftslehrling, Schriftsteller.
Die Wahrnehmung der wechselseitigen Überschneidung von Begriffen aus einem biologisch-ethnischen und dem Zusammenhang sozialer Positionen wird focussiert auf das Stichwortpaar Schwuler Schriftsteller. Noch weiter zusammengezogen verbleibt: Der Schriftsteller. Er markiert gleichzeitig das Ende der Stichwortreihen, von dem aus sie zurückgelesen werden können – was dann heißt: Der Hamburger Schriftsteller Hubert Fichte, Ethnopoet, Halbjude, Halbwaise, schwul, Weltreisender, ehemals Landwirtschaftslehrling, Tramp, Kinderdarsteller, Waisenhauszögling. Nur zu oft werden diese Ketten – teilweise oder in Segmenten – in einen Zusammenhang mit der jeweiligen Textbesprechung montiert. Was dabei entsteht, ist, unterhalb der Bezeichnung ›Schriftsteller‹, eine Konfrontation zwischen vorliegendem Werk und Splittern der Biographie, die scheinbar disparat gegenüber der hohen Kulturleistung der literarischen Kompositon und/oder ihren thematischen Inhalten stehen. Die Legendenbildung von einer im Kulturbetrieb hoch legitimierten Stellung, die aus der Position des sozialen ›outcast‹ erreicht werden konnte, erzeugt einen doppelten Effekt.
Die schöpferische Leistung wird einerseits behauptet als Phänomen, das sich sozialen Determinanten entzieht, weil es mit der Vita

nicht in Übereinstimmung zu bringen ist, andererseits gilt dem Schriftsteller – als genialem Überwinder seiner biographischen Grenzen – besondere Beachtung. Dieser Kreation entspricht, daß in der Rezeption Komponenten der oben genannten Stichwortreihen beliebig benannt oder ausgelassen werden. Das ergibt, je nach Zielrichtung und Zusammenhang, eher den schwulen, den ethnopoetischen, oder den Hamburger Schriftsteller Hubert Fichte. Die Feinabstimmung ist orientiert auf das jeweilige Auditorium und operiert mit dem symbolischen Wert des Schriftsteller-Künstlers im Rekurs auf die gesellschaftliche Erfahrung eines Defizits – nämlich, daß es eine autonome Identität gerade in den modernen Gesellschaften nicht gibt. Die Teilhabe am Werk eines Schriftstellers, der scheinbar quer zu aller biographischen Einbindung existierte, der seiner von vielfältigen Brüchen durchzogenen Geschichte entkommt in einem thematisch bewußten Akt der literarischen Selbstversicherung: das erscheint als Beteiligung am Traum selbstbestimmt-schöpferischer Identität.

Auf die Rezeption Fichtes bezogen, hat die Multivalenz der angesprochenen Stichwortreihen eine generative Funktion. Es scheint, als sei Fichte selbst fast spielerisch mit der bis zur Ratlosigkeit gesteigerten Polyphonie der Literaturkritik umgegangen. Sich allen Festlegungen entziehend, kaum verfolgbar in der von ihm selbst inszenierten Vielschichtigkeit, changierend zwischen diversen Genres, durch die Behauptung des ›alter ego‹ ständig dem Versuch entwischend, autobiographisch festgelegt zu werden, als erklärter Gegner der Literaturwissenschaft: so beschleunigte Fichte selbst eine Produktion der Vielartigkeit von Aussagen, die gleichzeitig auch eine Restmenge des Unklaren, Fraglichen, Geheimnisvollen neu hervorbrachte.

Konfrontiert mit den Fragen, die durch und an die Texte entstehen, wird man in Stichworten wie: Halbwaise, Halbjude, bisexuell nicht von der Erfahrung befreit, daß man immer wieder auf die Texte verwiesen ist und daß diese gleichzeitig, neben den literaturhistorischen, vielfältige Verweise auf biographische, soziale und psychologische Kontexte enthalten.

Hubert Fichte hat dieses Autor-Konzept und die damit zu erzielenden Effekte auch mit dem, was von seinem Nachlaß geblieben ist, nicht durchbrochen. Soweit das in der Hamburger Staatsbibliothek vorliegende Material[2] gesichtet werden konnte, fügen die Briefe der Großeltern, die umfangreiche Sammlung von Mitteilungen, Karten und Briefe fast aller Vertreter des literarischen Nachkriegs-Deutschland, Zeugnisse aus Schule und Landwirtschaft, unvollständige Reisedaten und Kartons voller Recherche-Dokumente, dem bereits bekannten Bild nur wenige Striche hinzu.[3] Als Gesamteindruck wird bestätigt, was durch die Veröffentlichungen vorgezeichnet ist: Hubert Fichte, der sorgfältige Arbeiter und Autodidakt, der eine schwierige Jugend in allgemein schwierigen Zeiten hatte und durch eine Mischung aus Fleiß und Genialität zum angesehenen und hochdotierten Autor avancierte.

Nach Primär- und Sekundärliteratur-Studium ist man auch mit der Nachlaßerschließung wieder verwiesen auf den Endpunkt einer Laufbahn, den Schriftsteller und sein veröffentlichtes Werk, aufs Neue also konfrontiert mit den vielfältigen Ansätzen, Schwerpunkten und Themen. Bei dem Versuch, den Verlauf der ›Flugbahn‹ nachzuzeichnen, gilt es nicht, die Abweichungen von einer angenommenen Ideallinie wegzubügeln, sondern die scheinbar so disparaten Stichwortreihen in ihren Elementen synchron zu ihrer historischen Abfolge noch einmal zu buchstabieren und als Folie für das vorliegende Text-Material zu nutzen.

Um es vorwegzunehmen: Es wird das Anlage-Muster einer Karriere des späteren Schriftstellers Hubert Fichte sichtbar. Keineswegs nur das fast heillos erscheinende Wirrwarr sich überschneidender Bedrohungen des Daseins als Halbwaise und Halbjude im faschistischen Deutschland und des Schwulen in der Zwangsmoral des Wiederaufbaus, dem gegenüber sich der Schriftsteller-Künstler durch sein literarisches Werk erst als Identität behaupten mußte. Untersucht man den Verlauf des Einsatzes und der Ausbildung der gegebenen lebensgeschichtlichen Voraussetzungen, erscheint eine Kontinuität sinnvoller Folgehandlungen in den von Hubert Fichte betretenen sozialen Feldern. Vor diesem Sinnzusammenhang ergeben sich neue Korrelationen von Biographie, Texten und Themen. Allerdings bergen die Texte Fichtes die Spuren jener Erschütterungen, denen er immer wieder ausgesetzt war, und die unter der litaneiartigen Wiederholung des: Halbwaise, Halbjude, schwul eher verwischt werden.

Bereits bei dem Stichwort Halbwaise ist eine Korrektur notwendig, die vielleicht weiterreichende Folgen hat. Die Bezeichnung ›Halbwaise‹ war vermutlich ursprünglich eher eine Schutzbehauptung für den Jungen, der allein bei seiner Mutter aufwuchs, die ihn, im Anschluß an eine Kinderlandverschickung, vor den zu befürchtenden Folgen seiner halbjüdischen Abstammung im nationalsozialistischen Deutschland, ein Jahr im katholischen Waisenhaus von Schrobenhausen untergebracht hatte. Als Kind glaubte Hubert wohl selbst eine ganze Zeit lang, daß sein Vater gestorben sei. (Vgl. z. B. *Waisenhaus*, 126) Wie nach Recherchen von Reinhold Koller und Bertil Madsen zweifelsfrei nachweisbar ist, war sein Vater, der jüdische Kaufmann Erwin Oberschützky, jedoch keineswegs tot. 1936, über ein Jahr nach Huberts Geburt, war der Vater auf der Flucht vor den Nazis in Schweden angelangt. Hubert Fichte wußte durch seine Mutter von dieser Flucht und er wußte den Namen seines Vaters. (*Waisenhaus*, 165) Interessant erscheint auch, daß der Vater später mit seiner ersten ehelichen Frau selbst neun Jahre in Südamerika gewesen war und mit ihr auch einen zweiten Sohn namens Herbert hatte.[4] 1962 starb Erwin Oberschützky in Stockholm an einem Herzinfarkt. Hubert Fichte war im März 1958 das erste Mal in Schweden und leitete dort, in einem anthroposophischen Heim – der Saltå Arbetsskola, Järna – für behinderte Kinder, die Landwirtschaft.[5] Järna liegt ca. 50 km südlich von Stockholm. In seinem am 17. Mai 1961 in Montjustin abgeschlossenen Drama *Ödipus auf Håknäss* finden sich Hinweise auf das Wissen um den Aufenthaltsort seines Vaters und eine Auseinandersetzung mit dem Wunsch, den Vater wiederzusehen.[6] Gleichwohl blieb er selbst beim Terminus des ›Halbwaisen‹, und die bisherige Rezeption hat sich bislang an dieser Bezeichnung orientiert.

Dem Aufenthalt im Waisenhaus folgten die Bombennächte in Hamburg. Dem Blockflötenunterricht bei Mater Caecilia die Bücherschränke mit Rudolf Steiner, Heinrich von Kleist, Goethe. Während die Biographische Skizze bei Thomas Beckermann für das Jahr 1944 »Schillerlektüre. Romanentwürfe, Ritterdramen, Gedichte« verzeichnet[7], besuchte der nicht einmal Zehnjährige zusammen mit der Mutter *Iphigenie auf Tauris* im Deutschen Schauspielhaus. (*Grünspan*, 14)

Die Mutter, selbst eine Art Sekretärin, der gute Englischkenntnisse attestiert wurden[8], die in einer Hamburger Firma Deutschunterricht gegeben hatte, war nicht nur Anthroposophin, literaturkundig und bewandert in bildender Kunst sowie klassischer Musik, sondern hatte vor dem Umzug nach Hamburg auch Klavier gespielt. Sie wünschte sich für ihren Sohn Opernbesuche und Beethovens *Fünfte*. (*Grünspan*, 14) Auf Vermittlung der Mutter, die sich, aus Bayern zurückgekehrt[9], als Schauspielerin und Souffleuse durchschlug, kam Fichte zu seinen ersten Bühnen-Rollen.

Nun also Kinderdarsteller. Mit 11 Jahren, 1946 Schauspieler und das an vielen namhaften Hamburger Bühnen. Gespielt wurde u. a. unter Otto Kurth und Helmut Käutner, Eduard Wiemuth und Helmut Gmelin, schließlich Alexander Hunzinger. Die Kollegen waren u. a. Gustav Knuth, Gustel Busch, Gisela von Collande. Mutter und Großeltern bezahlen Turnunterricht für die Rolle des ›Johnny‹ in William Saroyans Stück *Mein Herz ist im Hochland*. (*Grünspan*, 169, 170/2)[10] Während der Theaterkrise nach der Währungsreform 1948 debutierte Hubert Fichte neben Lil Dagover in dem Film *Die Söhne des Herrn Gaspari* und in verschiedenen Sprechrollen beim NWDR. (*Grünspan*, 176) Für seine Schauspielerkarriere brach er Ende 1950 in Klasse 10 das Gymnasium ohne Abschluß mit dem Notendurchschnitt »befriedigend« ab.[11]

Die lebensbedrohliche Stigmatisierung durch die biographische Definition als uneheliches Kind und bei der Mutter aufwachsender Halbjude, war nach dem Zusammenbruch des Hitler-Faschismus in ihrer existentiellen Bedeutung überwunden. An ihre Stelle konnte die soziale Definition des Schauspielers treten. Die Fähigkeiten des Kindes und des heranwachsenden Jugendlichen wurden nun wesentlich geprägt durch den Umgang mit dem gesprochenen und geschriebenen Wort sowie vom Alltag mit Schauspielern, Regisseuren, Bühnenbildnern. Bücher, Texte und Inszenierungen wurden Hubert Fichte ebenso vertraut wie die dazu gehörigen Menschen. Er konnte lesen, sprechen, spielen, auf Bühnen vor großem Publikum auftreten, las über sich in der Zeitung. Und im Theater verdiente er sich sein erstes eigenes Geld. Er behauptete also in der beginnenden Pubertät nicht nur eine in der Ablösungsphase notwendige intellektuelle Eigenständigkeit im Verhältnis zu der mit den Zeichen der Hochkultur ausgestatteten Mutter, sondern sogar seine finanzielle Unabhängigkeit. Der Ablösungskampf mit der Mutter fand auch durch das Aufbegehren gegen die heterosexuelle Definition statt, im coming out des »bumms, bi und Schicksalsymphonie..«, das ausgelöst wurde durch einen Schriftsteller – Hans Henny Jahnn. Dessen Freundschaft (Liebe?) und Wissen wurden als Gewicht im Kampf um die Legitimation der Macht der Benennung, der selbstbewußten Identitätsdefinition also, eingesetzt. Der Schulabbruch war in dieser Konstellation eine Entscheidung nicht nur für die vertraute Sphäre der Bühne, sondern auch für einen Bereich, der von Kinderkram und vorpubertären Spielchen im Gymnasium abgesetzt war durch die konkrete Aussicht auf eine Karriere und die Möglichkeit, selbst Geld zu verdienen.

Doch der Entscheidung für die Schauspielerei folgte die zweite Krise nach der traumatischen Kindheits-Erfahrung des Verlassenseins von der Mutter im bayrischen Waisenhaus des katholischen Ordens: Nach der Rolle des ›François‹ in Jean-Paul Sartres Stück *Tote ohne Begräbnis*[12] kippte 1950/51 mit dem Stimmbruch die gerade tragfähig scheinende soziale Existenz des Kinderdarstellers, die Basis der eigenständigen Ablösung von der Mutter; es drohte nun auch der Verlust des Theaters als Ort sexueller Erfahrungen und Lüste.

Trotz nachgeholten und vom Großvater finanzierten Schauspielunterrichts (*Pubertät*, 223), trotz Stimmbildung scheiterte der Versuch, die staatliche Schauspielprüfung zu bestehen, um wenigstens die Arbeitslosen-unterstützung weiter beziehen zu können. (*Pubertät*, 234) Es war das Ende des »...Kinderstars,... (der nun) arbeitslos neben dem Telephon sitzt mit gebrochener Stimme..« (*Pubertät*, 69) Der ›Bruch‹ traf substantiell den Anfang einer sozialen und biographischen Sicherheit. Die Geborgenheit im Bekannten und Erlernten, die Identitätsstabilisierung durch öffentliche Anerkennung der eigenen Fähigkeiten und die ökonomische Unabhängigkeit kollabierten.

Mit abgebrochener Schulausbildung, bedrängt von der Erwartung Zollinspektor zu werden, wie Großvater (*Pubertät*, 26) und Onkel Emil (*Waisenhaus*, 105), aufs Neue ausgeliefert dem normativen Druck der Mutter, erhielt die Situation Fichtes erneut Züge der existentiellen Verlassenheit, wie bei der plötzlich sich auftuenden Leere im Waisenhaus. Und wie das Kind dort seine Angst im Spiel mit den Bildbauklötzen und Buchstaben des Setzkastens beschwörend bekämpfte, bis gegen das buchstäbliche Nichts die große Chiffre des Vertrauten – »Hamburg« – gerettet war (*Waisenhaus*, 167), so griff auch der Jugendliche Hubert Fichte wieder auf das zurück, was ihm als Grundlage seiner noch brüchigen Identität als Kinderschauspieler zur Verfügung gestanden hatte: die Sprache.

Dieser Rekurs auf das Vertraute trägt Züge einer Wiederholung kindlicher Handlungsmuster. Wieder war es die Sprache, die zur letzten Sicherheit wurde. Allerdings hatten Sprache, Worte und Buchstaben, als erstes Mittel der Imagination von Geborgenheit, inzwischen durch die Anwendung auf der Bühne, ihren Einsatz im Beruf, im Tausch gegen Geld, einen Säkularisierungsprozeß durchlaufen. Im lebensgeschichtlichen Moment der Ablösung vom (Groß-)Elternhaus, im Augenblick der existentiellen Infragestellung seiner sozialen Position stand Fichte nur die Kunst-Sprache zur Verfügung: das einzige Werkzeug, das er aus der Performanz in Literatur und Theater kannte und selbst zu benutzen gelernt hatte. Hier war nun Sprache nicht mehr Medium, um sich in den Schutz des mütterlichen Mantels (*Waisenhaus*, 42; *Kleiner Hauptbahnhof*, 200) zurückzuphantasieren, sondern um sich einer unabhängigen Existenz zu versichern. Mit dem Stimmbruch und dem erzwungenen Ende der Schauspielerei war der Bereich des gesprochenen Wortes jedoch gesperrt.

Mit welchen Schmerzen, mit welcher Wut der nun einzig mögliche Wechsel, nämlich der zum geschriebenen Wort einherging, ist angedeutet in dem kurzen Prosastück *Mein Freund der Trinker*; geschrieben 1951 im Erlebnis des Scheiterns als Schauspieler, und das erste Mal gedruckt in *Versuch über die Pubertät* 1974. Die Beschreibung seines trinkenden, schwulen Freundes, des Regisseurs seiner letzten Auftritte, Alexander Hunzinger, löscht schreibend diese Person fast vollständig aus und setzt ihr gleichzeitig ein literarisches Denkmal.

Zu Beginn der Kurzgeschichte, als der Freund über den Gartenweg näherkommt, ist er noch ein sich selbständig bewegender, souveräner Mensch. Kaum hat er jedoch eine gewisse räumliche Distanz überwunden und steht in der Tür, gerät er ins Visier beschreibender

Beobachtung. Dabei wird er zum Objekt und dieses Objekt zum subiectum – zum Unterworfenen des erzählenden Ich.
Dieses schleicht sich in den Anderen, interpretiert dessen Blicke, Gesten, schreibt sie fort als Eigenschöpfung in Gestalt des Anderen. Der Freund, der Liebende wird zum Schauspieler, dem der Schriftsteller seinen Auftritt vorschreibt. Es ist gleichzeitig die Inszenierung der Umkehrung der realen Rollen. War Hunzinger der Regisseur des Kinderdarstellers Hubert, wird der Schriftsteller Fichte zum Autor von Alex. Dies nun nicht durch eine Uminterpretation, sondern durch die Fortschreibung der Realität auf einer höheren Erkenntnisebene. Die Beschreibung dringt in den Körper des Anderen ein und macht ihn zur Bühne der eigenen Phantasie. Für einen Eindruck davon, wie dieses narrative Einschleichen funktioniert, zwei Zitate: »An den unscheinbarsten Anzeichen erkenne ich untrüglich seinen Zustand: Scheinbar geht er mit heiterer Sicherheit die Treppe hinauf. Aber diese Gelöstheit ist lediglich eine angestrengte Verlangsamung jeder Bewegung, aus Furcht, unsicher aufzutreten.« (*Pubertät*, 231) Und: »Auf der Straße spricht er von der Sonne und ich kann ahnen, wieviel glühender und gesonderter schon für ihn das Licht sein mag, wie ihn die Umgebung mit einer neuartigen Tiefe einfängt und sich in wechselnder Spannung verdichtet und wieder in einzelne Bestandteile spaltet, die sich aus ihrer gewohnten Fügung lösen und ihm in neuer Bedeutung und geheimnisvoller Beziehung wahrnehmbar werden.« (*Pubertät*, 232)
In den Anderen hineinschlüpfen, um, durch den ahnungsvollen Blick, Motiv- und Handlungszusammenhänge von diesem hypothetischen Ort im anderen Ich zu beschreiben –: dies ist ein Verfahren, das Fichte in seinen späteren Schriften durch die vorsichtige Annäherung, den Erhalt der Unantastbarkeit der anderen Person und die vielfältigen Versuche der behutsamen Dokumentation geradezu konterkarierte. Der Regisseur und Schauspieler, der Schwule, der verliebt war in den Kinderdarsteller, wird zur hilflosen Person, die sich nicht nur bis zum körperlichen Zerfall betrinkt, sondern auf die Unterstützung des Erzählers angewiesen ist, um sich überhaupt noch auf den Beinen halten zu können. – Am Ende des gemeinsamen Kneipen-Besuches heißt es: »Da bricht er in mein Zögern hinein, aus Angst, allein zu bleiben, in Haß und Abscheu aus. ... Seine

Worte verlieren sich unverständlich. Er wünscht Kaffee. Er bezahlt. Er bestellt von neuem Bier. Er bezahlt abermals. Ich will gehen. Ich reiße mich los. Durch meinen bestimmten Aufbruch erstaunt, folgt er mir. Er taumelt. Seine Hände streckt er weit von sich, der Tür entgegen, und schwankt an den Pfosten vorbeiwischend hinaus. An der Luft, in der neuen Umgebung zutiefst aufgewühlt, schlägt er die Hände vor sein Gesicht, er prustet unwillig und stöhnt und stammelt. Ich ziehe ihn weiter.« (*Pubertät*, 234)

Diese Skizze schrieb Hubert Fichte nicht nur über Alexander Hunzinger, sondern er las sie ihm auch vor. Was sich verstehen ließe als eine exemplarische Abrechnung mit dem Schauspiel-Milieu oder als rührende Beziehungsgeschichte, erscheint eher als sprachlich ausgespielte Aggression, als Ausdruck der Wut auf das, was für Fichte selbst nicht mehr sein konnte. Darin bricht auch die sonst so sorgsam gehaltene Distanz zusammen. Die Figur des trinkenden Freundes muß zur verdeckten Beschreibung des eigenen Zustandes herhalten: er lallt und stammelt nur noch, ist des gesprochenen Wortes nicht mehr mächtig, kann alleine nicht mehr gehen und ist schließlich angewiesen auf den, der in der Geschichte das Ich, der Ich-Erzähler, und außerhalb des Textes der Autor ist.

So erscheint die eigentliche Perspektive dieses Textes: der Schriftsteller stützt und zieht den stöhnenden und stammelnden Schauspieler. Darin genau ist die Übergangssituation aufgehoben, in der sich der seiner Stimme beraubte Kinderdarsteller befand, der nun auf das einzig ihm verbliebene Vertraute zurückgreifen mußte – das geschriebene Wort. Insofern markiert diese frühe Erzählung den Übergang vom Schauspieler zum Schriftsteller, der in der subjektiven Situation von Bruch, Krise und Bedrohung gleichwohl von Fichte gesteuert wurde. Auch davon erzählt die Geschichte, wenn der Betrunkene davonschwankt und der Autor souverän die Szene beendet.

Als Kenner des Kulturbetriebs wußte Fichte, daß er seine Kenntnis des geschriebenen Wortes erst zur Fähigkeit des Schreibens ausbilden mußte, um nicht nur damit, sondern auch davon leben zu können. Auch beim Erlernen der Schauspielerei war er auf die entsprechende Umgebung angewiesen, auf Menschen, die ihn in das Schauspiel-Milieu einführten, ihn in diese Sphäre aufnahmen, ihm

den nötigen Spielraum ließen und Zeit gaben, sich einzufinden, auszuprobieren und zu bewähren. All diese Bedingungen wurden ihm als Kind auf Vermittlung seiner Mutter erfüllt.
Im Umschwung zur unreflektierten Wiederaufbaudoktrin, der gerade für den Kulturbetrieb materiell schwierigen Situation nach der Währungsreform und bei der Situation der eigenen Arbeitslosigkeit, wuchs für Hubert Fichte mit dem steigenden Erwartungsdruck zu Hause die Drohung des Eingesperrtseins in die Laufbahn eines Zollinspektors.[13] Eine solche ›Karriere‹ hätte nicht nur alle Spielräume zunichte gemacht, nicht nur die Abkehr vom Kulturbetrieb erzwungen, sondern hätte auch eine rigide Anbindung an den traditionell kleinbürgerlich-restriktiven Sexual- und Moralkodex bedeutet, den gerade das deutsche Beamtentum – und nicht nur dieser Berufsstand – in den fünfziger Jahren erfolgreich reorganisierte.[14] Für Hubert Fichte mußte dies auch bedeuten, herausgerissen zu werden aus einer Sphäre, in der er seine Homosexualität, den Kern seiner psychischen Identität, sein Begehren, zumindest ansatzweise beantwortet fand und erleben konnte. Davon wieder getrennt zu werden, drohte als ähnlich traumatisches Erlebnis, wie die Trennung von der Mutter durch das Eingesperrtwerden in das Waisenhaus von Schrobenhausen. Im Gegensatz zur Situation des hilflosen Kindes bestand für den Jugendlichen nun die Möglichkeit wegzulaufen. Aber auch das war mit existentiellen Ängsten verknüpft, die sich in *Die Frösche* – als zweite frühe Prosa-Arbeit Fichtes ebenfalls in *Versuch über die Pubertät* abgedruckt – widerspiegeln. Fichte weiß, was geschehen kann, wenn man sich aus der gewohnten Sicherheit plötzlich hinauskatapultiert, wie die Frösche, »die in einer unbestimmbaren, frühlingshaften Empfindung ihre sicheren Plätze verließen ...« und sich sogleich plattgefahren mitten auf der Straße, dem gefährlichen Streifen zwischen altem und neuem Teichufer, finden lassen mußten. Das Bild der im Sprung zerquetschten Froschleiber, der konzentrierte Blick auf diese Körper und die Beschreibung der Leichen, gemäß der Anordung ihrer Gliedmaßen und dem Erscheinungsbild ihres Zustandes, erinnert schon an die wiederkehrende Faszination der sezierten Leichen. Der Text erscheint wie ein Vorgriff auf die literarische Bannung des déjà-vu-Phantasma der zerstückelten, zertrümmerten, verbrannten Körper, die in den ersten Romanen immer

wieder auftauchen. Der vor allem durch die Bombenangriffe auf Hamburg 1943 ausgelösten Erfahrung der existentiellen Nichtigkeit des Körpers und der permanenten Drohung der Auslöschung seiner homosexuellen Identität setzte Hubert Fichte die Ausbildung seiner intellektuellen Fähigkeiten entgegen, deren Richtung er mit dem Sprachexperiment der Selbstauslöschung und Selbstschöpfung in seinem ersten Roman bereits dokumentierte. (*Waisenhaus*) Es entsprach Anfang der fünfziger Jahre durchaus seinem Wissensstand, daß er als Richtung der Flucht vor der Alternative Arbeitslosigkeit oder Zollinspektor Frankreich wählte.[15]

Frankreich bedeutete nicht nur den reinen Klang des »parlez-moi d'Amour« beim Hamburger Stimmlehrer (*Pubertät*, 224), sondern auch das Land der Avantgarde der Literatur. Zwar konnte es die Gegend sein, »wo ich Hebbel, Lessing, Goethe nicht mehr brauche« (*Pubertät*, 239), gleichzeitig hieß es aber auch: Weinernte unweit der Schloß-Ruine von Marquis de Sade (*Pubertät*, 274), das Land von Proust, Giono und Genet.

So galt die erste Reise 1952, mit den Resten eines Stipendiums der Französischen Regierung, nach Sprachkursen im *Institut Français Hamburg*, nicht der Erkundung von Möglichkeiten landwirtschaftlicher Tätigkeit oder gar Ausbildung, sondern, auf besonderen Rat von Hans Henny Jahnn[16], dem Besuch romanischer Kirchen und – dem Schreiben darüber.[17] Nach der Rückkehr hatte sich in Hamburg die finanzielle Situation weiter verschlechtert. Das Arbeitsamt drohte mit dem Entzug der Arbeitslosenunterstützung, der Großvater verlangte Mietzahlungen, und auch der Versuch, sich etwas vom Munde abzusparen, konnte keine Perspektive bieten. (*Pubertät*, 238) Je aussichtsloser die materielle Lage wurde, um so mehr mußte sich der Druck des Integrationsgebotes durch die kleinbürgerliche Familienumgebung verschärfen. In *Versuch über die Pubertät* markierte Hubert Fichte den Ausgangspunkt und die Perspektive der Situation: »Sie haben Lessing und Hebbel und Wolfgang Borchert verkauft und ernähren sich von dem Erlös sparsam mit Tomaten, Weintrauben und Öl.

Im Rücken eine verweigerte Arbeitslosenunterstützung und vor sich Weinberge, Granatäpfel und das Schloß des Marquis de Sade.« (*Pubertät*, 274)

Die 1953 in der Zeitschrift *Antares* veröffentlichten ersten Reisebeschreibungen, 1954 dann Kritiken, Prosastücke[18] und die Übersetzungsversuche des Simplizissimus zusammen mit Jean Giono waren autodidaktische Ausbildungsschritte und gleichzeitig initiatorische Handlungen, um überhaupt einen Bezug zu der Position ›Schriftsteller‹ herstellen zu können. Eine weitere Fähigkeit konnte Hubert Fichte nutzbringend einsetzen: seine Übung und sein Wissen in Umgangsformen und Gesprächskultur der ästhetischen Avantgarde. Nicht nur ein weiteres Reisestipendium durch den französischen Botschafter, sondern vor allem die Brief-Kontakte zu Albert Camus, Besuche bei Chagall und Picasso und die Bekanntschaften mit Emmanuel Roblès und Jean Giono waren nur mit einem spezifischen Wissen und der instinktiven Verhaltenssicherheit in dieser Sphäre möglich.
Diese Schritte zum strategischen Gelingen des Schriftsteller-Comingout fanden allerdings in einer Lage finanzieller Not statt. Ohne nennenswerte Unterstützung von zu Hause, ohne ökonomische Ressourcen und Ausbildung war Hubert Fichte zur Handarbeit als Tagelöhner gezwungen. Er wurde verwiesen auf seine körperliche Leistungsfähigkeit, in die Abhängigkeit des Körpers, dessen vielfältige Bedrohung und Fragilität eine bleibende Erfahrung aus der Kindheit im Nazi-Faschismus war.
Zunächst extrem ausgebeutet bei einer französischen Intellektuellen-Familie in der Provence[19], war er schließlich an einen Schäfer weitervermittelt worden. Bei Testanière fand er nicht nur die mediative Einsamkeit einer abgelegenen Schäferhütte, sondern sah in ihm auch die immer wieder gesuchte schamanenhafte Freund-Vaterfigur. (*Pubertät*, 284ff.) Umgeben von den Geschichten Testanières und der Abgeschiedenheit der Berge, befaßte sich Fichte trotz der anstrengenden Arbeit mit Prosaversuchen, die sich auf tagebuchartige Eintragungen stützten.[20] Durch den Verkauf der Schafzucht Testanières wurde, nach einem Abstecher über Marseille[21] Richtung Italien (*Pubertät*, 295), eine weitere Rückkehr nach Westdeutschland erzwungen. Kaum in Hamburg, aufs neue konfrontiert mit den immer gleichen Forderungen der Familie, wollte er wieder weg. Mit weniger Geld als je zuvor, hieß der inzwischen vertraute Fluchtpunkt wiederum Frankreich. »...ich schaffte es nicht mehr

bis in die Provence« (*Garni*, 12), und in Paris nahm er schließlich das Angebot an, als Sekretär und Lagerleiter des Arbeiterpriesters Abbé Pierre in Pomponette[22] zu arbeiten. Abgesehen einmal von der spezifischen Funktionsmöglichkeit eines solchen Helferberufes als Legitimationsstütze gegen die Realität der sozialen Deklassierung, waren in der Sekretärstätigkeit die rein körperlichen Arbeiten nun durch intellektuelle Bereiche der Buchführung und Planung ergänzt. 1954 erzwang eine schwere Gelbsucht den Abbruch dieser Arbeit und die Rückkehr nach Hamburg.[23]

Dort hatte sich nicht viel geändert. Die Mutter war immer noch arbeitslos, und die Zollinspektorkarriere drohte weiterhin. Der Versuch, an alte Bekanntschaften der literarischen Szene anzuknüpfen, scheiterte. Das literarische Geschehen wurde nicht bestimmt vom Ugrino Verlag oder der Künstlerkolonie in Fischbek. Also mußte Fichte seine Versuche, den Abstieg nach der abgebrochenen Schauspielerkarriere durch den Umstieg auf eine andere Laufbahn im kulturellen Feld aufzuheben, weiterhin selbst finanzieren. Mit welcher Energie er dieses Unternehmen verfolgte, welche Anstrengungen die autodidaktische Ausbildung kostete, ist immer wieder in Briefen und auch in den Romanen verzeichnet. Bei den gegebenen körperlichen Voraussetzungen hätte Hilfsarbeit unter den zumeist gesundheitsgefährdenden Bedingungen der Industrie die kraftzehrenden, meist nächtlichen Literatur-Studien und Schreib-Übungen wohl ganz unmöglich gemacht. So blieb schließlich das, was Fichte schon kennengelernt hatte – Feldarbeit, Landwirtschaft.

Dies ist der Zusammenhang zur schließlich begonnenen landwirtschaftlichen Lehre, die mit dem Abschluß 1957 endgültig eine eigengesicherte Existenzmöglichkeit außerhalb des großelterlichen Haushalts bot und damit auch die materielle Ablösung vom Bereich der Mutter.[24] Die Ausbildung ermöglichte schließlich nach zwischenzeitlicher Anstellung in einem anthroposophischen Heim für schwererziehbare Kinder unweit Stockholms[25] eine Rückkehr nach Frankreich.[26]

Diese Rückkehr galt nicht der Landwirtschaft und den Schäfererinnerungen, sondern dem Leben in Montjustin, einem Künstlerdorf in der Hochprovence bei dem Maler Serge Fiorio, der Landwirtschaft und Malerei miteinander verband. Was bei Thomas Beckermann als »Mehrere dramatische Versuche« für das Jahr 1959[27] verzeichnet ist, bildete den ersten Versuch, über Kritiken und Beschreibungen hinaus vom journalistischen ins literarische Feld zu wechseln. Es waren Theaterstücke, die Hubert Fichte an Siegfried Unseld vom Suhrkamp-Verlag schickte (*Garni*, 110) und mit Änderungswünschen immer wieder zurück bekam. Nach zwei Jahren gelang 1961 die Plazierung der ersten beiden Prosastücke[28] und damit nach den Veröffentlichungen in *Antares* und *Der Monat* der Wechsel vom essayistisch Journalistischen ins Literarische. Noch hatte es dazu der Vermittlung durch Hans Henny Jahnn bedurft. Doch wenig später, als Fichte mit Material von Serge Fiorio die Feuilletons großer deutscher Zeitungen abklapperte, gelangen die ersten Veröffentlichungen ohne Empfehlung durch Dritte: die *Deutsche Zeitung*, *Frankfurter Allgemeine* und *Die Welt* druckten Hubert Fichtes erste Erzählungen[29], die später im *Aufbruch nach Turku* erschienen: Beschreibungen von Natur, harter Arbeit, von der Profanität des Sakralen, von Tod, Alkohol und verborgenen sexuellen Wünschen, von Krieg und Nachkriegszeit; präzise formulierte Außenansichten, chronologisch angeordnete Handlungsabläufe ohne Sprachexperimente; Reverenz an eine literarische Gattung, die traditionell den Einstieg zum hochlegitimierten Roman bildet. Stilistisch wird nicht nur die Beeinflussung vom ›nouveau roman‹ deutlich, sondern auch die Abkehr von einschleichenden Schreib-Verfahren im Dienste einer angeblich höheren Erkenntnis wie noch in *Mein Freund der Trinker*.

Zehn Jahre nach dem Ende des Kinderschauspielers, mit der landwirtschaftlichen Ausbildung von Mutter und Großeltern unabhängig geworden, begann mit Leonore Mau, Fotografin und Frau eines Architekten nahe der Elbchaussee, auch die Einführung in kulturell interessierte Kreise mit höherem Einkommen mit Galeriebesuchen und Parties. Genau hier lag die Schaltstelle mit den Kontakten zur Realisierung der sorgsam ausgebildeten Fähigkeiten, ein Markt der Darstellung, auf dem Fichte die Elemente: provokatives Schwulsein, Landwirtschaft, Frankreich, Malerei, Literatur, Architektur, Musik und literarische Eigenproduktion zu einer besonderen Konstellation zusammenstellen und anbieten konnte. Auch als Ergebnis dieser Kontaktpflege erschien 1963 bei Hofmann und Campe *Der*

Aufbruch nach Turku, für den Fichte durch das Julius-Campe-Stipendium ausgezeichnet wurde. Im gleichen Jahr erhielt er eine Einladung zur Tagung der *Gruppe 47* und las in Saulgau vor Hans Mayer, Walter Höllerer, Walter Jens, den Verlegern Ledig-Rowohlt, Sigfried Unseld, Walter Piper, zusammen mit Johannes Bobrowski, Peter Weiß und Nicolas Born. Dies war der Beginn der professionellen Schriftstellerlaufbahn, für die Hubert Fichte seine gesamten, entlang seiner Biographie erworbenen literarischen und habituellen Fähigkeiten einsetzte.

Als Grundstruktur blieb die Vorgeschichte des seit 1962 ›freien Schriftstellers‹ Hubert Fichte durch sein ganzes Werk präsent. Seine Existenzgrundlage sicherte er vor allem mit den Vorlagen zum gesprochenen Wort des Hörspiels, Features und mit Interviews, welche den journalistischen Arbeiten ebenso zur Grundlage wurden wie vielen Roman-Projekten. Der Charakter des Dialogischen und der Montage im Werk Hubert Fichtes erscheint wie das Ergebnis einer allmählichen Zusammenführung und Verschmelzung bereits in früher Kindheit vermittelten kulturellen Wissens und der auf der Bühne erweiterten Literatur- und Dramaturgie-Kenntnisse mit den erzwungenermaßen autodidaktisch ausgebildeten literarischen Fähigkeiten. Unübersehbar ist, daß Hubert Fichte eigentlich ein Autor der gesprochenen Sprache blieb, in seine Rundfunkarbeiten, Essays und Romane dramaturgische Stilelemente des Theaters einmischte und auch im Gedruckten immer ein Ohr für den Klang der gesprochenen Sprache behielt.

Die eingangs zitierten Stichwortreihen markieren im kulturellen Diskurs Positionen der Schriftstellerlaufbahn Hubert Fichtes, auf deren Verlauf die äußeren Widrigkeiten und teilweise existentiellen Bedrohungen zweifellos Einfluß hatten, die jedoch von den Dispositionen der frühen Einführung in den Wirkungs- und Bedeutungszusammenhang kultureller Werte im (Groß-)Elternhaus so nachhaltig bestimmt wurden, daß sich die biographischen Besonderheiten schließlich als besondere Merkmale des Schriftstellers Hubert Fichte darstellen.

Anmerkungen

1 Der Begriff der Laufbahn soll hier verstanden werden in Anlehnung an die Terminologie des französischen Ethnologen und Soziologen Pierre Bourdieu, dessen Bezeichnung der ›trajectoire‹ eher mit ›Flugbahn‹ (eines Projektils etwa) zu übersetzen wäre. Gemeint ist eine ›Flugbahn‹ im sozialen Raum, die entsprechend der herrschenden Atmosphäre und deren Veränderungen verläuft – also Ablenkungen durch Widerstände und Beschleunigungen erfährt. Mit den äußeren Einwirkungen ändern sich auch die ›Flugeigenschaften‹, die Masse und die Geschwindigkeit des ›Projektils‹, was seinerseits auf die Außenbedingungen wirkt und gleichzeitig eine Veränderung des Gesamterscheinungsbildes bedingt. Dieser Ansatz gilt bei Bourdieu der Explikation empirisch erhobener Korrespondenzen zwischen Akteur und sozialem Umfeld. Hier beschränkt sich die Beschreibung auf die Verfolgung von Disposition und Position in Vorbereitung und Eintritt Hubert Fichtes ins literarische Feld.

2 Stand Frühjahr 1991.

3 Vielleicht ermöglichen vorhandene Dokumente aus Arbeitsprozessen – zum Beispiel unterschiedliche Bearbeitungsstadien des *Waisenhaus*-Romans – in Einzelheiten neue Erkenntnisse.

4 Spätestens 1953 war Erwin Oberschützky wieder in Schweden. In diesem Jahr heiratete er dort zum zweiten Mal.

5 Die genauen Daten gehen aus einem Reisepaß Fichtes hervor: 23.3.1958: Einreise Schweden; 27.3.58, Arbeitserlaubnis Schweden bis 23.6.58; 24.6.58 Aufenthaltserlaubnis Schweden bis 31.3.1959; 24.6.58 Arbeitserlaubnis Schweden bis 31.3.59; 1.4.59 Arbeitserlaubnis Schweden bis 30.9.59; – ein Ausreisedatum fehlt –, dann: 12.7.59 Einreise Schweden; 30.8.59 Ausreise Schweden; – ein Einreisedatum fehlt – dann: 28.9.58 Ausreise Schweden.

6 »BERNHARDT: Kennst Du Laios, Mutti?
MUTTER: Natürlich kenne ich Laios. Es ist der Vater des Ödipus.
BERNHARDT: Genau!
MUTTER: Ich verstehe, du spielst auf deinen Vater an, Ödipus – Laios. Dein Vater! du bist wie er. Du hast mich betrogen: Du hast mir weisgemacht, nach Schweden zu gehen, um dich mit dem Göttlichen auseinanderzusetzen. Du bist hier, um deinen Vater zu suchen!
BERNHARDT: Das ist nicht wahr!
MUTTER: Dein Vater hat mir das Schlimmste angetan, was ein Mann einer Frau antun kann. Er hat mich geschändet und verlassen. Du, mein

Sohn Bernhardt, du bist nach Schweden gegangen, um ihn zu sehen. Du bist ihm vielleicht begegnet.
BERNHARDT: Nein, Mutti, ich liebe nur dich! Als ich klein war, hielt ich dich für eine Königin. Ich wollte sein wie du! Ich wollte nur du sein! Nein! Nein!« (*Ödipus*, 150, 151)

7 Thomas Beckermann: *Hubert Fichte, Materialien zu Leben und Werk*, Frankfurt/M. 1985, S. 317.

8 Siehe Zeugnis der Mutter von der Hamburger Firma Züste und Bachmeier, Mönkebergstraße 9. Beschäftigt vom 4.1.1939 bis 6.1.1940. (Nachweis durch R. Koller nach Akte *Dora E. Fichte* im Rathaus Schrobenhausen.)

9 Rückkehr von Schrobenhausen nach Hamburg am 26.7.1943.

10 Ende Juni 1947 war Premiere des Stückes *Mein Herz ist im Hochland* von William Saroyan – inszeniert von Eduard Wiemuth, Bühnenbild Gertrud Hagen – in den Hamburger Kammerspielen unter der Leitung von Ida Ehre. (Zeitungskommentare belegen diesen Termin, auch wenn in Kindlers Literatur-Lexikon als deutschsprachige Erstaufführung der 29.12.1949, Wien, angegeben ist.)

11 Vgl. Abgangszeugnis Musische Oberschule für Jungen und Mädchen Sootbörn (Hamburg), ausgestellt am 15.11.50. In: *Hubert Fichte Nachlaß*, Staats- und Universitätsbibliothek Hamburg, siehe auch: *Pubertät*, 101, 122.

12 Im Mai 1950 brachte die Hamburger Studiobühne im britischen Kulturzentrum *Die Brücke Tote ohne Begräbnis* als fünftes Sartre-Stück nach dem zweiten Weltkrieg in Hamburg zur Aufführung. Zunächst nur vor 500 geladenen Gästen, die in anschließender Diskussion entscheiden sollten, ob sich das ›extrem schonungslose‹ Stück für die Öffentlichkeit eigne. (Inszenierung: Hans Blank; Bühne: Günther Ulikowski), siehe auch *Pubertät*, 70f.

13 »Opa fing wieder an, von meiner Laufbahn als Zollinspektor zu reden. Mutti, arbeitslos seit vier Jahren, redete vor allem von richtiger Arbeit – von meiner, nicht von ihrer (...)
Sogar Oma fing an.« (*Hotel Garni*, 10)

14 »Im Wiederholungsfall billigten mir die Lyriker dann die Stricknadeln zu, mit denen man das Sexualzentrum aus dem Gehirn geschmurgelt hätte.« (*Garni*, 9)

15 Der Weg zu diesem Wissen läßt sich ebenfalls nachverfolgen als Aneinanderreihung von Schritten in der vertrauten Atmosphäre des Kulturbetriebes an der Seite guter Bekannter: »Im Kinosaal des Britischen Kulturcenters *Die Brücke* [eben dort, wo Fichte vorher selbst in *Tote ohne*

Begräbnis auf der Bühne gestanden hatte, s. Anm. 12] vermittelt das französische Kulturinstitut wertvolle Filme aus der Seinemetropole«... und: »Auch Lina Pozzis Verhältnis zum Französischen ist ein mythisches. Sie hat erfahren, daß es am Französischen Institut Sprachkurse gibt, und sie kommt auf die Idee, daß man... eine Fremdsprache lernen könnte.« (*Pubertät*, 205) Hubert Fichte geht mit, lernt Französisch und erhält ein Stipendium des Französischen Kulturinstitutes für die Sommeruniversität in Tours im Jahr 1952, vgl. *Pubertät*, 15.

16 Vgl. Brief von H. H. Jahnn an Hubert Fichte vom 12. 7. 1952. In: Hans Henny Jahnn *Nachlaß*, Briefe an H. F., Staats- und Universitätsbibliothek Hamburg.

17 *Autostop und Romanische Kirchen, Teil 1 und 2.* In: *Antares*, Jg. 1, 1953, Heft 7, S. 93–96 und: Jg. 1, H. 8, S. 79–82.

18 *Emmanuel Roblès.* In: *Antares*, Jg. 2, 1954, H. 3, S. 45–46; *Aufzeichnungen aus dem Hirtenleben in der Provence.* In: *Antares*, Jg. 2, 1954, H. 8, S. 95–105; *Lucien Jacques.* In: *Antares*, Jg. 2, 1954, H. 8, S. 35–36.

19 Die Absender-Adresse auf Briefen dieser Zeit, die sich in der dem Fichte-Nachlaß angegliederten Korrespondenz zwischen Hubert Fichte und Peter H. Boll (Staats- und Universitätsbibliothek Hbg.) finden, lautet: chez Pellegrin, Montlaux/par St.-Etienne-les-Orgues (Basse Alpes) / France, vgl. auch: *Pubertät*, 277.

20 Siehe *Der Knecht*, in: *Pubertät*, 71; *Geschichte eines Hirten.* In: *Hubert Fichte Nachlaß*, Staats- und Universitätsbibliothek Hamburg; *Aufzeichnungen aus dem Hirtenleben in der Provence.* In: *Antares*, Jg. 2, 1954, Affaires Culturelles/Mainz (Hg.).

21 Vgl. Französiche Urkunde: Beifügung zum Decret vom 31. 12. 47. Bekundung des Wohnungswechsels. Ausgestellt von der Polizeipräfektur Basse Alpes. Wechsel nach Marseille – dort an: 26. 2. 54. In: *Fichte-Nachlaß*, s. o.

22 Vorort von Paris. Fichte arbeitete dort im Juli 1954, vgl. z. B. Beglaubigungsschreiben des Abbé Pierre. In: *Hubert Fichte-Nachlaß*, s. o.; vgl. auch: *Garni*, 18 ff.

23 Siehe Brief an Hans Henny Jahnn, zu datieren zwischen Sept. und Nov. 1954, aus dem *Nachlaß Jahnns*, s. o., abgedruckt in diesem Band.

24 Mit Datum vom 9. 6. 55 beginnen die Eintragungen in das Berichtsbüchlein *Aus meiner Lehrzeit* mit Berichten aus der Landwirtschaft, das bis zum 9. 6. 56 geführt ist und als *Merk- und Tagebuch des Landwirtschaftlehrlings Hubert Fichte* ab 11. 6. 56 fortgesetzt wurde. Mit Zeugnis vom 15. 4. 57 über die Prüfung zum Landwirtschaftsgehilfen, abgenommen in Ostrohe (Führung der Tage- und Merkbücher: sehr gut, Gesamt-

urteil: gut) endet die offizielle Lehrzeit bei Hans Willi Sierk auf dessen Hof in Süderholm, Kreis Heide/Holstein, vgl. auch: *Garni*, 45ff. Das Praktikum als landwirtschaftlicher Gehilfe fand laut Zeugnis vom 19.3.1958 in der Zeit zwischen dem 1.7.57 und dem 15.2.58 statt. Ausgestellt von K.H. Plinke-Buhmann, Evershorst, Hannover-Langenhagen. Vgl. auch: *Garni*, 74ff. (Dort macht Fichte aus Plinke-Buhmann *Klinke-Schluhbart*).

25 Dort leitete Fichte die Landwirtschaft in einem anthroposophisch geführten Heim für behinderte Kinder und Jugendliche vom März 1958 vermutlich bis zum Winter 1958 – jedenfalls ist der letzte im Nachlaß erhaltene Brief nach Järna vom 21.11.58 datiert. Bis September 1959 hielt sich Fichte noch in Skandinavien auf, wie die Reisepaß-Eintragungen nachweisen. In diese Zeit fällt auch die Finnlandreise mit dem Freund Rüdiger Neuschütz, vgl. *Garni*, 82ff.

26 Im Reisepaß ist verzeichnet: Entrée en France Oct. 1959; Carte Valable du 30.4.60 au 29.10.1960, du 30.10.60 au 30.4.61; du 30.4.61 au 29.10.61; ausgesetllt in Monjustin, Basse-Alpes. In: *Hubert Fichte Nachlaß*, s.o.

27 Th. Beckermann, s.o., S. 319.

28 Vermutlich: »Ein glücklicher Liebhaber«, auch in: *Turku*, 16. Etwas später: *Die Mistelschneider*, auch in: *Turku*, 7, vgl. *Garni*, 118.

29 Z.B. *Inselbegräbnis*, auch in: *Turku*, 9 und *Pierres Begräbnis*, in: *Turku*, 26; vgl.: *Kleiner Hauptbahnhof*, 91.

Die Autoren

HARTMUT BÖHME, geb. 1944, Studium der Germanistik, Philosophie, Theologie und Pädagogik. Seit 1977 Professor für Neuere deutsche Literatur an der Universität Hamburg; 1990/91 Fellow am Wissenschaftszentum Nordrhein-Westfalen.
Veröffentlichungen: *Anomie und Entfremdung im Werk Robert Musils*, 1974; mit J. Berg u. a.: *Sozialgeschichte der deutschen Literatur von 1918 bis zur Gegenwart*, 1981; mit G. Böhme: *Das Andere der Vernunft. Zur Entwicklung von Rationalitätsstrukturen am Beispiel Kants*, 1983; Hg. v.: *Zur Kulturgeschichte des Wassers*, 1988; *Natur und Subjekt*, 1988; *Albrecht Dürer: Melencolia I. Im Labyrinth der Deutung*, 1989. – 1992 erscheint eine Monographie zum Werk Hubert Fichtes.

HANS-JÖRG CLEMENT, geb. 1961, studierte Germanistik, Evangelische Theologie, Erziehungs- und Rechtswissenschaften an der Rheinischen Friedrich-Wilhelms-Universität Bonn; Staatsexamen 1986; Promotion in Deutscher Philologie 1989; 1988 bis 1990 wissenschaftlicher Mitarbeiter an der Philosophischen Fakultät; seit 1991 Referent im deutschen Bundestag.

THOMAS FREEMAN, geboren 1944 in Chicago, promovierte 1970 mit einer Dissertation über Hans Henny Jahnns *Perrudja* an der Stanford Universität, und war in der Folgezeit als Hochschullehrer an der Columbia Universität, New School for Social Research, Staatsuniversität New York, und als Humboldt und Fulbright Gastprofessor an der Universität Hamburg tätig. Zur Zeit ist er Associate Professor für Germanistik am Beloit College in Wisconsin. Er war Mitherausgeber der 1974 erschienenen siebenbändigen Leseausgabe der Werke Hans Henny Jahnns und veröffentlichte 1986 die erste Jahnn-Biographie.

RAINER GULDIN, geb. 1954, Studium der Anglistik und Germanistik an den Universitäten von Zürich und Birmingham. Promotion mit einer Arbeit über Hubert Fichte: *Riten der Randzonen: Hubert Fichtes Untersuchun-*

gen zur Tradition des Abartigen (1984, Manuskript). Veröffentlichung von Essays zum Werk Hubert Fichtes und Hans Henny Jahnns.

GERHARD HÄRLE, geb. 1949, Studium der Germanistik, Theologie und Philosophie in Freiburg, Paris, München und Heidelberg. Wissenschaftlicher Mitarbeiter für deutsche Sprache und Literatur an der Universität-Gesamthochschule Siegen; Mitherausgeber und Redakteur der Zeitschrift *FORUM Homosexualität und Literatur.*
Veröffentlichungen u. a.: *Die Gestalt des Schönen. Zur Homosexualitätsthematik in Thomas Manns Roman ›Der Zauberberg‹*, 1986; *Männerweiblichkeit. Zur Homosexualität bei Klaus und Thomas Mann*, 1988.

REINHOLD KOLLER, geb. 1941, Studiendirektor und Fachbetreuer für Alte Sprachen am Schyrengymnasium Pfaffenhofen und Lehrbeauftragter für Latein an der Universität München, Studium der Klassischen Philologie und Germansitik; 1979–82 Referent für Griechisch am Staatsinstitut für Schulpädagogik in München; 1979–81 Freier Mitarbeiter des Bayerischen Rundfunks für Italienisch.
Veröffentlichungen u. a. zur Praxis des Latein- und Griechischunterrichts.

GERT MATTENKLOTT, geb. 1942, ist seit 1973 Professor für Neuere deutsche Literatur und Allgemeine Literaturwissenschaft an der Philipps-Universität Marburg und seit 1986 ständiger Adjunct Professor an der University of Massachusetts, Amherst (USA).
Veröffentlichungen u. a.: *Melancholie in der Dramatik des Sturm und Drang*, 1968; *Bilderdienst*, 1970; *Der übersinnliche Leib*, 1982; *Blindgänger*, 1986; *Berlin Transit* (mit Gundel Mattenklott), 1987; *Deutsche Briefe 1750–1950* (mit Hannelore und Heinz Schlaffer), 1988; *Jüdische Intelligenz in deutschen Briefen*, 1988; *Jüdische Intelligenz in Deutschland* (mit Jost Hermand), 1988.

GERD SCHÄFER, geb. 1960, Studium der Germanistik, Philosophie und anderer Fächer verschiedener Fakultäten; 1983/84 Mitarbeiter am Forschungsprojekt »Literatur der Weimarer Republik«; seit 1986 Artikel, Aufsätze und Besprechungen in Lexika, Zeitschriften und Zeitungen (u. a. zu G. Benn, H. Fichte, H. Fichte/H. H. Jahnn, F. Kramer, P. Léautaud/M. Proust, M. Proust, V. Turner, G. B. Vico, O. Wiener); seit 1987 freier Mitarbeiter von Rundfunkanstalten; Promotion mit der Arbeit *Hubert Fichte. Korrespondenzen.*

SIMO, geb. 1951 in Kamerun. 1971–1979 Studium der Germanistik, Komparatistik und Politikwissenschaft an den Universitäten von Abidjan (Elfenbeinküste), Metz und Saarbücken; 1979 Promotion an der Universität Metz; 1979–1988 Wissenschaftlicher Assistent, dann Dozent für deutsche Sprache, Literatur und Kultur an der Universität von Jaunde (Kamerun). Seit 1988 Aufenthalt in der Bundesrepublik Deutschland (Stipendium des DAAD).
Interkulturalität und ästhetische Erfahrungen. Untersuchungen zum Werk von Hubert Fichte, Habilitationsschrift, Hannover 1990.

JOHANN NIKOLAUS TILING, geb. 1958, Studium der Germanistik, Mittlerer und Neuer Geschichte in Hamburg; von 1987–89 wissenschaftlicher Angestellter an der »Hubert Fichte Arbeitsstelle« der Universität Hamburg. Dort seit 1990 angestellt im ›Forschungsprojekt Literarische Kultur in Hamburg 1945–50‹.

WOLFGANG VON WANGENHEIM, geb. 1938. Studium der deutschen und der französischen Literatur in Göttingen, Zürich und Genf; Promotion; Lektor für deutsche Literatur an den Universitäten Paris III und IV, Abidjan und Dakar. Seit 1977 freischaffender Schriftsteller in Berlin.
Publikationen: *Schwarz. Fotografien*, 1977; *Hubert Fichte* (Autorenbücher), 1980; Essays und Artikel über Fichte, Genet, Schiller, Winckelmann, Jahnn, Casanova, Heinse.

REINOLD WERNER, Dozent für Germanistik an der Universität Poitiers (Frankreich); Studium der Germanistik, Romanistik und Philosophie in Bonn, Berlin und Paris; Promotion über Hubert Fichte; Beschäftigung mit Texttheorien im Licht von Psychoanalyse, Anthropologie und Ethnologie.
Veröffentlichungen zum Themenkreis Grenzgängertum und Grenzüberschreitungen in der Literatur der Moderne. Übersetzungen aus dem Französischen (Flaubert), Portugiesischen und Englischen (Pessoa) und ins Französische (H. H. Jahnn, *Perrudja*).

Hubert Fichte

Die Geschichte der Empfindlichkeit

Herausgegeben von Gisela Lindemann †,
Torsten Teichert (bis 1988), Ronald Kay und
Wolfgang von Wangenheim
in Zusammenarbeit mit Leonore Mau

Die deutsche Literatur der Nachkriegszeit kennt kein wagemutigeres, kein ambitionierteres poetisches Unternehmen als dieses. *Die Geschichte der Empfindlichkeit* ist ein Werk der Reise, Erfahrungsliteratur in gänzlich unverwechselbarer Weise. Fichtes Neugier gilt ebensosehr den Strichmädchen des Hamburger Kiezes wie den Candomblé-Priesterinnen in Brasilien; den Sgrafitti in Harlem wie der Dichterlesung des »Berliner Colloquiums«; der Hetzjagd auf Schwule in Miami wie der Aids-Hysterie in der Bundesrepublik.
Fichtes Werk ist der energische Versuch, gegen die Mittelmäßigkeit eines »Neuen Regionalismus«, dem in den siebziger Jahren das Wort geredet wurde, eine »weltläufige« Literatur zu stellen, die sich auf den massiven Konflikt zwischen Europa und der »sogenannten Dritten Welt« (Fichte) gründet. In der Kritik des politischen wie hermeneutischen Konzepts des Kolonialismus, das die Fremdheit des Anderen nivelliert, führt Fichtes seismographische Empfindlichkeit zu einer radikal erweiterten Roman-Poetik, in der das Erzählen sich vermischt mit Glossen, Polemiken und ethnographischen Studien.
Dieses Romanwerk ist die romaneske Inszenierung eines sich unentwegt in – auch geographischer – Bewegung haltenden Lebens-Laufs; die vielschichtigen Themen werden zusammengehalten durch die Authentizität einer persönlichen Empfindlichkeit.
Zudem wird die Genese eines Schriftstellers in der zweiten Hälfte des zwanzigsten Jahrhunderts erzählt. So wird *Die Geschichte der Empfindlichkeit* auch zu einer Chronik bundesrepublikanischer Literaturgeschichte: keine »chronique scandaleuse«, wohl aber ein Notieren, mit schneidender Schärfe, geselliger Literaten-Riten.
Noch kurz vor seinem Tod stellte Fichte die fertigen und vorbereiteten Bände zur Veröffentlichung zusammen. Der Editionsplan der beiden von Fichte bestimmten Herausgeber orientiert sich an diesem letzten Gesamtplan der *Geschichte.* Die einzelnen Bände sind, obwohl in vielfacher Weise miteinander verknüpft, in sich abgeschlossen, so daß jeder für sich gelesen werden kann.

fi 1041/3a

Editionsplan

Hubert Fichte

Die Geschichte der Empfindlichkeit

bereits erschienen

Hotel Garni. Roman

Homosexualität und Literatur 1. Polemiken

Homosexualität und Literatur 2. Polemiken

Der Kleine Hauptbahnhof oder *Lob des Strichs.* Roman

Eine Glückliche Liebe. Roman

Schulfunk. Hörspiele

Der Platz der Gehenkten. Roman

Das Haus der Mina in São Luiz de Maranhão. Materialien zum Studium des religiösen Verhaltens

Forschungsbericht. Roman

Psyche. Glossen

Die Geschichte der Nanã. Roman

Die Schwarze Stadt. Glossen

in Vorbereitung

Alte Welt 1. Glossen

Alte Welt 2. Glossen

Explosion. Roman der Ethnologie

Paraleipomena
Lil's Book

Hamburg Hauptbahnhof – Register. Romanfragment

S. Fischer

fi 1041 / 5 b

Hubert Fichte

Materialien zu Leben und Werk

Herausgegeben von Thomas Beckermann
Fischer Taschenbuch Band 6487

Dieser Band enthält:

Rezensionen von Lothar Baier, Reinhard Baumgart, Horst Bienek, Günter Blöcker, Hartmut Engelhardt, Hans-Jürgen Heinrichs, Helmut Heissenbüttel, Walter Jens, Peter Michael Ladiges, Hellmuth Karasek, Beate Klöckner, Jürgen Kolbe, Anton Krättli, Karl Krolow, Beatrice von Matt, Hans Mayer, Fritz J. Raddatz, Marcel Reich-Ranicki, Peter Rühmkorf, Aurel Schmidt, Wolfgang von Wangenheim, Werner Weber, Dieter E. Zimmer u. a.;

Essays von Dieter Distl, Brigitte Kronauer, Peter Laemmle, Albert von Schirnding;

Originalarbeiten von Gisela Lindemann, Jürgen Martini, Hanns-Josef Ortheil;

Fotos von Leonore Mau;

eine *Biographische Skizze* von Hubert Fichte, eine ausführliche *Primärbibliographie* und eine ausgewählte *Sekundärbibliographie*.

Fischer Taschenbuch Verlag

fi 902 / 1